KB107962

엄마와 딸의 마음속엔 같은 아이가 산다

모녀 무의식 치유 상담소

엄마와 딸의 마음속엔
같은 아이가 산다

이나라 지음

정신세계사

엄마와 딸의 마음속엔 같은 아이가 산다

ⓒ 이나라, 2024

이나라 지은 것을 정신세계사 김우종이 2024년 9월 30일 처음 펴내다.
이현율과 배민경이 다듬고, 변영옥이 꾸미고, 한서지업사에서 종이를,
영신사에서 인쇄와 제본을, 하지혜가 책의 관리를 맡다. 정신세계사의
등록일자는 1978년 4월 25일(제2021-000333호), 주소는 03965 서울시
마포구 성산로4길 6 2층, 전화는 02-733-3134, 팩스는 02-733-3144이다.

2024년 9월 30일 펴낸 책(초판 제1쇄)

ISBN   978-89-357-0472-9 03190

• 홈페이지 mindbook.co.kr   • 인터넷 카페 cafe.naver.com/mindbooky
• 유튜브 youtube.com/innerworld   • 인스타그램 instagram.com/inner_world_publisher

차례

Part 3 엄마의 자기 수용 여정

에필로그

부록

죽도록 사랑하고 죽도록 미워할 수밖에 없는
엄마와 딸에게

누군가를 사랑하는 만큼 미워할 수밖에 없다는 사실을 인정하는 것. 제게 이것은 참 어려운 일이었습니다. 사랑하기만 하는 줄 알았던 엄마를, 사실 지독하게 미워하기도 한다는 사실을 처음 알았을 때의 충격은 지금도 생생합니다. 엄마와 전혀 상관없는 줄 알았던 개인적인 문제들과 제 존재에 아로새겨진 고정관념과 두려움들도 꼬리에 꼬리를 물고 파고들면 전부 엄마와 연결되어 있다는 사실은, 적잖은 충격이자 삶의 판이 뒤집히는 일이었습니다. 저는 엄마가 엄마 자신을 보는 눈으로 저를 봤고, 엄마가 세상을 보는 눈으로 이 세상을 보고 있었습니다. 엄마 내면에 숨겨진 두려움이 제 두려움의 근원이기도 했고, 남자에 대한 엄마의 관념은 당연하게도 남자에 대한 제 관념으로 이어져 내려오기도 했습니다.

K-장녀이기도 한 저는 엄마와 저 자신을 더욱 동일시하는 경향이 있었습니다. 엄마의 감정은 곧 저의 감정이었고 도저히 이해할 수 없는 엄

마의 모습도 다 제 안에 있었습니다. 이 사실을 알아차리기 전까지는 엄마에 대한 제 마음이 오직 효도하고 싶은 마음, 책임감이라는 이름의 사랑밖에 없는 줄 알았습니다. '엄마에게 잘하고, 엄마를 사랑하는 나'라는 효녀 타이틀을 내려놓기 힘들었기에(제 무의식은 이 타이틀을 제 존재의 가치를 증명할 수 있는 수단이라 여기고 있었습니다), 엄마를 미워하는 '나'도 있다는 사실을 자각하고 인정하기까지는 20년이라는 오랜 시간이 걸렸습니다.

엄마와 공유하는 무의식으로 인해 펼쳐진 눈앞의 현실들을 어디서부터 어떻게 손을 대야 할지, 내 마음은 어디서부터 어디까지 어떻게 풀어내야 하는지… 너무 막막했습니다. '그렇네. 정말 인정하기 어렵지만, 엄마를 미워하는 마음도 있네'라고 인정하고 나서 '그래서 뭐? 그럼 어떻게 해야 하는데? 엄마랑 거리를 둬야 해? 아니면 싸워야 해? 내 마음은 어떻게 해야 해? 싸우거나 참고 잘 지내거나 둘 중 하나야? 내가 뭘 해야 하는 거야?' 혼란스럽기만 했습니다. 끝을 알 수 없는 벽에 가로막힌 기분이었어요.

요동치는 마음에 잡아먹혀 더는 잃을 것 없다는 듯이 엄마와 크게 싸운 적도 많고, 서로 더는 보지 말자며 연(락)을 끊은 적도 여러 번 있었습니다. (당연히 아빠와 제 무의식도 100퍼센트 공명하고 있습니다. 아빠는 저와 엄마 내면의 남성성이 물질화된 존재로서, 성별만 다를 뿐 서로를 비추는 거울로서 가족이 된 것이지요. 다만 이 책이 모녀 관계에 초점을 맞추고 있기에 아빠에 관한 이야기는 수록하지 않은 것일 뿐이니 이 점을 고려해주시면 감사하겠습니다.)

감정은 터질 대로 터지고 현실은 꼬일 대로 꼬여버린 그때, 그래도 살아보겠다고 저는 마음에 시선을 두는 일을 멈추지 않았습니다. 그때 본,

어둡고 축축한, 깊디깊은 마음 속 지하에는 제가 억누른 온갖 마음들이 커질 대로 커진 채 꿈틀거리고 있었습니다. 절대 열면 안 되는 판도라의 상자를 연 것처럼, 돌이킬 수 없는 실수를 한 기분이었어요.

이제 저는 더 이상 '착하고, 밝고, 책임감 강하고, 이해심이 넓고, 씩씩한 나'만을 붙들고 살 수가 없었습니다. 이것들을 내려놓고 솔직한 제 마음을 대면하는 일은, 추운 겨울에 벌거벗은 몸으로 칼바람을 맞으며 걷는 것 같은 아픔이자 공포였어요.

당시에는 제 손을 잡아주며 같이 걸어주는 이가 한 명도 없다는 생각에 무척 외로웠어요. 이 혼란과 그동안 쌓인 복잡한 감정을 어떻게 풀어야 할지, 도대체 어떻게 살아야 할지 너무 막막했어요. 엉킬 대로 엉킨 실타래를 가만히 보고 있는 것 말고 대체 내가 뭘 할 수 있는지 모르겠는 기분. 저는 그 기분으로 또 몇 년을 살았습니다.

전에도 마음공부를 하고 있었지만 그건 제 부정적인 감정을 모두 억누른 채 에고가 원하는 걸 당장 내놓으란 식이었다면, 본격적으로 하게 된 마음공부는 심연의 모든 나를 수용하는 방법을 터득하기 위함이었어요. 무자각적으로 창조되는 삶 속에서 계속 괴로워하는 대신, 내 무의식에 뭐가 있길래 삶이 괴로운지 찾아낸 뒤 내가 해야 할 것을 마땅히 하겠노라 다짐했지요.

여러 함정에 빠지고 실패를 반복하다 보니, 마음공부를 시작한 이후의 괴로움이 마음공부를 하기 전보다 더 큰 것 같아서 마음을 들여다보는 일을 포기했던 기간도 있었어요. 하지만 삶이 너무 힘드니 다시 하게 되었습니다. 제가 배운 연기 수업들과 다양한 이들의 안내가 도움이 되었고, 지난날의 일기장들도 도움이 되었습니다. 그리고 자각하지 못했지만 제가 겪었던 모든 순간이 스승이었습니다. 모든 순간이 저를 버리고 있는 줄 알았는데, 실은 저를 지탱해주고 있었어요.

언제부터인지 정확한 시기는 알 수 없지만, 정신을 차려 보니 제 인생은 완전히 달라져 있었어요. 셀 수 없이 헤매고 넘어지면서도 집요하게 마음을 들여다본 끝에 무의식 속 감정을 어떻게 찾고 수용하는지, 무의식을 어떻게 표면의식화할 수 있는지, 눈앞의 현실이 무엇을 뜻하는지 알 수 있었습니다. 그리고 삶이 정말 편안하고 자유로워졌어요. 마치 과거의 제가 다른 생의 저처럼 아득하게 느껴질 정도로요.

무의식 속 모든 '나'를 수용할 수 있게 되니, 무의식을 비추는 현실도 저절로 변하기 시작했어요. 예전에는 미친 듯이 애써도 얻지 못하거나 겨우 얻었던 것들을 애쓰지 않고도 얻을 수 있었어요. 그리고 제가 욕망하는 것들이 타인의 욕망, 버려지는 두려움에서 기인한 가짜 욕망임을 알게 되니, 제가 진정으로 원하는 걸 찾아 누리며 살 수 있게 되었고요.

가족 관계도 마찬가지입니다. 많은 일이 있었지만, 너무 사랑하면서도 미워하는 가족이 '나'이고 내가 '그들'이란 걸 이제는 이해합니다. 그래서 사랑이 올라오든 미움이 올라오든 다 받아들일 수 있기에 자유롭습니다. 특히 엄마를 엄마 '역할'을 하고 있는 한 여자가 아닌 저와 같은 무의식을 공유하고 있는 한 존재로 바라볼 수 있게 되었습니다.

감정을 해소하며 삶이 자유로워지자 저는 이 좋은 것을 혼자만 누릴 수 없다는 생각에, 사람들에게 자기 수용법을 안내하고 있습니다. 저를 찾아오는 여성 내담자들을 상담하면서 명확히 알게 된 사실이 하나 있습니다. 바로 모든 여성이 안고 있는 삶의 문제들은 결국 엄마와의 관계에서 파생한, 즉 엄마와 공유하고 있는 무의식대로 살고 있다는 사실에서 시작한다는 것입니다. 그래서 엄마와 딸 사이에 어떤 무의식이 있는지 알아차리고 직면하는 것은 '나'라는 존재의 뿌리를 인정하는 일이기에, 정말 중요한 내면 작업이라 할 수 있습니다. 이 앎이 '모녀 관계의 무의식 정화'를 다루는 책을 쓰는 길로 저를 이끌어준 것 같습니다.

이 책이 엄마 또는 딸에 대한 마음을 들여다보는 여정에서 든든한 친구가 되길 바랍니다.

Part 1

마음의 세계에서 보는 모녀 관계

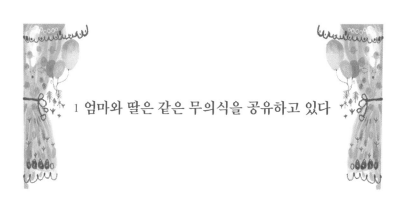

1 엄마와 딸은 같은 무의식을 공유하고 있다

나의 무의식은 어디서 온 것일까?

우리가 태어나기 전에 있었던 장소가 있어요. 바로 엄마의 자궁이에요. 흔히들 태아는 아무것도 모를 거라 생각하지만 전혀 그렇지 않아요. 태아는 부모의 모든 무의식을 전부 다 물려받은 채로 세상에 태어납니다. 특히 엄마와 성별이 같은 딸은 엄마를 자신과 동일시한 채로 태어나요. 무의식적으로 말이죠.

그런데 같은 엄마에게서 태어난 자식들인데 주어진 현실이 다 다른 이유는 무엇일까요? 첫째를 임신했을 때의 집안 상황과 엄마의 무의식, 둘째를 임신했을 때의 집안 상황과 엄마의 무의식이 다르기 때문이에요. 이처럼 아이의 무의식은 아이를 향한 엄마의 무의식이 어땠는지에 따라서 결정됩니다.

만일 엄마로서 이 책을 읽고 있다면, 꼭 염두에 둬야 하는 부분이 있어요. 우리는 엄마기도 하지만 누군가의 딸이기도 합니다.

현재 딸과 공유하고 있는 무의식은 나의 엄마와 공명했지만 풀지 못했던 무의식이에요. 그러니 자신을 엄마의 위치에만 두지 말고, '엄마이자 딸'임을 상기하며 읽어주세요.

다시 본론으로 돌아가서, 태아는 엄마와 한 몸이기 때문에 엄마의 모든 무의식을 흡수한다고 했어요. 어떤 식으로 흡수하는지 볼까요?

1. 원하던 임신일 때

기다리던 임신이고, 성별 상관없이 그저 임신이 기쁜 상태라면 태아는 세상에게 사랑이 가득 담긴 초대를 받는 기분으로 태어나요. 태아를 향한 엄마의 마음은 고스란히 태아에게 저장된답니다.

> **엄마 → 딸** 너를 갖게 되어 정말 기뻐. 우린 너를 기다리고 있어.
>
> **딸 → 엄마** 나는 엄마에게 사랑받고, 환영받는 존재구나!

그리고 아이는 엄마를 세상에 투사하기 때문에 세상을 대하는 딸의 무의식은 '세상은 날 환영해. 나는 세상에게 사랑받는 존재야'라는 내용으로 형성됩니다.

2. 갑작스러운 임신일 때

계획에 없던 임신이어도 기쁘게 받아들이는 사람이 있지만, 온갖 걱정과 불안이 올라와서 임신을 짐처럼 느끼는 사람도 있어요. 후자로 예를 들어볼게요.

엄마 → 딸 이렇게 갑자기? 난 임신을 원한 적 없는데…. 내가 애를 어떻게 키워…. 자신이 없는데….

딸 → 엄마 엄마는 날 반가워하지 않아. 난 환영받지 못하는 존재야.

1의 설명과 같은 원리로, 엄마를 세상에 투사하는 딸의 무의식은 '세상은 날 환영하지 않아'라는 내용으로 형성됩니다.

3. 아이가 원하지 않는 성별일 때

엄마에게 특정 성별에 집착하는 마음, 즉 그 성별의 아이가 아니면 안 된다는 두려움이 있으면 태아는 그 영향을 받습니다. 엄마가 밖으로 표현했든 아니든 상관없이 말이죠. 태아는 '나는 엄마가 원하는 걸 줄 수가 없는 존재'라는 무력감, 열등감, 무능감 등을 마음에 품은 채 태어납니다. 이런 경우 아이는 극과 극의 모습을 보일 수 있습니다. 무력감 그 자체가 되어 아무런 의지도 힘도 없이 살아갈 수도 있고, 자신의 존재 가치를 증명하기 위해서 유능해지려고 애쓰며 살아갈 수도 있어요.

엄마 → 딸 이 아이가 아들이었으면 좋겠어. 아들을 낳지 않으면 구박받을지도 몰라. 너무 무서워.

딸 → 엄마 엄마는 딸인 나를 원하지 않는구나. 나는 미움받을지도 몰라. 내가 여자인 걸 들키면 날 죽일지도 몰라. 난 딸이니까 엄마를 힘들게 하는 죄인이야. 민폐 덩어리야.

4. 고된 시집살이, 경제적 고난, 이별을 고려하는 중 임신을 했을 때

엄마가 고된 시집살이나 경제적 고난을 겪고 있거나 이별을 고려하던 중에 임신을 하면, 임신이 반가운 일이 아니라 족쇄처럼 느껴질 수 있습니다. 이때 태아는 자신이 엄마의 자유와 행복을 방해한 사람이라는 죄스러운 마음을 갖고 태어납니다.

엄마 → 딸 안 그래도 힘들어 죽겠는데 왜 임신을…. 돈도 없는데 어떻게 키우지? 임신하는 바람에 이혼도 못 하고….
딸 → 엄마 나는 엄마를 힘들게 하는 존재야. 엄마의 발목을 잡는 존재야. 엄마 인생을 망친 존재야.

만일 2~4 가운데 하나가 자신에게 해당하는 일이라면, 평소에 다음과 같은 현실을 겪었을 가능성이 커요.

외부 소음에 예민하다

자궁은 인생이 처음 시작되는 장소예요. 그래서 우리는 모든 장소에 자궁을 투사합니다. 자궁에 있을 때 들었던 바깥의 말들이 내 존재를 부정하는 무서운 말들이었다면 외부 소음은 자연스럽게 그때 느꼈던 두려움을 건드리게 됩니다. 어떤 말을 듣지 않았다고 해도, 자궁에서 극심한 두려움을 느낀 경우도 마찬가지입니다. 혼자서는 이유를 파악하기 어렵기 때문에 그저 '내가 성격이 예민하다'고 생각하며 넘기는 경우가 많아요.

사람들 눈치를 많이 본다

평범한 수준이 아니라 스스로 피곤할 정도로 눈치를 보는 경우에 해당합니다. 태아 때부터 이미 눈치를 보고 있었기 때문에 세상에 태어나서도 타인의 눈치를 보면서 살아가요. 아무도 날 원하지 않는 것 같고, 나 때문에 엄마가 힘든 것 같다고 느끼죠. 그래서 사람들이 날 싫어하고 미워할까 봐 계속 눈치를 보는 삶을 살고 있을 확률이 높아요.

가치 입증에 시달린다

나를 원하지 않는다고 생각하는 순간, 태아는 죽음의 공포에 휩싸여요. 태어나고 싶어도 내 목숨은 엄마에게 달려 있다는 걸 알죠. 그러다 보니 태어난 뒤에도 계속 자신의 가치를 입증하려고 끊임없이 노력합니다. 부모님에게 자랑스러운 딸, 효녀가 되려고 하고, 주위 사람들에게도 잘하려고 해요. 자신의 가치 있음을 타인을 통해 인정받으려 하기에 결국 지쳐버리고 말죠.

참고 살거나(착한 아이 콤플렉스) 삐딱하게 굴고 사고를 친다

엄마가 배 속에 있는 아이를 짐같이 느낀 경우, 아이는 본인의 욕구나 감정을 참는 방법으로 엄마의 짐을 덜어주려고 해요. '나라도 착하게 굴어야 엄마가 편하다', '나라도 참아야 엄마가 편하다'라고 생각하니까요. '착한 아이'가 되는 거예요.

반대인 경우도 있어요. 엄마가 자신을 짐같이 여겼다는 것이 너무 슬퍼요. 그리고 가장 사랑하는 엄마에게 버려진 것 같아 태아 때부터 엄마를 미워해요. 그래서 머리로는 그러지 않으려고 하는데, 무의식은 계속 삐딱하게 굴고 사고를 치고 다니기도 해요. 하지만 엄마가 미워서 그러는 것만은 아니에요. 사실 이 아이는 슬픈 거예요.

남자한테 집착하거나 저항한다

엄마가 원하던 성별인 남자로 태어나지 못했다는 생각이 바탕에 있다면, 남성을 대하는 행동 패턴이 크게 두 가지로 나뉩니다. 집착하거나 저항하거나. 이 둘은 달라 보이지만 사실 같은 마음에서 비롯됐어요. 여성, 즉 존재 그 자체로서 사랑받고 싶은 마음이에요.

이 경우에는 여성으로서 사랑받고 있음을 계속 상대방에게 확인하려 하거나 버림받을까 봐 남성에게 집착할 수 있어요. 반대로 여성으로서 남성에게 사랑받고 싶은 마음이 올라오면 그 마음을 부정해버리기도 해요. 남성을 은근히 무시하거나 남성과의 로맨스에 관심을 두지 않는 모습을 보이기도 하지요.

여성성을 버리거나 여성성에 집착한다

부모님이 원하는 성별로 태어나지 못한 태아 이슈가 있다면 자신의 여성성을 있는 그대로 받아들이는 것을 어려워할 수 있습니다. 여성성을 아예 부정하는 경우에는 사회에서 통용되는 '남성적인' 겉모습이나 행동을 따르려고 할 수 있어요. 어릴 때부터 짧은 머리를 고수하고 남자아이처럼 옷을 입으려고 하지요. 반대로 사회적으로 '여성스럽다'는 범주 아래 있는 요소들만 선택하려는 경향이 강하게 드러날 수도 있어요. 예를 들면 가슴이 지나치게 파인 옷을 입는 등 자신의 여성스러움을 사람들에게 어필하려고 하는 경우를 들 수 있습니다.

오해의 소지가 있을까 봐 덧붙이자면, 짧은 머리를 하거나 남자처럼 옷을 입는 걸 문제 삼는 게 아니에요. 몸이 드러나는 옷을 입는 걸 지적하는 것도 아니고요. 태아 이슈로 자신의 여성성을 버리거나 집착할 때 나타날 수 있는 다양한 현상들을 이야기하는 거예요.

자신을 드러내길 꺼리거나 자신을 강하게 어필한다

배 속에서부터 내 존재를 들키면 미움받거나 혹은 죽임당할까 봐 두려워했던 아이들의 경우에는 자신을 드러내는 걸 극도로 꺼려요. 사람들이 다 자신을 비난하고 미워할 것 같다고 생각하거든요. 자신의 존재를 수치스럽게 여기는 거죠. 그래서 얼굴을 드러내는 것뿐만 아니라 글, 그림 등 자신의 창작물을 공개하는 것도 머뭇거려요. 작품을 자신과 동일시하기 때문에 나를 드러내면 사람들에게 미움받을까 봐 두렵기 때문이죠.

반대로 자신을 이곳저곳에 드러내서 모든 사람에게 사랑받으려는 양상으로 나타나기도 해요. 자신의 존재를 강하게 어필해서 사랑과 관심을 받으려고 하는 거죠. 모두에게 사랑받고 싶은 자신을 숨기는 것과 드러내는 것이 차이일 뿐, 두 모습은 결국 사랑받지 못한 아픔에서 비롯된 거예요.

그 외에도 엄마가 유산이나 낙태 경험이 있으면 태아에게도 그 에너지가 함께 흡수돼요. 그래서 아이는 죽음의 공포, 버려지는 두려움, 무기력증 등에 시달릴 확률이 높아요. 엄마가 유산이나 낙태를 겪은 자신의 마음과 죽음을 맞이한 태아의 마음을 이해해주면 그 감정들은 풀려나갑니다. 하지만 이 경험은 너무나 수치스럽거나 고통스럽기 때문에 그냥 마음에 묻어버리는 일이 많죠. 그렇게 되면 자궁에서 죽음을 맞이한 아이가 느낀 죽음의 공포, 두려움, 버려진 아픔, 분노 등이 그대로 온 가족에게 흘러가요. 가족끼리는 무의식을 공유하기 때문이죠.

또 다른 시각에서 설명해드리자면, 물질세계를 사는 육체의 '나'는 시공간의 영향을 받지만, 무의식 차원에서는 시공간이라는 게 없어요. 그래서 내 위에서 유산이나 낙태가 되었든 내 밑에서 유산이나 낙태가 되었든, 무의식 공간에서는 모든 일이 동시에 일어난 거예요. 죽음의 순간을 같은 자궁에서 함께 겪었다는 뜻이죠.

이렇듯 태아 때 받은 영향, 즉 엄마와 어떤 무의식이 공명했느냐에 따라서 가지고 있는 무의식은 저마다 달라요. 비슷한 무의식이어도 어떤 양상으로 나타날지 역시 다릅니다.

태아의 무의식은 경험을 통해 확장된다

이렇게 태아는 엄마의 무의식을 흡수해요. 그리고 영유아기에 어떤 일을 겪느냐에 따라 무의식 속 에너지는 더욱 커져요. 그리고 다양한 관념이 생기게 되죠.

엄마가 '여자로서 사랑받고 싶은 자신의 마음'을 있는 그대로 수용했다면, 여자로서 사랑받는 삶을 살았을 거예요. 그리고 딸도 그 영향을 받아요. 하지만 엄마가 '여자로서 사랑받고 싶은 자신의 마음'을 밀어내고 부정했다면? 여자로서 사랑받지 못한다고 느끼는 삶을 살아요. 그리고 딸 역시도 그 영향을 받으며 살아가죠. 이것은 엄마가 '여자로서 사랑받고 싶은 마음'을 있는 그대로 수용할 수 없었던 어린 시절 기억이 있다는 거예요. 그 기억 속 해소되지 않은 감정을 고스란히 자신의 딸과 공유하는 것이죠.

그래서 딸 역시도, 여자로서 사랑받고 싶은 마음이 올라올 때 있는 그대로 수용할 수 없는 거예요. 여자로서 사랑받고 싶은 자신이 한심하고 창피하게 느껴질 수도 있어요. 아니면 자신은 사랑받을 수 없다고 여기거나요. 아예 그 마음과 하나가 되어 남자한테 집착하면서 괴로워질 수도 있고요.

엄마가 집을 나갔거나 쫓겨난 기억이 있다면? 그때 느꼈던 감정이 해소되지 않았으면 그 감정은 딸의 무의식에 고스란히 남아요. 그래서 살면서 계속 누군가 날 떠날까 봐, 내가 버려질까 봐, 날 밀어낼까 봐 두려워하면서 살아갈 확률이 높아요.

엄마가 무능한 아빠 때문에 혼자 고생하며 살았다면? 딸은 무능함에 대한 공포를 느끼며 살아요. 무능하면 어떻게 되는지 보고 살았기 때문이죠. 그래서 유능에 집착하며 살거나 무능 그 자체가 되어 살 확률이 높아요.

엄마가 작은 실수에도 엄하게 혼냈다면? 딸은 자그마한 실수에도 쉽게 긴장해요. 타인의 사소한 실수에도 예민해지기 쉽고요. 이런 경우 불안에 떠는 완벽주의자가 되기도 해요. 완벽하지 않은 나는 사랑받을 수 없다고 여기고 있으니까요.

죄책감을 가지라고 드린 설명이 아니에요. 모두 모녀의 무의식을 정화하기 위해 자신은 어떤 케이스에 해당하는지 짐작해보기 위한 예시입니다. 이 외에도 정말 많은 사례가 있는데, 앞으로 다양한 사연을 통해 풀어보도록 할게요.

2 풀지 못한 마음은 대물림된다

우리는 아무것도 없는 '공空', 모든 게 수용되는 하나인 곳에서 떨어져 나왔어요. 우리의 기본값은 '내 존재가 조건 없이 수용되어 하나 된 상태'예요. 모두가 그곳에서 왔으니까요. 그러니 내가 어떻든 내 존재가 받아들여지는 게 나의 원래 상태인 거예요. 하지만 우리는 일차적으로 근원에서 떨어져 나오고, 이차적으로 엄마의 자궁에서 떨어져 나오면서 '원래의 내 상태'에서 멀어집니다. 이 과정에서 본능적으로 불편함을 느껴요. 무슨 뜻일까요?

25쪽 그림을 보면 근원에서 떨어져 나왔을 때와 엄마 자궁에서 떨어져 나왔을 때가 같은 경험임을 알 수 있어요. 그래서 우리는 엄마에게 절대적 수용인 근원을 투사하게 되는 거예요. '엄마에게 사랑받고 싶다, 사랑받지 못할까 봐 두렵다'는 마음은, '원래 내 근원의 상태가 편하다. 그러지 않은 건 불편하다'와 같은 마음이에요.

내 존재가 조건 없이 받아들여져 하나인 상태: 내 원래 상태

내 존재가 받아들여져서 하나가 됐다고 느낄 때: 내 원래 상태이기에 편안하다.

내 존재가 받아들여지지 않아 하나가 되지 않았다고 느낄 때: 내 원래 상태가 아니기에 불편하다.

↓

내가 사랑받는다고 느낄 때: 내 원래 상태이기에 편안하다.

내가 사랑받지 않는다고 느낄 때: 원래 상태가 아니기에 불편하다.

그렇기에 본능적으로 내 원래 상태를 유지하고 싶어해요.

사랑받고 싶다, 나라는 존재를 수용받고 싶다. = **본능**(내 원래 상태니까)

사랑받지 못할까 봐 두렵다, 내 존재가 버려질까 봐 두렵다. = **본능**(내 원래 상태가 아니니까)

즉, 사랑받고 싶은 마음과 그러지 못할까 봐 두려운 마음은 모든 인간에게 내재해 있는 본능이에요. 이 사실을 이해한다면, 자기 수용의 여정이 좀더 수월해질 거예요.

원가족에서 풀지 못한 감정은 반복된다

나는 엄마와 아빠 무의식의 합이에요. 그리고 엄마 아빠는 조부모님 무의식의 합이죠. 이대로 쭉쭉 올라가면 얼마나 많은 조상의 무의식이 있을까요? 풀지 못한 무의식 속 감정은 그대로 자손에게 대물림돼요.

이것을 '육체'의 처지에서 보면 윗대에서 풀지 못한 감정을 내가 고스란히 책임져야 하는 것처럼 느껴지지만, 실은 그렇지 않아요. 자기 수용을 통해 감정이 해소되고 무의식이 정화되다 보면 저절로 알게 돼요. 내가 풀지 못한 무의식을 푸는 데 필요해서 선택한 부모님과 조상님들이라는 것을요. 모두 다 '나'거든요.

딸과 공유하는 무의식을 풀고 싶어서 이 책을 읽고 있다면, 자신의 '원가족'에서 풀지 못한 감정을 살펴봐야 해요. 그로 인해 생긴 무의식 속 관념대로 딸을 대하는 것이거든요. 그러니 나와 딸이 공유하는 무의식은 나와 딸만의 이야기가 아니에요. 나와 내 엄마의 무의식적 이슈를, 나와 딸이 반복하고 있는 거예요. 내가 절대 싫다며 저항하거나 부정해온 모습을 그대로 딸이 보여주고 있지는 않나요? 내가 가장 수치스러워하는 부분을 딸을 통해 보고 있지는 않나요? 분명히 원가족, 특히 엄마와 풀지 못했던 무의식을 딸과 공유하고 있으니 잘 살펴보세요.

나는 착하고 희생적인 효녀이기만 했다

착한 딸, 효녀로만 살아왔다면 꾹 참고 살아온 시간이 길겠죠? 이런 분들은 나와 똑같이 꾹 참고 착하고 눈치를 많이 봐서 사는 게 힘든 딸을 마주할 수 있어요. 반대로 아무것도 안 참고 자기 마음대로 하는 딸을 마주하게 될 수도 있고요. 전자의 경우는 내 무의식을 그대로 보여주는 딸이에요. 그런데 후자의 경우 역시 내 무의식을 그대로 보여주는 경우예요. 다른 점이 있다면, 후자는 내가 억누른 모습을 보여주는 딸이에요. 사실 아무것도 참기 싫었던 나, 책임지기 싫었던 나, 내 마음대로 하고 싶었던 나도 무의식에 있어요. 이런 나는 사랑받을 수 없다며 버린 모든 '나' 말이에요. 당신이 버린 당신의 모습이니까 수용하라고 현실에서는 딸의 모습으로 나타난 것이죠.

남존여비 문화가 짙은 집에서 태어났다+시댁에서도 아들을 원했다

'딸은 가족이 원하지 않는 존재, 대를 못 잇는 존재다.' 이런 식의 남존여비 문화가 짙은 집에서 태어났을 때, 그로 인한 감정들이 해소됐다면 현실은 다르게 펼쳐질 수 있어요. 하지만 그렇지 않았다면 똑같이 남존여비 문화가 심한 시대를 만날 확률이 높아요. 그렇게 되면 나도 모르게 딸보다 아들이 태어나길 바랄 수 있어요. 그리고 그 영향을 받아 태어난 딸은 자신의 존재를 부정당한 아픔으로 살아가요.

나는 이렇게 잘해주는데 왜 내 딸은 날 무시할까?

'좋은 엄마'에 집착하느라 딸을 버리고 싶거나 딸을 무시하는 마음, 즉 '미움'을 억누른 거예요. 내가 내 마음을 무시해서 버리면 곧바로 현실로 창조돼요. 엄마의 분신인 딸은 이 창조를 가장 빠르게 보여주는 존재입니다.

딸은 내가 아무리 잘해줘도 그와 상관없이 내 무의식에 반응하게 되어 있어요. 나를 무시하는 딸은 이렇게 말하고 있는 거예요. '당신이 자신을 무시한 마음이 딸로 나타난 거야.' 그러니 이 경우에는 지금까지 내가 나 자신과 딸을 은근히 무시하고 있었음을 수용해야 해요.

나는 유능한데 내 딸은 왜 무능할까?

무능한 내가 싫어서 억누르고 유능에 집착해서 자수성가를 한 가정에서 많이 보이는 현상이에요. 이런 경우 딸은 내가 억누른 내 모습을 그대로 보여주고 있어요. 풀어서 설명하자면, 보통은 '무능하면 버려질까 봐 두려운 마음'을 해소하지 않은 채 그 두려움으로부터 도망치기 위해 유능을 붙잡아요. 그러면 내가 해소하지 못한, 무능해서 버려질까 봐 두려운 마음을 해소할 수 있도록 무능한 딸이 창조되어서 보여주는 거예요.

사랑의 크기와 미움의 크기는 같다

결국, 엄마는 딸을 통해 자신의 내면아이를 한 번 더 껴안을 기회를 얻는 거예요. 내가 풀지 못한 마음을 그대로 드러내서 보여주는 게 딸이니까요. 그리고 딸은 엄마를 근원에 투사하여 자신의 마음을 풀게 돼요. 결국, 자기 자신에 대한 마음인 거죠.

육체의 기준에서 보면 엄마의 영향을 받은 딸이 그로 인한 감정을 푸는 것처럼 보여요. 하지만 무의식의 세계에서는 말이 달라져요. 내가 풀어야 할 마음이 있었다는 게 먼저고, 그로 인해 필요했던 가족을 만난 게 그다음이에요. 이건 스스로 해소하다 보면 알 수 있는 영역이니 억지로 받아들이지 말고, 받아들일 수 있는 만큼만 받아들이면 돼요.

엄마도 딸한테 인정받고 싶고 사랑받고 싶어요. 딸 역시 엄마한테 인정받고 싶고 사랑받고 싶어요. 그 누구도 서로를 미워하고 싶고, 갈등을 일으키고 싶지 않아요. 나쁜 엄마, 나쁜 딸이 되고 싶은 사람은 없죠. 원망스러운 엄마, 원망스러운 딸, 수치스러운 엄마, 수치스러운 딸이 되고 싶은 사람은 그 어디에도 없어요.

모두 일부러 그러는 게 아니에요. 무의식을 몰라서, 무의식 속 마음을 풀지 못해서 그런 거예요. 자신이 품어 낳았는데 사랑하지 않을 리 없어요. 나를 낳아줬는데 사랑하지 않을 리 없어요. 사랑과 미움은 하나라, 너무 사랑해서 발생하는 미움이에요. 사랑의 크기만큼 미움이 존재하니까요. 이 마음들을 풀어내면 우리는 자유와 사랑을 누릴 수 있어요.

3 현실 창조의 원리

모녀 관계에서 겪는 다양한 문제를 무의식적 차원에서 풀기 위해서는 내 안에 어떤 무의식이 있는지를 발견하고, 그것을 있는 그대로 받아들이는 '자기 수용'이 필요해요. 자기 수용 방법을 소개하기에 앞서, 먼저 현실이 창조되는 원리를 살펴보겠습니다.

각자 다른 현실을 살아가고 있는 우리

길을 걸어가는데 웬 길고양이 한 마리가 낮잠을 자고 있어요. 이 길고양이를 본 네 사람이 있다고 해봅시다. 이 네 사람은 모두 같은 현실을 겪을까요?

A는 그냥 별 관심 없이 지나갈 거예요. B는 고양이가 귀여워서 기분이 좋아졌어요. C는 길고양이가 너무 불쌍해서 마음이 아픕니다. D는 아무 데서나 벌러덩 누워서 자는 고양이가 자유로워

보여서 부러워요. 그렇다면 길고양이는 자유로운 걸까요? 불쌍한 걸까요? 그저 귀여운 걸까요?

상황 길고양이가 낮잠을 자고 있다.

A의 현실 무덤덤한 현실
B의 현실 귀여운 고양이를 봐서 기분이 좋은 현실
C의 현실 고양이가 너무 불쌍한 마음이 드는 현실
D의 현실 자유로워 보이는 고양이에게 부러운 마음이 드는 현실

이 고양이를 본 사람들은 모두 다른 현실을 겪었어요. 왜 그럴까요? 자신의 무의식대로 고양이를 바라보기 때문입니다. 어떤 무의식의 눈으로 바라보냐에 따라서 현실은 다르게 펼쳐져요.

또 다른 예를 들어볼까요? 난도가 높은 과제를 마주했다고 가정해봅시다. 이때 E는 '너무 어렵네. 다시 복습해야겠어…'라며 어렵다는 것을 인정하고 더 공부하기로 해요. F는 '뭐가 이렇게 어려운 거야! 이걸 어떻게 외우라는 거야! 도대체!'라며 화가 나버렸네요. G는 '내가 멍청해서 그래…'라며 자신이 부족해서 과제가 어렵게 느껴지는 거라 생각하고 더딘 자신을 책망하죠. H는 오히려 자극을 받아서 전보다 더 배움에 집중합니다. '이것도 어떻게 해서든 소화해보겠어!' 하면서요. 마찬가지로 똑같은 상황인데 사람마다 다른 현실이 펼쳐져요.

상황 무언가를 배우는 도중 난도가 높은 과제를 마주했다.

E의 현실 문제가 어렵다는 것을 인정하고 복습하는 현실

F의 현실 문제가 어려워서 화나는 현실

G의 현실 부족한 자신을 마주해서 시무룩해진 현실

H의 현실 자극 받아서 열정이 생긴 현실

같은 상황인데 왜 다르게 반응할까?

현실은 그저 길가에서 낮잠 자는 고양이를 봤을 뿐이고, 평소보다 어려운 난도의 과제를 마주했을 뿐이에요. 그런데 왜 사람마다 같은 상황에서 다르게 반응할까요? 각자 자신의 무의식 속마음의 눈으로 상황을 바라보기 때문이에요. 그러니까 다른 현실을 마주하게 되는 거죠. 이는 모든 사람이 자신의 무의식 속 관념대로 현실을 인식하고 창조한다는 뜻이에요. 내 무의식에 입력된 관념대로 살아가는 것이죠.

'돈 벌기는 쉽다'라는 관념이 무의식에 있다면 어떨까요? 돈 버는 게 쉬운 현실을 살아가요. 그런데 '돈 버는 것은 어렵다'라는 관념이 무의식에 있으면 어떨까요? 돈 버는 게 어려운 현실을 살아가요. '하고 싶은 건 언제든지 할 수 있다'라는 관념으로 살아간다면 주어진 현실은 놀이터겠죠? 하고 싶은 게 있으면 얼마든지

도전해볼 테니까요.

그러나 '하고 싶은 걸 하고 사는 건 어려운 일이다'라는 관념이 있다면 현실은 어떨까요? 정말로 하고 싶은 일을 실현하며 사는 것이 어려운 현실을 살아가요. '나는 사랑받을 만한 존재다'라는 관념이 있다면, 사랑받는 현실을 살아가요. '나는 사랑받을 만한 존재가 아니다'라는 관념이 있다면 사랑받지 못하는 현실을 살아가죠. 사랑받는다고 해도 '나 같은 걸 왜…?' 하는 의구심을 갖게 되고요.

그러니 내가 원하는 대로 현실을 창조하려면, 내 무의식을 바꾸면 돼요. 내 무의식이 바뀌면 무의식을 비추는 현실도 바뀌니까요. 하지만 무의식(관념)을 바꾸려고 억지로 긍정 확언을 하며 자신을 속이는 것은 안 돼요. 사소한 바람일 경우에는 이 방법이 통하기도 하지만, 깊은 감정이 얽혀 있는 관념이라면 현실은 오히려 더 힘들어져요. 내 무의식과 감정을 수용하려는 게 아니라 바꾸려는 의도만 있다면, 아무리 긍정 확언을 열심히 반복해도 현실은 꿈쩍도 하지 않거든요. 그러니 지치고, 더 크게 좌절할 수밖에 없어요.

우리가 할 일은 바꾸고 싶은 무의식을 억지로 머리와 가슴에 입력하는 것이 아니에요. 내 삶을 힘들게 만드는 관념이 왜 생겼는지를 파악해서, 그때 마땅히 느꼈어야 할 감정을 해소해야 합니다. 아픔을 껴안는 것이죠.

현실은 무의식 속 관념대로 창조된다

앞서 한 이야기를 정리해보겠습니다. 현실 창조의 원리는 간단해요. 현실은 무의식 속 관념에 따라서 펼쳐져요. 무의식 속 관념은 사람마다 다르기에 각자 다른 현실을 창조하면서 살아가고요. 삶이 힘들다면, 그건 저항(억눌림, 외면, 부정)으로 수용받지 못한 무의식 속 마음들이 창조한 현실을 살고 있기 때문이에요. 그래서 늘 고통스럽습니다.

이 고통은 이후에 공격성을 띠게 되어 삶의 모든 부분에서 자신을 공격하고 방해합니다. 무언가를 원할 때면, '네 주제에 무슨?', '네가 할 수 있어?', '네가 이러면 사람들이 싫어할걸?' 하고 머릿속에서 끝없이 조잘거리는 식으로 말이죠. 이런 자기 공격성 때문에 두려움은 더욱 커집니다.

그러니 우리가 해야 할 건 하나예요. 현실이라는 '거울'이 보여주는 나의 '무의식'을 파악하고, 마땅히 수용했어야 할 모든 아픈 '나'를 껴안는 겁니다. 이 과정에서 무의식이 정화되며 현실은 풀려나기 시작해요.

원하는 게 있을 때 원하는 마음을 수용하면 그대로 펼쳐져요. 하지만 원하는 게 있는데 현실에서 펼쳐지지 않는 이유는 무엇일까요? 그것을 원하는 마음을 스스로 방해하는 또 하나의 마음이 무의식에 있기 때문이에요.

가령 무언가를 갖고 싶을 때, '저것을 갖고 싶어!' 하는 자신의 마음을 깔끔하게 받아들인다면 그것을 갖게 돼 있어요. 하지만 '네 주제에 그걸 가질 수 있어? 무슨 수로? 넌 그런 거 안 어울려!' 이런 식으로 은근히 자신의 소망에 시비 걸고 공격하는 마음이 있다면 어떨까요? 그 마음 때문에 갖지 못하는 거예요. 그리고 그렇게 소망을 이루지 못하게 방해하는 마음은, 무의식 속 아픈 기억이 풀리지 않아서고요.

머리로는 '출세해서 가족들에게 도움이 되고 싶어!'라고 생각해요. 하지만 무의식 속에 '성공하지 못한 나도 사랑받고 싶어. 아무것도 증명하지 못한 나도 받아들여지고 싶어!'라는 마음이 있다면 어떻게 될까요? 현실은 바로 이 무의식대로 펼쳐져요. 유능하지 않은 나를 수용해줄 때까지 출세해서 가족들에게 도움이 되는 현실은 펼쳐지지 않죠. 혹은 출세해도 여전히 사랑받지 못하는 현실이 펼쳐져서 괴롭거나요.

그래서 무의식이 중요해요. 현실은 머리가 아니라 무의식에 담긴 마음대로 펼쳐지니까요. 그래서 마음공부는 나 자신을 살리는 공부예요. 의식하고 있는 내 마음, 의식하지 못하고 있는 내 마음이 무엇인지 스스로 공부하는 것이니까요.

4 무의식을 바꾸기 위한 자기 수용법

균형을 이루려는 우주의 원리

무의식을 바꾸는 방법은 자기 수용이에요. 내가 수용한 '나'를 외부 현실에서 발견하면 편해요. 그런데 내가 수용하지 않은 '나'를 현실에서 발견하면 불편하고, 괴롭고, 좌절하고, 두려워해요.

38쪽 그림을 보세요. 우리가 사는 우주(현실)는, 극과 극이 똑같은 에너지로 존재하고 있어요. 근원은 모든 게 합쳐져서 하나가 된, 아무것도 없는 빈 곳이고요. 그게 우주를 이루는 기본 원리죠. 그러면 빛이 100 존재하면 어둠은 얼마나 존재한단 뜻일까요? 100이죠. 빛과 어둠이 똑같이 100의 에너지로 존재해야 합쳐져서 0이 되니까요.

우리의 감정이나 모습도 똑같아요. 내게 기쁨이 500 있으면, 슬픔도 500이 있다는 거예요. 모든 게 마찬가지죠. 양극이 똑같은 에너지로 존재하기에 우주는 균형인 0을 유지할 수가 있는 거예요. 언제나 우주의 저울은 0을 가리켜요. 오차도 실수도 예외도 없어요.

빛 | 어둠

우월 | 열등

유능 | 무능

앎 | 무지

부지런함 | 게으름

선 | 악

아름다움 | 추함

기쁨 | 슬픔

그런데 고통은 어떻게 생겨날까요? 양극이 존재하기 때문에 괴로운 것일까요? 아니에요. 우리는 주로 왼쪽에 나열된 모습만 타인의 사랑을 받을 수 있다고 여겨서 수용해요. 그리고 오른쪽에 나열된 모습은 자신이 아니라고 저항하려고 해요. 오른쪽 모습이었다가는 버려질까 봐 두렵기 때문이죠.

이 '버려질까 봐 두려운 마음'에는 다양한 감정과 생각이 들어 있어요. 무시당할까 봐, 수치 당할까 봐, 망할까 봐, 거절당할까 봐, 소외될까 봐, 죽을까 봐. 이런 생각과 감정은 모두 버려짐에 대한 두려움이에요.

바로 여기에서 오류가 생겨요. 내가 빛의 상태든 어둠의 상태든 모든 모습이 그저 공존할 뿐이에요. 유능한 상태인 내가 있고 무능한 상태인 나도 있어요. 모든 건 그저 순간만 존재하는 거예요. 선한 사람, 악한 사람 같은 건 없어요. 선한 순간, 악한 순간만 있을 뿐이죠. 유능한 사람, 무능한 사람도 없어요. 유능한 사람도 무능한 순간이 있고, 무능한 사람도 유능한 순간이 있으니까요. 깨달은 사람, 무지한 사람이란 것도 없어요. 깨달은 순간, 무지한 순간만 있는 거예요. 우주의 균형에 의해 양극의 에너지가 번갈아가며 공존할 뿐이죠.

그러니 우리는 양극이 공존해서 괴로운 게 아니에요. 이미 존재하는 모습을 부정하고 저항해서 괴로운 거예요. 동전은 앞면과 뒷면이 공존해야 '동전'이 되는 거잖아요. 우주 역시 극과 극이 공존해야 '우주'가 있는 거예요. 그리고 우주는 우리에게 앞면과 뒷면을 번갈아가면서 보여주고 있어요. 그런데 둘 중 하나만 원하고, 하나에 저항한다는 뜻은 '동전을 원하지만, 뒷면이 있는 건 싫어! 앞면만 있는 동전을 원해!'라고 하는 것과 같아요. 너무 황당하죠? 그런데 우리는 늘 이 황당한 말을 자기 자신에게 하고 있어요. 그래서 고통스러운 거랍니다.

우월한 내가 좋아! 열등한 나 싫어!

아는 내가 좋아! 모르는 나 싫어!

빛나는 내가 좋아! 어두운 나 싫어!

웃는 내가 좋아! 우는 나 싫어!

부지런한 내가 좋아! 게으른 나 싫어!

뒷면은 거부하고 앞면만 있길 바라는 동전이 어떤 의미인지 보이시죠? '존재해서 괴로운 게 아니라, 존재에 저항해서 괴롭다!' 이 점은 매우 중요하기 때문에 꼭 가슴에 새겨주세요.

우리는 왜 저항할까?

우리는 왜 둘 중 하나만 더 좋아하고 하나는 너무 싫어서 버리고 싶어할까요? 앞에서 언급했듯이, 우리는 내 존재가 수용되길 원해요. 그것이 우리의 원래 상태이기 때문이죠. 이건 본능이라고 앞서 말씀드렸지요? '나'라는 사람이 수용되길 원하는 것이 본능인데, 육체를 입고 살아가다 보면 어느 순간부터 타인에게 수용될 수 있는 나와 아닌 나를 구분하기 시작해요. 밝은 나는 사람들이 좋아해주고 어두운 나는 사람들이 좋아하지 않는다면? 본능적으로 너무 불편한 거예요. 그래서 내 존재를 수용받기 위해 밝은 모습만 드러내려고 하고 어두운 모습은 억누르고 거부해요. 자기 자신에 대한 분별은 이렇게 시작됩니다.

하지만 여기서 알아야 할 진실이 있어요. 우리는 밝은 나든 어두운 나든 전부 다 받아들여지길 원해요. 타인이 아닌 자기 자신에게 먼저 말이에요. 이것을 연습하는 과정이 자기 수용입니다.

그러려면 내가 언제부터 나 자신을 분별하기 시작했는지를 이해해야 해요. 그 시작은 인생의 첫 타인인 부모님이에요. 부모님이 수용해준 내 모습은 나도 수용해요. 그런데 부모님이 수용하지 않는 내 모습은 나도 수용하지 않아요. 그리고 두려워하죠. '이런 나는 버려질까 봐, 사랑받지 못할까 봐 두려워…' 사실, 부모님은 스스로 수용한 모습만큼 자녀의 모습을 수용할 수 있어요. 억누른, 받아들이지 않은 자신의 모습을 자녀에게서 발견했을 때는 수용하지 못하죠. 따라서 부모님이 자신의 무의식을 스스로 수용했는지 아닌지에 따라 내 무의식도 결정돼요.

사실 사랑받고 싶은 마음에 앞서, 우리에게는 '사랑을 주고 싶은 본능'이 있어요. 내 존재로 인해 부모님과 세상에 사랑과 행복을 주고 싶은 마음이에요. 왜? 우리는 '사랑'에서 왔으니까요. 하지만 어느 순간부터 내가 어떤 모습이든 상관없이 내가 주는 사랑을 부모님과 세상이 기뻐할 거라는 신념이 사라져요. 대신 다른 신념이 무의식에 자리 잡죠. 어떠한 내 모습으로는 사랑을 줄 수 없다고 여겨요. 예를 들면, 가난하고 못생긴 내가 주는 사랑은 가치가 없다고 생각할 수 있어요. 또, 소심하고 어두운 내가 주는 사랑은 부모님과 세상이 원하지 않는다고 여길 수 있고요. 이런 식으로 자신을 분별하기 시작하는 거예요.

우리는 모두 부모님과 부모님을 투사한 이 세상을 사랑해요. 그래서 자신의 존재로서 사랑을 주고 싶어해요. 그런데 무능하고, 못나고, 소심하고, 어두운 자신이 주는 사랑은 가치 없다는 믿음이 생긴 거예요. 그게 너무 아파서, 그런 자신을 숨기고 외면하고 부정하고 밀어내죠. 그렇게 버려진 내 모습들이 현실에서 계속 펼쳐지는 것이고요.

어릴 때 뭐든 잘 알 때는 칭찬받고 잘 모를 때는 구박받은 아이는 어떻게 될까요? 유능에 집착하고 무능함에 저항해요. 아는 자신을 사랑하고 모르는 자신을 창피하게 여겨요. 놀라운 건, 반대도 있다는 거예요. 아이가 뭔가를 잘 모를 때, 부모님이 이 모습을 귀여워하면서 관련 내용을 설명해줬다면 아이는 자라서 어떻게 될까요? 그걸 사랑이라고 여겨서 '잘 모르고 못해야 사랑받는다'는 신념을 붙잡기도 해요. 알아도 모르는 척하죠. 통통하고 잘 먹을 때 예쁨받은 아이가 커서 살 때문에 스트레스를 받는 경우는 드물어요. 그런데 어릴 때부터 몸매 관리하라고 잔소리를 듣고, 먹는 걸로 지적당한 아이는 어떨까요? 외모에 집착하고 스트레스받을 확률이 높아요.

이건 생존과 직결된 두려움이에요. 내 생존을 책임지는 부모님이 날 사랑하면 내 생존 확률은 올라가죠. 하지만 날 사랑하지 않으면 생존율이 떨어진다고 느껴요. 그래서 우리는 사랑받는다고 느낄 때 안정감을 느끼고, 사랑받지 못한다고 느낄 때는 반대로 죽음의 공포를 느껴요. 그리고 이 모든 무의식을 타인에게 투사하면서 살게 됩니다.

지금까지의 내용을 정리해볼게요. 양극은 그저 존재할 뿐인데 우리는 둘 중 하나에 저항하기 때문에 괴로워요. 저항하는 이유는, 사랑받지 못하는 모습을 지닌 나는 생존할 수 없을 거란 죽음의 공포를 느끼기 때문입니다. 사랑받을 수 없다고 여겨서 버리는 자신의 모습은 다양해요. 소심한 나, 우울한 나, 열등한 나, 무지한 나, 무능한 나, 가난한 나, 어두운 나, 겁이 많은 나, 게으른 나, 악한 나, 책임감이 없는 나 등등…. 이런 나를 받아들이지 않고 버리기 때문에, 버린 내 모습을 볼 수밖에 없는 현실이 계속 창조되어 괴로운 것입니다.

5 단계별 자기 수용법

그렇다면 어떻게 저항을 풀고 자기 수용을 할 수 있을까요?

저항은 에고의 본능이에요. 자신의 일부를 거부하고, 억누르고, 외면하는 저항의 본능을 건디면서 어떤 나든 있는 그대로 수용하는 게 자기 수용, 자기 사랑이에요. 저항을 푸는 방법은 저항하는 나를 먼저 이해하는 거예요. '나는 저항할 수밖에 없다. 왜냐면 버려질까 봐 두려우니까.' 이렇게 저항이 올라오는 건 당연하다고 생각하는 것이죠.

그다음, 불편을 감수하기로 하는 거예요. 편안한 자기 수용은 없어요. 자신의 밑바닥, 어둠, 그림자를 보는 게 에고의 입장에서는 죽기보다 싫을 정도로 불편한 일이에요. 그러니 충분히 저항할 수밖에 없는 마음을 수용해준 다음, 불편을 감내하기로 하고 자신의 마음을 있는 그대로 받아들이는 연습을 꾸준히 해야 해요.

자, 마음의 준비를 하셨다면 지금부터 기본 단계부터 심화 단계까지 단계별 자기 수용법을 알려드리겠습니다.

자기 수용 기본 단계

1. 어떤 모습이든 스스로를 허용하기

자기 수용을 하다 보면 미처 몰랐던 자신의 모습과 감정들을 발견하게 돼요. 많은 사람이 자기 수용을 중간에 포기해버리는 이유 중 하나가 이 부분 때문이에요. 무척 당황스럽고 겁도 나니까요.

그래서 자기 수용 연습에 앞서, 무엇이든 다 괜찮다고 자기 자신을 허용하겠다는 다짐이 필요해요. '나의 어떤 모습이든, 어떤 감정이든 다 받아들이겠다'라는 자세로 임하는 거죠. 그래야 감정에 대한 저항이 올라올 때 이를 알아차리고 앞으로 나아갈 수 있어요. 물론 쉽지 않지만, 조건 없는 수용을 하기로 허용하는 것과 허용하지 않는 것은 자기 수용의 여정에서 확연히 차이가 납니다.

2. 자신의 반응을 관찰하고 기록하기

평소 자신의 반응을 그냥 넘기지 말고 관찰해봅니다. 내 무의식을 알아차리는 연습이죠. 자신이 어떤 상황에서 어떻게 반응하는지 살펴보고, 짧게 기록하는 거예요. 그러면 내가 어떤 상황에서 어떤 무의식으로 반응하는지가 보이기 시작하죠.

평소에는 미처 발견하지 못했던 모습과 감정들을 많이 발견하게 될 거예요. '내가 이런 상황에서 이렇게 느꼈구나…' 하고요.

그래서 스스로 예민해졌다고 느낄 수 있어요. 사실 맞아요. 그냥 무의식적으로 살다가 자신의 무의식을 살피기 시작하니 감각이 예민해지는 거죠. 평소라면 그냥 지나갈 일들도 세심하게 느낄 수 있어요.

3. 내 감정을 솔직하게 쓰고 거기에 머물기

이제 내 안에서 올라오는 감정을 있는 그대로 솔직하게 써보세요. 쓰고 찢거나 태우면 그만이라는 생각으로 아주 적나라하게요. 극단적인 표현을 써도 좋아요. 속에 있는 것들을 꺼내는 시간이니까요.

그리고 쓴 글을 눈으로 읽으며 가만히 감정에 머물러보세요. 감정에 머문다는 것은, 가만히 몸으로 느껴보는 거예요. 감정을 보지 않고 살았다면 무뎌졌을 거예요. 그래서 한동안 아무 감정도 안 올라올 수 있어요. 하지만 꽁꽁 언 얼음에 불을 쬐면 언젠간 녹듯이, 이 작업을 반복하다 보면 결국 감정은 드러나요. 갑자기 어린 시절 기억이 떠오를 수도 있고요. 그런 기억은 이 감정이 어디서부터 시작된 것인지를 알려주는 재료가 됩니다.

4. 큰 소리로 감정 해소하기

우리나라에만 있는 '화병'은 자신의 감정을 지나치게 참거나 하고 싶은 말을 하지 못해서 생긴 마음의 병이죠. 화병은 가족 대대로 내려온 마음이기에 부정적인 감정 에너지가 굉장히 커요. 그래서 밖으로 소리를 질러 해소하는 방법이 필요해요. 감정 해소도 그만큼 빠르게 이루어집니다.

멀리 있는 아이를 큰 소리로 부르는 것처럼, 내가 오랜 시간 외면해서 꼭꼭 숨어버린 그 아이가 내 목소리를 들을 때까지 소리 높여 그 아이를 불러봅니다. 내 목소리를 들은 아이가 자신을 드러내면 감정은 알아서 쏟아질 거예요. 그 이후에는 입으로 중얼거려도 좋고, 올라오는 감정에 고요히 머물러도 좋아요.

다른 집에 소리가 들릴까 봐 겁난다면, 창문을 닫고 베개로 입을 막은 채 소리를 질러도 되고 고함 항아리를 사용해도 돼요. 이렇게 하면 소리가 옆집에 잘 안 새어나가요. 차가 있다면 차 안에서 해도 좋고, 방음이 되는 연습실을 대관해도 좋아요.

단, 감정을 느끼는 걸 지나치게 무서워하거나 자신의 감정을 아예 자각하지 못하고 있다면 감정 해소 과정에서 중심을 잡는 힘이 너무 약해서 그 감정과 하나가 되어 끌려다닐 수 있어요. 그런 분들에겐 추천하지 않습니다. 자신의 상황과 컨디션에 맞게 강도를 조절하며 진행해주세요.

5. 자신을 위로하기

감정은 그저 감정일 뿐이고, 상처도 그저 상처일 뿐이에요. 내가 느끼고 싶다고 해서 나타나고, 느끼고 싶지 않다고 해서 사라지는 게 아닙니다. 오로지 그런 나를 수용하느냐, 저항하느냐만 있어요. 우리는 대부분 자신의 감정을 어떻게 대해야 하는지 배우지 못했어요. 배우지 못했다는 사실과 상관없이 감정은 계속 무의식에 저장되는데 말이에요. '그 감정으로 인해 괴로웠던 나'를 내가 위로해주는 시간이 필요해요.

거울 앞에서 눈을 감고 어린 시절의 나를 떠올려봅니다. 눈을 뜬 뒤 거울 앞에 있는 현재의 나를 느낍니다. 어린 시절의 나는 무슨 말이 듣고 싶었나요? 어떤 마음을 받고 싶었나요? 어린 내가 꼭 듣고 싶었던 말을 현재의 내가 해줍니다. 내가 꼭 받고 싶었던 마음을 내게 줍니다. 혹 어린 시절이 잘 떠오르지 않는 분들은, 억지로 떠올리려고 하지 마시고 현재 또는 가까운 과거의 힘든 '나'를 떠올리시면 됩니다.

처음에는 어색할 거예요. 하지만 하다 보면 익숙해져요. 하고 싶은 말이 빨리 떠오르지 않는다고 조급해할 거 없어요. '무슨 말이 듣고 싶었어? 어떤 마음을 원해?' 스스로 물어보고 알아서 답이 올라올 때까지 기다려주세요. 어떤 것이 떠올랐다면, 자신의 감정과 상황을 이해하고 공감해주는 글을 써보세요. 그런 다음 눈을 감고 나 자신을 마음으로 토닥여줍니다.

이 연습을 반복하다 보면 저절로 알게 될 거예요. '이 말을, 이 마음을, 내가 나에게 줄 수 있구나. 내가 날 채울 수 있구나. 그런데 그것을 몰라 평생 타인이 해주길 갈구했구나' 하고요.

자기 수용 심화 단계

6. 두려움과 자기 공격성 찾기

자기 수용 기본 단계를 통해서 어느 정도 감정이 해소되었다면 그다음 단계인 '두려움과 자기 공격성 찾기'로 넘어갑니다.

노트와 펜을 준비하고, 지금 자신이 두려워하는 것이 무엇인지 생각나는 대로 써봅니다. 그리고 그 두려움을 있는 그대로 느껴주세요. 소리를 질러도 좋고, 그 두려운 상황을 떠올렸을 때 올라오는 느낌에 머물러도 좋아요. 그러고 나면 내가 나를 어떻게 공격하고 있는지가 보일 거예요. 예를 들어볼게요.

사람들이 날 무시할까 봐 두렵다

→ 무시당할까 봐 두려운 마음 수용하기

→ 내가 나를 '네 주제에 무슨'이라며 무시하고 있음을 자각하기

아무도 날 사랑해주지 않을까 봐 두렵다

→ 사랑받지 못할까 봐 두려운 마음 수용하기

→ 내가 나를 '누가 널 사랑해?'라며 공격하고 있음을 자각하기

이때 자신을 무시하고 공격하는 마음이 솟구쳐 오를 수 있어요. 그럼 시원하게 공격하며 해소하면 돼요. 아닌 척 도망가지 말고 내 안에 이 정도의 공격성이 있음을 인정해주세요.

7. 공격성의 원인이 되는 아픔 수용하기

우리는 왜 자기 자신을 공격할까요? 공격받은 적이 있기 때문이에요. 저는 내면의 공격성을 '학대받은 유기견'에 자주 비유해요. 학대받은 유기견이 성미가 못된 아이라서 공격성이 심할까요? 아니에요. 학대받은 아픔으로 인한 자기방어로 공격성이 심해진 거예요. 아픔만 풀리면 다시 꼬리 흔드는 귀여운 강아지로 돌아가요.

우리의 마음도 마찬가지입니다. 내가 나와 타인을 공격하는 이유가 있어요. 아픈 기억이 있기 때문이에요. '나의 이 공격성은 어디에서 온 것일까?' 스스로 자문해서 찾아보세요. 수많은 기억이 떠오를 거예요. 차별받았던 나, 무시당했던 나, 학대당했던 나, 아무리 노력해도 인정받지 못했던 나 등등….

기억이 떠올랐다면 아픔을 수용하는 작업으로 넘어가보세요. 사랑받고 싶었는데 그러지 못해서 아파요, 무시당해서 아파요, 버려져서 아파요, 나를 두고 가서 아파요, 차별당해서 아파요, 아무것도 할 수 없던 내가 아파요 등등…. 분명히 아픔이 서려 있을 거예요. 그 아픔을 있는 그대로 수용해주세요.

8. 핵심이 되는 솔직한 마음 수용하기

아픔이 풀리고 나면 숨어 있던 나의 솔직한 마음이 고개를 들어요.

사랑을 주고 싶어.

사랑받고 싶어.

도와주고 싶어.

기쁨이 되고 싶어.

여자/남자로서 사랑(인정)받고 싶어.

딸/엄마로서 인정받고 싶어.

사실 이런 마음이 무의식 가장 깊은 곳에 숨어 있는 진심이에요. 내 진심은 '사랑을 주고 싶은 마음'인데, 내 존재가 사랑을 줄 수 없다고 여겨질 때 너무 아프니까 분노나 좌절 같은 방향으로 튀는 거예요. 사랑을 주고 싶은데 줄 수 없을 때 왜 아픔을 느낄까요? 그 대상을 너무나 사랑하기 때문이에요.

마찬가지로 내 진심은 '도와주고 싶은 마음'인데, 도와주지 못했을 때 내 존재를 쓸모없다고 여기면서 스스로 공격하는 거예요. 이때 무능, 열등감에 시달리죠. 아예 무능, 열등감 그 자체가 되어버리거나 '난 절대 무능하지 않아! 열등하지 않아!' 하며 유능함에 집착하는 모습으로 살아가요.

9. 솔직한 마음을 표현하기

8번까지 자기 수용이 되셨다면, 참 많이 울고 화내는 시간을 보내셨을 거예요. 후련하기도 하고 자신과 상대를 전보다 더 잘 이해할 수 있게 돼요.

이제는 더 나아가 마음을 솔직하게 표현하는 연습을 해봅시다. 속에 있던 말들을 밖으로 꺼낼수록 아픔은 더 빨리 풀려요. 하지만 자기 마음을 드러내는 일은 참 어렵잖아요. 마음을 표현하는 일이 어려운 분들은 아래 3단계를 따라 해보세요. 도움이 될 거예요.

1단계 혼자 보는 일기장에 솔직한 마음을 써본다(누가 볼까 봐 신경 쓰이면 찢거나 태우기).

2단계 주변 사람들에게 자신의 솔직한 마음을 표현한다(지인이나 마음공부 커뮤니티 적극적으로 활용하기).

3단계 상대방에게 자신의 마음을 솔직하게 말해본다.

1, 2단계는 3단계를 위한 연습인 셈이에요. 자기 수용이 안 된 채로 3단계로 가버리면 기대했던 피드백이 오지 않았을 때 실망하고 상처받을 수 있어요. 되려 원망과 분노의 씨앗만 커질 수 있죠. 그러다 보면 감정에 휩싸여 갈등만 커질 수 있고요. (자기 수용 작업을 할 때 주변 사람들과 갈등이 일어나는 것은 흔한 일이에요. 다만 진짜 목적인 '내 마음을 그대로 표현하는 일'이 중요하니까, 감정에 휩싸인 대화를 하지 않도록 미리 자신의 마음을 정확히 알고 있는 것이 중요해요.)

꾸준히 자기 수용 연습을 하다 보면 '이제 말해도 될 것 같다…' 하는 때가 오기도 해요. 내게 어떤 피드백이 돌아오든, 표현하겠다는 결심이 서는 순간이요. 이때는 상대방의 반응이 아니라 내가 표현하는 것에 더 의미를 두게 돼요. 다시 한번 말씀드리지만 사과받기 위함이 아니에요. 무의식 속 아픈 마음을 풀어내기 위함이에요. 상대방을 탓하는 말과 원망이 섞인 표현이 아니라, '내 마음'을 솔직하게 표현하는 거예요.

· 나 사실 이러이러한 점이 너무 서운했어. 속상했어.
· 나 그때 버려지는 것 같아서/버려져서 아팠어. 그렇게 버려지고 나니까 온 세상에 버림받는 기분이 들어서 아팠어.
· 나한테는 엄마/아빠/당신이 전부인데, 내게 이렇게 해서 마음이 아팠어. 두려웠어.
· 나보다 자매/남매를 더 챙겨서 주눅 들고 속상했어. 같은 자식인데 차별당해서 아팠어.
· 나 지금 너무 버거운데, 해내지 못하면 버림받을까 봐 무서워.
· 어떤 내 모습이든 사랑받고 싶었어.
· 내가 당신이 원하는 걸 들어주지 않으면 떠날까 봐 무서웠어.
· 내가 얼마나 도움이 되고 싶었는데.
· 나도 좋은 ○○(역할)이/가 되고 싶었어.
· 나로 인해서 행복했으면 좋겠는데 그게 아닌 거 같아서 슬펐어.
· 내가 잘못했어. 미안해. 용서해줘.

위 예시들은 참고용이에요. 개인의 서사는 천차만별로 다르니 자신의 상황에 맞게 쓰면 돼요. 나의 두려움과 아픔을 표현한 뒤에는 내가 상대방을 얼마나 사랑하는지, 얼마나 사랑받고 싶었는지 얘기해도 좋아요. 이것 역시 진심이니까요.

하지만 어떤 이야기를 하든 상관없이 변하지 않는 진실이 있죠. 바로 사랑이에요. 모든 무의식은 우리가 '사랑' 그 자체라는 사실을 기반으로 생겨나요. 그렇기에 내 존재로 사랑을 주고 싶었던 마음에서 시작하죠. 하지만 그러지 못해서 아팠던 마음. 그 아픔이 너무 커서 버려졌다고 믿어버린 마음. 그로 인해 생긴 두려움과 공격성으로 인해 힘겨운 삶. 결국, 이 모든 것이 사랑임을 수용하면 우리 원래 모습인 사랑을 회복하면서 자유로워져요.

Part 2부터 소개하는 사례들은 내담자의 상황에 따라 건너뛰거나 감정 해소 순서가 바뀐 경우도 있어요. 다만 혼자 책을 보면서 자기 수용을 하실 때는 책에 나온 순서를 따르기를 추천합니다. 그리고 또 하나, 감정을 해소한 후에는 나에게 '힘들었을 텐데 마음 봐줘서 고마워. 오늘 많이 고생했고, 사랑해'라고 말해주세요. 감정 해소만 하면 그 감정에 중독되거나 끌려갈 수 있어요. 그러니 마지막에는 자신에게 위로, 이해, 고마움, 사랑을 건네는 시간을 충분히 가져주세요.

6 모녀 관계를 주제로 한
자기 수용 여정에서 주의할 점

상대를 바꾸기 위한 것이 아니다
상대를 통해 '내 무의식'을 보기 위함이다

자기 수용은 말 그대로 내 무의식 속 마음들을 수용하는 여정
이에요. 내 '진짜 마음'을 찾아 나서는 시간이죠. 내가 저항하고
버렸던 수많은 나를 껴안는 과정에서 정화가 일어나요. 현실의
변화는 따라오는 결과일 뿐입니다.

그런데 반대로 하려는 경우가 종종 있어요. '자기 수용을 하면
현실이 변해?' 하면서 상대방을 바꾸기 위해 자신의 마음을 들여
다보는 경우죠. 이때는 자신의 마음을 알아주려는 의도가 아니에
요. 자신의 마음을 알아준다는 의도를 '도구' 삼아서 상대를 바꾸
는 것이 진짜 목적이죠. 이렇게 자기 수용을 한다면 바뀌기는커
녕 더 고될 거예요. 원망만 커지고 집착만 심해질 뿐이니까요.

자기 수용을 제대로 하려면, 상대가 보여주는 내 무의식을 들여다봐야 해요. 상대를 바꾸겠다는 욕심에는, 상대로 인해 올라오는 내 마음을 보지 않아도 된다는 편의에 대한 욕구가 숨어 있어요. '상대를 바꾸기 위해 내 마음을 본다=상대를 바꾸면 내 마음을 안 봐도 되니까, 내 마음을 보지 않기 위해 내 마음을 본다.' 이상하지 않나요? 결국 패배할 수밖에 없는, 쳇바퀴 굴리는 싸움이 될 뿐이에요. 이런 욕심은 내려놓고 그저 상대가 보여주는 내 마음을 수용한다는 깃발을 꽂고 이 여정을 시작해야 해요.

자기 수용에서 흔히 겪는 세 구간

물론 예외는 있지만, 자기 수용 여정에서 필연적으로 겪는 세 구간이 있어요. 우리는 살면서 이 세 구간을 계속 겪게 되지만, 세 번째 구간을 경험하고 나면 1구간, 2구간에서도 금방 3구간 상태로 돌아와 살아갈 수 있게 된답니다.

1구간: 나는 없고 너만 있는 삶

딸인 나보다 엄마를 먼저 생각했던 삶, 엄마인 나보다 딸을 먼저 생각했던 삶이에요. 내 마음을 들여다보는 여유도 없었을뿐더러 그 방법도 몰랐던 시기이기도 하죠. 나보다 엄마, 나보다 딸이 더 중요해서 내 마음이 수용되어 흘러가지 못하고 차곡차곡 쌓이는 시기예요.

2구간: 나만 있고 너는 없는 삶

그러다 보면 어느 순간 참지 못하고 마음이 터져요. 물풍선 한쪽을 꾹 누르면 다른 한쪽이 부풀려지다 결국 터지는 것과 같죠. 이때는 상대를 볼 힘이 없어요. 내 코가 석 자예요. 그래서 내 아픔을 들여다보는 데 시간을 쓰는 시기입니다.

이렇게 살지 않았을수록 '내가 요즘 너무 이기적인가?' 하는 생각이 올라와요. 쓰던 가면도 더 이상 못 쓰게 되고 억눌린 감정이 솟구쳐 오르기 때문이죠. 상대와 거리를 두기도 하고, 예전 같았으면 그냥 넘어갈 일도 한마디 하게 되기도 하고요. 그래서 이 구간에는 다툼이 생길 확률이 높아요.

내가 억누른 반대쪽의 '나'가 드러나는 때인 만큼, 감정을 해소하느라 몸과 마음이 많이 너덜너덜해지는 시기예요. 정화될 때 거치는 흔하면서도 필연적인 구간이니, 이때는 좀 이기적이어도 되니까 자기 자신을 최우선으로 보살피세요.

3구간: 나와 네가 함께 있는 삶

3구간은 내 마음을 많이 수용하다 보면 겪게 되는 변화의 구간이에요. 자기 수용이 될수록 나와 상대방을 있는 그대로 볼 수 있는 힘이 생겨요. 그럼 억지로 이해하고 용서할 필요가 사라지고, 원망할 것도 탓할 것도 없다는 걸 알게 돼요. 상대방 무의식이 이해되기 때문에 어쩔 수 없었다는 걸 받아들일 수 있는 거죠. 누군가 내게 준 '어떤 것'이 너무 하찮았다고 가정해볼게요. 처음에는

'날 무시하나?'라는 생각에 화가 나요. 그런데 알고 보니, 사실 그 사람이 자신이 가진 것 중 가장 귀한 걸 내게 줬다는 걸 알게 된다면요? 내게 준 '어떤 것' 자체가 아니라 마음이 보이죠. 그 사람을 원망할 것도 없어지는 거예요.

하지만 '날 무시하나?' 하고 올라온 마음을 먼저 솔직하게 수용해야 상대의 마음도 보여요. 그때가 나와 상대가 함께 있는 삶이라고 할 수 있습니다.

다만 이 상태가 유지되지는 않아요. 언제든지 1구간, 2구간을 경험할 수 있어요. 그때마다 겪어야 하는 구간에서, 있어야 할 만큼 충분히 머물러주세요. 그럼 자연스럽게 다음 구간으로 넘어갈 거예요. 자기 수용과 함께 이 과정을 반복하다 보면 3구간인 나와 네가 함께 있는 삶을 더 빨리, 더 많이 경험하게 돼요.

문화적 배경을 이해하기

모녀 갈등은 한 엄마와 한 딸의 이야기이기만 할까요? 전혀 아닙니다. 한 세대만 올라가도 우리나라는 남아 선호 사상이 심했습니다. 집안마다 그 강도만 다를 뿐이었지요(드물게 여아 선호 사상인 집도 있었지만 아주 소수입니다).

아들 낳으려고 계속 임신했는데 딸만 낳았다.

딸을 낳으니 시댁에서 사람 취급도 하지 않았다.

오빠 또는 남동생과의 차별이 심한 집에서 자랐다.

아들은 학교에 보내줬고 딸들은 학비를 대라며 일을 시켰다.

딸이라 줄줄이 지웠었는데 나는 아들인 줄 알고 낳았다고 한다.

낯설지 않은 이야기죠? 요즘 시대에는 상상도 못 할 수 있지만 바로 윗세대, 우리네 엄마와 할머니들 이야기입니다. 또는 당사자일 수도 있고요. (혹여나 남성 독자분들이 이 이야기를 공격으로 받아들이지 않았으면 합니다. 남아를 선호하는 문화에서 여성들이 공유하는 무의식적 아픔이 생겨났다는 점을 꼬집으려는 것입니다. 이해의 시선으로 읽어주세요.)

무의식은 자궁에서부터 형성되는데(영혼의 입장에서는 자궁에 도착하기 전부터 시작), 아들을 원하는 집에서 딸로 태어난 아이는 자궁에서부터 바깥세상의 눈치를 봅니다. 부모를 세상에 투영해서 '세상이 자신을 원하지 않는다'는 두려움을 가지고 태어나는 것이지요. 딸의 위나 아래로 여자라서 낙태된 아이가 있다면, 딸은 낙태된 아이가 느낀 죽음의 공포까지 무의식에 함께 가지고 태어납니다. 같은 자궁을 공유했기 때문에 무의식 또한 공유하는 것이지요.

태어나서 여자란 이유로 차별받은 경험이 있다면 '여자라는 자신의 존재에 대한 수치심'은 더욱 커지게 됩니다. 이 수치심과 두려움은 자신의 가치를 증명하지 않으면 사랑받지 못할 거라는 두려움을 더욱 견고히 합니다. 그리고 이런 두려움을 지닌 채 살아온 여성은 같은 두려움을 가진 딸을 낳게 돼요. 서로의 무의식이 같다는 사실을 모른 채 엄마는 자신이 억누른 무의식을 그대로 보여주는 딸을 견딜 수 없어 하고, 딸은 엄마가 심어놓은 두려움과 관념 때문에 삶이 괴로워집니다.

결국 여성으로서 자신을 있는 그대로 존중받지 못했던 여성들의 두려움은 자신의 무의식에서 반복되고 딸들에게 대물림됩니다. 그러니 엄마와의 문제로 이 책을 읽고 있는 딸이라면 엄마가 이 문화적 배경에서 자유로울 수 없음을 인지해주시고, 딸과의 문제 때문에 이 책을 읽는 엄마라면 자신의 무의식에 억눌린 마음이 여성을 차별하던 사회적 분위기에 크고 작은 영향을 받았음을 인지해주세요. '나'라는 존재는 있는 그대로 사랑받을 수 없다는 믿음과 두려움 때문에 모든 문제와 갈등이 발생했다는 사실을 이해한다면, 앞으로 해나가실 자기 수용 여정에 큰 힘이 될 것입니다.

공격하는 자/공격받는 자 구도에서 벗어나기

여기서 말하는 공격은 비난, 외면, 무시, 협박, 가스라이팅, 조롱, 존재를 거부하거나 버림, 통제, 집착 등을 의미해요. 극과 극이 하나라는 건 내가 '공격받는 자'라고 느껴질 때, 내 내면의 '공격하는 자'를 보지 않고 있다는 뜻이에요. 내가 공격하는 자라고 느껴질 때는 내 내면의 공격받는 자를 안 보고 있다는 뜻이고요.

하지만 나를 공격하는 자로만 해소하거나, 공격받는 자로만 해소하면 변화는 더뎌요. 그 반대편의 모습도 '나'라는 걸 수용해야 무의식이 정화되고 현실이 변해요.

딸이 엄마 때문에 힘들면 자신은 공격받는 자로, 엄마를 공격하는 자로 둬요. 엄마 역시 딸 때문에 힘들면 딸을 공격하는 자, 자신을 공격받는 자로 두기 쉽죠. 혹은 반대로 딸 자신이 엄마를 너무 미워하고 괴롭힌다고 생각한다면? 자기 자신을 공격하는 자라고 두기 쉬워요(엄마의 경우도 마찬가지예요). 처음에는 공격하는 자나 공격받는 자의 위치에서 자기 수용이 시작될 수밖에 없지만, 결국 상대가 '나'라는 사실을 수용해야 정화가 된다는 점을 꼭 기억해주세요.

'나르시시스트'를 다른 시선으로 바라보기

상담을 하다 보면 엄마나 딸이 '나르시시스트'인 것 같다면서, 그래서 받은 상처와 아픔을 품고 오는 분들이 있어요. 저는 병명으로 사람을 표현하는 것을 최대한 경계하려고 해요. 상대를 좀 더 이해할 수 있는 여지를 제공하기도 하지만, 반대로 그 병명이 시야를 좁게 만들기도 하거든요.

'저 사람은 나르시시스트야. 그래서 그래'라고 낙인찍는 순간, 그 사람과 나 사이에는 이해가 아닌 공격하는 자와 공격받는 자의 구도가 성립됩니다. 그럼 이 프레임에 걸려서 내 무의식으로 들어갈 수 있는 기회를 놓치는 경우가 많이 생겨요.

　나르시시스트 엄마와 딸을 둔 사례를 독립적으로 담긴 했지만, 다른 사례의 당사자들도 나르시시스트의 특징 중 일부를 갖고 있어요. 나르시시스트를 문제로만 여기거나 대처법만 익히는 게 중요한 게 아니라, 우리나라에 왜 나르시시스트가 많을 수밖에 없는지 헤아려보는 시선도 필요합니다. 그럼 '나르시시스트'라는 단어로는 다 담을 수 없는, 그 안에 갇혀 있는 수치심이 강하고 사랑이 고픈 아이를 발견할 수 있어요. 이 책을 읽을 때만큼은, 나르시시스트를 자기애성 성격장애로만 보지 말고 '우월감으로 자신의 존재 가치를 확인해야만 생존할 수 있다고 믿는 어린아이'로 풀어서 읽어보길 부탁드립니다.

착한 딸/엄마 콤플렉스 알아차리기

　한국이 점점 자신의 마음을 있는 그대로 인정하는 방법을 배우는 흐름으로 가고 있는 것은 희망적입니다. 이전에는 자신의 마음을 억누르고 표현하지 않도록 요구하는 사회적 압박이 있었지요. 마음을 있는 그대로 표현하면 애 취급, 죄인 취급을 받기 일쑤였으니까요. 참으면 병이 나는데 말이에요(그렇다고 마음에 휩쓸려서 상대에게 있는 그대로 감정을 쏟으란 뜻은 아닙니다).

우주는 0(제로)라는 균형을 이루려는 특징이 있다고 말씀드렸습니다. 엄마와 딸 사이에 주고받는 사랑과 미움은 함께 존재하고, 그 크기도 같을 수밖에 없습니다. 하지만 우리는 사랑하는 마음은 인정하면서 미워하는 마음은 '어떻게 감히 엄마한테…', '어떻게 내가 낳은 딸한테…' 하며 억누르기 일쑤지요. 이는, 자신을 '착한 딸, 착한 엄마'라는 프레임 안에 가둬놓았기 때문에 그 프레임을 벗어나는 자신의 마음을 거부하는 거예요. 착한 딸, 착한 엄마라는 프레임을 벗어날 수 없는 이유는 내면에 여전히 존재하는 '착한 아이 콤플렉스'에 '딸'과 '엄마'라는 역할을 덧씌운 것뿐이기 때문이에요.

왜 착한 아이 콤플렉스가 있을까요? 착하지 않으면 버려질 것이란 두려움 때문이에요. 자신이 착할 때만 사람들이 자신의 존재를 받아들인다고 믿기 때문에, 반대의 모습은 억누르고 저항하는 거죠. 이건 개인적인 믿음일 뿐 진실이 아닌데 말이에요. 하지만 개인의 우주에서는 개인의 믿음이 절대적 진실인 양 존재하기에, 우리는 별다른 의심을 하지 못합니다.

우리는 엄마/딸을 '사랑하는 나'는 착하고, 엄마/딸을 '미워하는 나'를 나쁘다고 여깁니다. '나쁜 나'는 버려질 것 같은 두려움이 크기에 '미워하면 안 돼!'라는 생각으로 귀결되는 것이지요. 그래서 자신이 엄마/딸을 미워하고 있다는 사실을 전혀 자각하지 못하는 경우도 많습니다. 하지만 엄마/딸을 사랑하는 마음의 크기만큼 미움이 저장되어 있습니다. 반대로 미워하는 크기만큼 사랑이 저장되어 있고요. 이는 우주의 균형력에 의해 누구에게나 작용합니다. 예외는 단 한 명도 없습니다.

그러니 관계를 풀려면 미움을 억누르고 억지로 이해, 용서, 사랑하는 척을 할 게 아니라 '미움'을 있는 그대로 풀어주는 작업을 해야 합니다. 착한 딸, 착한 엄마 코스프레를 절대 놓지 않으려고 고집을 부린다면, 아무것도 풀리지 않습니다. 겉으로는 평온해 보일지 몰라도 마음과 현실은 더욱 엉망진창이 될 거예요. 내면에 저장된 미움이 요동치고 있으니까요.

이 책은 그 모든 것을 벗어던지는 작업을 안내합니다. 엄마/딸을 미워하는 나를 인정하면 버려질까 봐 두려운 마음을 인정하세요. 그리고 어떤 마음이든 수용해도 된다고 스스로 허락해주세요.

마음은 그냥 마음일 뿐이다

우리 안엔 성난 악마와 연약한 아기가 있어요. 미움을 억눌렀다면 무의식에 성난 악마를 키우고 있다는 뜻이에요. 사랑하고, 사랑받고 싶은 마음을 억눌렀다면 무의식에 연약한 아기를 키우고 있다는 뜻이고요. 이 성난 악마와 연약한 아기의 이미지를 떠올려보면 반대인 것 같지만 사실은 같답니다.

억눌린 미움을 풀어내는 과정에서 '엄마 미워, 딸 미워!' 정도 수준의 언어는 힘이 없습니다. 에너지가 부족해요. 평생 억누른 감정은 마치, 두꺼운 콘크리트 감옥에 갇혀 있는 것과 같습니다. 포크로 긁어댄다고 꺼낼 수가 없어요. 어느 세월에 꺼내요? 환생을 수천 번은 더 해야 할 겁니다. 이럴 때는 그냥 포클레인을 작동시켜야 합니다. 그렇기에 저는 '미워!' 수준이 아니라 '죽여버리고 싶다, 없어졌으면 좋겠다, 버리고 싶다' 등 극단적인 표현을 사용하도록 합니다. 많이 억눌려 있을수록 말이죠.

그래서 상담 사례에 나오는 자기 수용 과정에서 쓰는 표현들을 보고 깜짝 놀라실 수도 있습니다. 이런 표현들에 거부감과 두려움이 너무 커서 입 밖으로 꺼내기 너무 힘겹다면, '성난 악마' 연기를 한다고 생각하고 마구마구 꺼내세요. '이건 진짜 내 마음이 아니라 잠시 성난 악마 연기를 하는 거야!'라며 임시로 도피하며 시작해도 좋아요. 어떤 식으로든 감정을 푸는 데 가까이 갈 수만 있다면 뭐든 해보세요. 결국 머리로는 '아니야!'라고 해도 하다 보면 '진짜 내 안에 이 정도의 에너지로 미움이 쌓여 있었구나' 하고 자각하게 될 거예요.

또한 절대 사랑하는 마음, 사랑받고 싶은 마음을 인정할 수 없을 때 역시 '연약한 아기' 연기를 한다고 생각해보세요. 엄마/딸의 관심 없이는 단 한 순간도 살고 싶지 않은 수준의 집착을 보이는 아기, 생존 본능에 의해 너무나 사랑에 매달리는 아기 말이에요. '제발 나 좀 사랑해줘! 나 좀 바라봐줘! 난 당신이 필요해!' 하고 표현해보는 거예요.

이런 식으로 다가가서라도 꽁꽁 언 마음을 풀 수 있다면 마침

내 올라오는 모든 마음을 솔직하게 대면하고 꺼낼 수 있을 거예요. 마음은 그냥 마음일 뿐이에요. 그런 마음이 없다는 건 사실이 아니에요. 그런 마음이 없다고 생각할 뿐이지요. 누군가를 살리고 싶은 마음과 죽이고 싶은 마음, 사랑하는 마음과 미워하는 마음, 버려질까 봐 두려운 마음과 버리고 싶은 마음, 좋아하는 마음과 싫어하는 마음, 뺏길까 봐 두려운 마음과 뺏고 싶은 마음, 살고 싶은 마음과 죽고 싶은 마음. 우리는 모두 이런 마음들을 갖고 있어요. 그 마음이 존재하기에 괴로운 게 아니라 그냥 구름처럼 존재할 뿐인 마음을 억지로 거부하고 밀어내고 안 보려고 하기에 괴로운 것이지요. 에고가 아무리 마음을 없애려고 노력해봤자 저항의 크기만큼 더 커지게 되는 게 마음이니까요.

'마음은 마음일 뿐이다. 엄마/딸에 대한 사랑이든 미움이든 그게 얼마나 괴물 같든 연약한 아기 같든, 난 모든 마음을 있는 그대로 대면할 것이다'라고 각오하고 시작한다면 아무 준비 운동 없이 시작하는 것보다는 수월할 거예요.

필요하면 물리적 거리를 두기

자기 수용을 하다 보면 지금 내 상태가 자신을 지킬 수 있고, 마음을 들여다볼 수 있는 상태가 아닐 때가 있어요. 상대를 계속 마주하면서 자신의 감정을 보는 게 너무 힘들면 물리적 거리를 돼야 해요. 성인이라면 부모님에게서 독립하거나, 독립했는데도 시달림이 계속된다면 연락을 줄이거나 잠시 끊어도 괜찮아요. 이 때 굉장히 불편하고 두려울 수 있어요. 하지만 스스로 판단하기에, 내 코가 석 자인데 상대방에 신경 쓰느라 내 마음을 보지 못하고 있다 싶으면 과감히 거리를 두세요. 그래도 괜찮아요.

불편할수록 직면하기

책을 읽다 보면 불편한 대목이 있을 수 있어요. 에고는 편하면 좋다고 인식하고, 불편하면 나쁘다고 인식해요. 불편하다는 건, 내가 보지 않고 있는 마음이라는 거예요. 그 마음이 고개를 드니 불편한 것이죠. 하지만 자기 수용을 통해 무의식을 정화하려면, 불편함을 직면해야 풀려요. 불편한 대목을 만나면, 서둘러 넘기지 말고 어떤 문장이, 어떤 내용이 나를 불편하게 했는지 살펴보세요. 그리고 그 불편한 마음에 머물러보세요. 그럼 숨어 있던 아픔이 발견될 거예요. 그 아픔을 회피하지 않고 기꺼이 품을 때, 정화가 이루어진다는 점을 꼭 기억하세요.

엄마와 딸의 '역할'이 아닌, '존재'에 초점을 두기

저는 내담자들을 엄마/딸 같은 각자의 역할이 아니라 그냥 '한 존재'로 바라보며 상담을 풀어가요. '엄마'라는 역할을 맡은 이들은 내가 버린 내면아이를 보여주는 딸을 통해 자신의 엄마와 풀지 못한 숙제를 푸는 거예요. '딸' 역할을 맡은 이들은 자신이 풀지 못한 무의식의 숙제를 함께 풀기로 약속한 영혼 중 한 명을 엄마로 만나는 거고요. 이를 염두에 두고 책을 읽어주세요. 자신과 엄마를, 자신과 딸을 역할이 아닌 그저 한 존재로 볼 수 있게 되기를, 육체 너머 존재의 본질로서 자신과 서로를 받아들일 수 있게 되기를 소망합니다.

엄마에 대한 마음을 마주하려는 모든 딸과
딸에 대한 마음을 마주하려는 모든 엄마에게

　자신의 마음을 들여다보려는 용기를 내신 당신에게 감사하단
말씀을 드립니다. 책을 읽는 동안 졸리거나, 갑자기 다른 걸 하고
싶거나, 머리가 아프거나, 속이 울렁거릴 수 있어요. 모두 무의식
속 마음들을 직면하는 과정에서 기존 에너지를 벗고 새로운 에너
지로 넘어가면서 나타나는 정화 반응이랍니다. 그러니 이런 증상
이 나타나면, '무의식이 정화되느라 반응을 보이는구나, 성장이
일어나고 사랑이 회복되고 있구나' 하고 여겨주세요.

　이 책에 담긴 사례들은 한 분당 적게는 몇 시간, 길게는 몇십
시간 상담한 내용을 몇 장으로 압축한, 짧은 요약본이에요. 그리
고 개인 정보 보호를 위해 여러 요소를 수정해서 실었습니다. 따
라서 사례 속 관계나 상황을 자신에게 그대로 대입하기보다는,
자신의 무의식을 찾는 데 도움이 되는 재료라 여기고 참고만 해
주세요.

책을 다 읽고 덮는 순간부터 시작될 여러분의 자기 수용 여정을 사랑으로 응원합니다. 그리고 모녀의 무의식 속 사랑이 회복된 자리에서 피어날 자유를 실컷 누리시길 바랍니다.

우리는 이제 다양한 엄마와 딸의 이야기를 만날 것입니다. 사례들을 마주하기에 앞서, 이 책을 읽는 자신의 마음을 먼저 만나보세요. 글로 쓰기만 해도 마음이 정리가 되거든요.

1. 다음 질문에 따라오는 솔직한 마음을 써보세요.

· 이 책을 통해 무엇을 얻고 싶나요?

· 지금 현재 나의 고민은 무엇인가요?

· 엄마/딸에 대한 내 솔직한 마음은 어떤가요?

· 엄마/딸에게 바라는 점이 있다면 무엇인가요? (내 욕구를 알기
위함이에요.)

· 엄마/딸이 나의 어떤 내면아이를 보여주는 것 같나요?

2. 아랫글은 자기 수용의 여정으로 들어가기 전 자신과 하는 약속입니다. 한 글자 한 글자 마음에 새기며 필사해주세요.

나는, 이 책을 통해 나의 가장 솔직한 마음을 직면하겠습니다.

지금까지 살면서 버려왔던 내 모든 모습, 내 모든 감정을 하나씩

마주하겠습니다.

버리지 않고, 외면하지 않고, 부정하지 않고 껴안는 연습을 하겠

습니다.

나는 딸/엄마에 대한 나의 마음을 있는 그대로 수용하겠습니다.

딸/엄마가 보여주는 내 무의식을 풀어내겠습니다.

그동안 쌓여 있던 아픔으로 생긴 수많은 감정을 수용하겠습니다.

나는 나 자신을 최우선으로 두고 자기 수용 작업을 하겠습니다.

그냥 지나쳐버린 어린 시절의 나를 껴안겠습니다.

다시는 나를 외롭게 혼자 두지 않겠습니다.

다시는 나를 아무렇지도 않게 버리지 않겠습니다.

나는 있는 그대로의 나를 수용하는 연습을 할 것을 약속합니다.

Part 2

딸의 자기 수용 여정

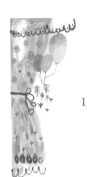
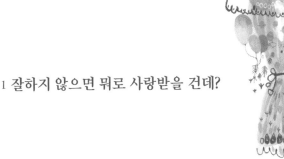

1 잘하지 않으면 뭐로 사랑받을 건데?

C 님은 지속되는 무기력증으로 괴로운 나날들을 보냈어요. 한 때는 몸에 문제가 있는 줄 알고 몇 년간 여러 병원에 다녔지만, 아무 이상이 없다는 답변만 돌아왔죠. 활력을 얻고자 취미를 가져 보고, 운동도 하고, 몇 달 동안 쉬면서 아무것도 하지 않는 시간을 보내기도 했어요. 하지만 무기력증은 전혀 회복되지 않았고, 오히려 더 심해졌습니다. 무엇이 문제였을까요?

세 남매 중 첫째인 C 님은 언제나 일하느라 바쁜 부모님을 대신해 동생들의 보호자 역할을 해왔어요. 그녀가 어린 시절 어머니에게서 가장 많이 들었던 말은 "네가 네 동생의 부모다", "네가 모범을 보여야 동생들도 잘 자란다"였어요. 동생들이 잘못하면 혼나는 건 늘 C 님의 몫이었어요. 만약 조금이라도 실수하면 "그러면 동생들이 뭘 보고 배우겠니?"라는 소리를 들었지요. 게다가 부모님은 경제적인 문제로 자주 다퉜어요. 그때마다 어머니는 언제나 첫째 딸인 C 님에게 하소연을 했죠. C 님이 초등학교에 들어가기 전부터 평생을 말이에요.

한 사람의 무의식에 자리 잡은 지배적인 관념들은 어린 시절에 형성돼요. C 님은 자신을 '잘 해내지 못하면 안 되는 사람'이라고 여길 수밖에 없는 환경에서 자랐어요. 동생들도 잘 챙겨야 하고, 뭐든 잘 해내야 하고, 조금도 실수하면 안 되며, 자신보다 어른인 엄마의 하소연을 들어줘야 했으니까요. 그녀가 기댈 곳은 없었어요. 어린 시절부터 책임감을 강요받았으니까요. 책임감을 지닌, 부모를 대신한 어른이었어야 했죠. 아이가 아이일 수가 없는 거예요. 이런 신념은 첫째들에게서 많이 볼 수 있어요.

처음에 C 님은 자신의 무기력증이 원가족과 관련이 있는지 전혀 눈치채지 못했어요. 하지만 깊은 대화를 통해 자신의 문제가 가족과 밀접한 관련이 있다는 걸 자각할 수 있었죠. 특히 C 님이 겪고 있는 무기력증에는 '엄마'라는 존재가 지배적인 영향을 미치고 있었어요.

C 님은 앞서 소개해드린 자기 수용법 1~9의 과정을 몇 달 동안 거치며 온갖 감정의 롤러코스터를 탔어요.

"제 감정을 수용하기 시작하니까, 온갖 기억이 떠오르면서 엄마가 너무 미워요. 엄마를 미워하면 안 되는데, 너무 힘들어요."

"엄마를 왜 미워하면 안 돼요?"

"엄마는 너무 힘들게 사셨고, 저희를 위해 희생하셨으니까요. 저라도 이해해줘야 하는데, 이렇게까지 엄마를 미워하고 원망하는 감정이 올라오는 게 견딜 수가 없어요."

자기 수용을 하다 보면 반갑지 않은 자신의 감정을 재단하고, 잘못됐다고 판단하는 나를 보게 돼요. 정말 많은 사람들이 이 부분에서 많이 걸려 넘어지고, 자기 수용을 그만두기도 해요. 하지만 앞서 설명한 것처럼, 극과 극의 감정 에너지는 반드시 똑같은 크기로 공존해요. C 님은 엄마를 사랑하는 마음만 인정하고, 미워하는 마음을 인정하지 않아서 괴로운 거예요. 내면에서는 '엄마가 너무 원망스럽고 미워!' 하고 있는데, '엄마가 얼마나 힘들게 살았는데, 어떻게 그럴 수 있어? 난 엄마 밉지 않아. 엄마를 미워하면 안 되는 거야' 하고 엄마를 미워하는 마음을 판단하며 억누르고 있으니까요. 억눌린 마음의 에너지는 사라지지 않아요. 자신을 수용해줄 때까지 더 커질 뿐입니다.

"엄마를 사랑하는 자신만 허용하니 괴로운 거예요. 엄마를 미워하는 자신도 허용하세요. 미워하는 자신을 인정하세요. 사랑하는 만큼 미워할 수밖에 없어요. 엄마를 미워할 수밖에 없는 나를 이해해야 다음으로 넘어갈 수 있어요. 효녀 코스프레를 포기해야 진짜 '나'를 만나실 수 있어요."

C 님은 엄마를 원망하고 미워할 수밖에 없는 자신을 받아들이는 괴로운 시간을 보냈어요. 괴로운 이유는 저항 때문인데, 이 역시도 반복하여 수용하다 보면 사랑하는 '나'도 미워하는 '나'도 받아들일 수 있게 됩니다.

엄마를 미워하는 게 무섭다. 엄마를 미워해도 된다는 걸 믿을 수가 없다. 나까지 엄마를 미워하면 우리 엄마 불쌍해서 어떡해?

하지만 너무 미워. 너무너무 원망스러워. 도대체 엄마가 어떻게 그럴 수 있어? 나도 어렸잖아. 나도 엄마 딸이잖아. 도대체 왜 내가 동생들을 책임져야 해? 왜 나는 다 잘해야 해? 엄마 힘든 걸 왜 나한테 말해? 그럼 내가 힘든 건 도대체 누구한테 말해? 엄마 싫어. 엄마가 없어져버렸으면 좋겠어.

이렇게 속에 있던 말들을 꺼내면서도 '그래도 엄마한테 그러면 안 되지. 엄마가 어떻게 살아왔는지 뻔히 아는 네가'라는 죄책감이 올라올 수 있어요. 말이 좋아 죄책감이지, 엄마를 미워하는 자신의 마음을 교묘하게 방해하는 목소리입니다. '사랑'만 좋다고 집착하는 자아의 목소리죠. 그렇기에 더욱 고통스럽습니다.

자기 수용 연습은 고통을 느끼지 않는 연습이 아니에요. 오히려 반대예요. 마음의 저항으로 인한 고통을 직면함으로써 고통을 풀어내는 연습입니다. 그런데 죄책감이라는 이름을 달고 올라오는 생각과 감정은 마음을 해소하는 데 훼방을 놓을 수 있어요. 그렇더라도 계속해나가면 됩니다. C 님은 이렇게 쌓인 마음을 풀어내는 작업을 지속했어요.

"이제야 알았어요. 저는 저를 '잘 해내야만 하는 사람'이라고 생각하기만 했던 게 아니라는 걸요. 잘 해내야만 하는 사람이라는 표현 뒤에 숨어서 제가 절 끊임없이 학대하고 있었어요. 조금이라도 실수하면, 틀리면, 모르면, 열등하면, 책임지지 않으면, 게으르면 버려질 거라고. 그러니까 잘하라고. 조금이라도 부족한 너는 살 가치도 없다고요. 유능하지 않은 너는, 뭐든지 잘 해내지 않는 너는 그냥 죽는 게 낫다고. 그러니까 뭐든지 다 잘해야만 한다고요…."

"내면의 학대자를 자각하셨네요. 맞아요. 자신을 저렇게까지 학대하기 때문에 삶이 괴로워요. 평생 누가 따라다니면서 내 귀에다 대고 '넌 뭐든지 잘 해내야 해. 조금이라도 부족하면 널 싫어할 거야. 널 죽일 거야' 속삭인다고 생각해봐요. 얼마나 가혹한 행위인지. 그걸 자기 자신에게 평생을 해왔으니, 난도질당한 정신이 힘이 다 빠지지 않고 버티겠어요? 그런데 말이에요. 뭐든 다 이유가 있어요. 왜 자신을 이렇게까지 학대했을까요? 천천히 생각해보세요."

삶이 힘들다면, 내면의 학대자를 자각해야 해요. 내가 나를 어떻게 대하고 있는지 알아차리면, 왜 삶이 괴로운지 알 수 있어요. 하지만 우리는 사랑하는 척, 위하는 척, 별일 아닌 척하기 쉬워서 때로는 내면의 학대자를 명징하게 인지하지 못할 수 있어요. 그래서 연습이 필요합니다. 계속 연습하다 보면 분명히 알게 돼요. 내 삶이 왜 괴로웠는지, 내가 나에게 어떤 학대를 가하고 있었는지를요.

"그러지 못하면 가족들이 절 싫어할 거라고 생각했어요. 외면 당할 거 같았어요. 특히 엄마한테요."

"그 말은, 특히 엄마한테 사랑받고 싶었던 거네요. 엄마를 가장 사랑했기 때문에."

자기 수용 기록 中

내가 동생들을 잘 챙기지 않으면 집에서 필요 없는 사람이 될 것 같아서 무서워. 내가 유능하지 않으면, 엄마한테 버려질까 봐 두려워. 내가 엄마의 하소연을 들어주지 않으면, 쓸모없는 사람 취급받게 될까 봐 무서워. 엄마의 기대를 무너뜨리면, 엄마가 망가질까 봐 너무 무서워.

"엄마의 기대를 무너뜨리면, 엄마가 망가질 것 같다는 생각이 왜 드는 걸까요?" 제 물음에 C 님은 두려움을 느끼며 자신의 기억을 더듬어보았어요. 부모님이 다툴 때면, 어린 C 님은 몹시 불안에 떨었어요. 아무것도 할 수 없는 좌절감, 이러다 부모님이 헤어질 것 같다는 불안감. 그리고 돈 때문에 힘들어하는 엄마를 보며 자신이 엄마에게 뭘 줄 수 있을지 고민하게 된 거죠. 어릴 때는 돈을 벌지 못하니까 동생들을 잘 돌봄으로써, 엄마의 크고 작은 기대에 부응함으로써 엄마를 위하고 싶었던 거예요. 엄마는 아빠 때문에 힘든데, 나까지 힘들게 하면 안 된다는 생각도 하게 된 거죠(딸은 엄마와 성이 같아서 아빠보다는 엄마의 무의식과 공명합니다). 어른이 되고 나서는 돈에 집착하며 살다가 지쳐버린 것이고요.

"그래도 C 네가 동생들을 돌봐주니 엄마가 견딜 수 있다." 이 말은 C 님이 책임감을 안고 살아가게 된 원동력인 동시에 족쇄가 됐어요. 그리고 '돈이 없으면 무시당할까 봐 두려운 마음'도 함께요. 이 마음은 어머니의 무의식에서 C 님 무의식으로 대물림된 것입니다. 돈 없는 자신을 스스로 무시하는 마음이 있기 때문에 두려운 거예요.

저는 이렇게 말했어요. "처음에는 엄마를 사랑하는 마음, 엄마에게 사랑받고 싶은 마음이 시작이었어요. 그런데 나중에는 엄마가 원하는 모습이 아니면 버려질까 봐 두려움에 떨게 된 것이고요. '엄마가 힘들어해! 나라도 잘해야 해!' 하며 자신을 채찍질하다가, 나중에는 하나의 드라마*를 만든 거예요. 엄마의 기대를 무너뜨리면 엄마가 망가져버린다. 그러니까, 엄마가 망가져버린다면 그 이유는 C 님 자신에게 있는 거라고요."

C 님은 자신의 감정을 계속 수용해나갔어요. 엄마를 미워하고 원망하는 마음, 동생들을 책임지기 싫은 마음, 하지만 그러면 쓸모없는 사람 취급받을까 봐 두려워하는 마음, 엄마를 사랑하는 마음, 엄마한테 사랑받고 싶은 마음, 그리고 사랑받지 못할까 봐 괴로운 마음 등을요.

---

* 사실이 아닌, 자신의 무의식 속 감정으로 인해 만들어낸 허상의 믿음이나 관념. 신념, 망상이라고도 부른다.

너라도 잘해야지. 어디서 엄살이야? 야, 정신 차려. 엄마 힘든 거
안 보여? 그냥 참고 살아. 시키는 대로 해. 못한다고 하지 마. 무
능해지지 마. 쓸모없는 인간이 될 바에는 차라리 죽어버리란 말
이야! 네가 책임지지 않으면, 잘하지 않으면, 도대체 뭐로 사랑받
을 건데?

잘 보시면, C 님의 두려움과 자기 공격성은 맞닿아 있어요. 시
작은 어린 시절에 형성된 무의식이지만, 한평생을 괴로움의 늪에
빠트린 건 내면의 학대자로 인한 두려움이에요.

"내가 날 이렇게까지 학대하고 사는 줄은 꿈에도 몰랐어요. 그
저 남들 다 이렇게 사는 줄 알았죠. 그냥 내가 조금 엄격한 수준
이겠거니 했고, 오히려 이게 저 자신을 위한 것이라 여겼어요. 자
기 수용을 하면 할수록 제가 저를 얼마나 가혹하게 대했는지 알
게 됐어요. 그리고 너무 미안했어요. 한평생을 저 자신에게 이렇
게 시달렸으니 무기력증이 올 만해요."

난 사실 엄마를 행복하게 해주고 싶었어. 엄마 얘기를 다 들어주
고, 엄마한테 힘이 되어주고, 엄마가 원하는 거 다 해주고 싶었
어. 그런데 너무 힘들어. 애를 쓸수록 지쳐서 이제 더는 못하겠
어. 만족할 줄 모르는 엄마를 보면 내가 할 수 없는 것들이 할 수

있는 것들보다 훨씬 많아서 너무 힘들어. 결국엔 내가 날 괴롭히는 사람이 됐어. 이제 그만하고 싶어. 나도 엄마 아빠 딸로 존재하고 싶어. 나도 그냥 사랑받고 싶어. 아무것도 책임지지 않아도, 아무것도 증명하지 않아도, 아무것도 잘하지 않아도, 단지 딸이라는 이유만으로 말이야.

이 마음까지 닿은 C 님은 잠시 가족들과 떨어져 지내는 시간을 보냈어요. 물리적으로도 정신적으로도 말이죠. 가족 모임에 참여하지 않았고, 명절에도 가지 않았어요. 묻혀 있던 기억과 감정들이 치솟아서 도저히 가족들을 마주하고 있을 수 없었어요. 그 전에 이미 여러 번 갈등을 겪기도 했고요.

가족에 대한 마음을 수용할 때 이런 일들은 흔하게 벌어져요. 이때 꼭 가족과 거리를 둬야 한다, 아니다라는 절대적인 기준이나 답은 없어요. 그때 자신에게 필요하다고 생각하는 대로 행동하면 됩니다. 다만, 자신의 마음을 볼 수 없을 정도로 괴로운 환경이면 가족과 떨어져 있는 편이 좋아요. 만약 내면의 힘이 생긴 이후라면, 가족을 가까이 두고 불편한 감정이 올라올 때마다 자신의 내면을 수용하는 연습을 하길 권합니다.

가족과 거리를 두고 자신의 마음을 살피며 '가족들에게 쓸모없는 존재가 되어버린 내가 버려질까 봐 두려운 마음'을 계속 직면하는 시간은 더욱 고통스러웠어요. 하지만 마침내, 머리가 아닌 마음으로 자신을 위로할 수 있는 순간이 찾아왔습니다.

나는 단 한 번도, C 네 편을 들어준 적이 없더라. 항상 엄마가 먼저였지. 너보다 엄마를 사랑했던 것 같기도 해. 그러니 너는 힘들어도 되지만, 엄마가 힘든 건 보기 괴로웠던 거야. 하지만 너무 괴로워서 가족과 떨어져 있기로 한 네 결정도 난 존중해. 그로 인해 상황이 어떻게 되든, 난 너부터 챙겨보기로 했거든. 네가 힘든 건 사실 다른 사람 때문이 아니라, 끊임없이 널 괴롭혔던 나 때문이었어. 괴롭혀서 미안했다. 고생 많았어. 습관처럼 널 다시 괴롭히거나 학대하더라도 금방 알아차릴게.

자기 수용 연습을 하다 보면, 온갖 감정들이 고개를 들어 힘든 시기를 반드시 겪게 돼요. 이 뚜껑을 괜히 열었나 싶죠. 차라리 감정을 몰랐을 때가 더 편했다는 생각까지 들기도 하고요. C 님은 이 힘든 시간을 겪어냈어요. 너무 힘들어서 '에라 모르겠다' 하고 포기한 적도 몇 번 있었지만요.

그렇게 또 시간이 흐른 후 그녀는 반가운 소식을 전해줬어요.

"참 이상했어요. 정신을 혼미하게 만드는 셀 수 없는 감정들이 저를 쥐고 흔들어서 너무 괴로웠어요. 분명 괴롭고 지옥 같은데, 그 와중에 이상하게 힘이 나기 시작했어요. 억눌러둔 울음을 삼키는 대신 터뜨리기로 선택하면 너무 고통스럽지만, 막상 울고 나면 시원한 것처럼요."

그녀는 감정적으로는 너무나 힘들었지만, 수용을 하다 보니 힘이 난다고 했어요. 운동을 다시 시작했고, 퇴사를 고려했던 회사에서 하는 일은 재밌게 느껴졌어요. 무기력으로부터 도망치기 위해 애썼던 시간에는 다 소용없었는데, 무기력한 자신의 내면에서 봐야 할 감정들을 보고 나니까 무기력으로부터 해방되기 시작한 거예요. 그리고 엄마와의 관계도 회복되기 시작했어요.

"집중해서 저 자신을 이해하다 보니, 그제야 엄마의 삶이 보였어요. 저를 안 보고 엄마만 봤을 때는 뭔가 답답한 느낌이 있었거든요. 제가 절 방치하고 있었으니까요. 그리고 엄마를 안 보기로 하고 저만 봤을 때도 제가 너무 이기적인 것 같아서 괴롭기는 매한가지였고요.

그런데 제가 제 내면을 먼저 수용하면 할수록, 엄마가 이해가 됐어요. 머리로 억지로 하는 이해가 아니라, 마음으로 하는 이해 말이에요. '그럴 수밖에 없었겠구나…' 하고요. 엄마는 너무 무서우셨던 거예요. 애는 셋이나 되는데, 남편은 무책임하고 무능력하니까 잘 키워내지 못할까 봐요. 그러니까 그나마 든든한 저에게 기댄 것이죠. 달리 방도가 없었던 거예요.

또, 한 여자로서 엄마의 삶도 너무 서글펐어요. 돈 꼬박꼬박 잘 벌어오는 남편을 둔 지인들 보면서 얼마나 부러웠겠어요? 또 그렇게 살지 못하는 자신의 삶이 얼마나 비참했겠어요? 그러니 그나마 말 통하는 저를 붙들고 울면서 의지하는 게 엄마가 할 수 있는 전부였다고 생각하니 마음이 아파서 속이 새까맣게 타버려요.

그리고 엄마랑 저는 완전히 똑같은 무의식을 공유하고 있었더라고요. 남편이 저렇게 무능하니까 엄마는 자기 자신에게 '애들 키워내려면 나라도 정신 차리고 잘 해내야 해!' 하는 강박 속에서 사셨던 거예요. 그리고 첫째인 저한테 고스란히 자신을 투사한 거였고요. 그러니 저도 엄마와 같은 무의식대로 살았던 거고. 모든 퍼즐이 맞춰지는 기분이에요. 물론 저는 엄마를 원망하고 미워하는 저를 또 만나겠죠. 상관없어요. 그런 저도 저니까요. 그 시기가 오면 엄마를 원망하고 미워하는 저와 함께할 거예요."

자신의 마음을 수용하면 할수록, 타인이 저절로 이해가 돼요. 이 이해는 억지로 머리를 굴려 이해하는 것과는 완전히 달라요. 자신의 마음을 수용하지 않은 채로 타인을 이해하려 하고 용서하려는 시도는 결국 부작용을 낳아요. 내 마음을 수용하지 않은 채로 타인을 이해하려는 건 내 마음을 배신하는 행위예요. 위선인 거죠. 그리고 억눌린 마음은 반드시 터질 수밖에 없어요. 그래서 언제나 자신의 마음을 먼저 수용해야 해요. 타인을 이해할 여유 공간은 내 마음이 수용된 자리에 생긴답니다.

C 님은 엄마를 이해하기 위해 억지로 애쓰지 않았어요. 시간이 걸리더라도 자기 자신을 먼저 수용하고 나니까 엄마의 입장이 저절로 이해가 된 거예요. 미움을 풀어낸 결과로 '그럴 수밖에 없었겠구나' 하는 사랑과 이해가 올라온 거죠. 누군가의 언니, 누나, 딸로서의 자신이 아니라, 있는 그대로의 C 님을 수용했기 때문이에요. 자연스럽게 엄마도 '엄마'가 아닌, 그저 한 사람으로 바라보게 된 거고요.

이후에도 C 님은 마음껏 원망하고 미워하는 마음, 그리고 사랑하는 마음과 버려질까 봐 두려운 마음을 계속 수용해나갔어요. 그렇게 시간이 지나면서 가족 관계가 회복되기 시작했어요.

처음에 C 님 어머니는 "네가 날 이해 안 해주면 누가 이해해주냐. 그렇게 서럽고 원망스럽거든 엄마 없는 셈 치고 살아라"라는 메시지를 보냈어요. C 님은 버려진 아픔과 그 아픔에서 파생한 여러 양극의 감정들을 계속 수용했고요. 그런데 5개월 뒤, 어머니는 이런 메시지를 보내셨어요. "내 큰 딸 C야. 엄마에게는 그저 든든한 딸이었는데, 그러는 동안 너의 어깨가 얼마나 무거웠을지는 생각하지 못했다. 먹고사는 게 바빠서 거기까지는 헤아리지 못했다. 내가 부족했다. 미안하다. (중략) 마음이 풀렸으면 좋겠다."

지금 C 님은 가족들과 연락하며 지내고 있어요. 이전과 달라진 점이 있다면, C 님은 가족에 대한 버거운 책임감으로부터 자유로워졌고, 가족들은 C 님의 마음을 이해해주기 시작했다는 거예요. 언제 그랬냐는 듯, 애씀도 없이요.

"여전히 C 님은 자신을, 뭐든지 잘 해내야만 사랑받을 수 있는 사람이라고 생각하나요?"

"전혀 아니에요. 그 관념은 사라졌어요. 더는 제가 절 그런 식으로 협박하지 않으니까요."

"앞으로 무기력증이 또 찾아올 수도 있잖아요. 그럼 어떻게 할 거예요?"

"사실 이미 한 번 찾아왔었어요. 하지만 무기력증 자체가 문제가 아니란 걸 알았어요. 무기력한 나를 받아들이기 싫어서 문제라 여겼던 것이지…. 무기력한 저는 그냥 저일 뿐인데, 제가 무기력한 저를 한심하게 여기고 있었너라고요.

진짜 괴로움은 무기력 자체가 아니었어요. 무기력에 대한 제 저항 때문에 괴로웠던 거예요. 그래서 그냥 그대로 머물렀어요. 제게 찾아온 무기력을 '그래, 어떻게 늘 힘이 나겠니…' 하고 받아들이니 또 금방 힘이 생기더라고요.

힘이 있든 힘이 없든 다 괜찮아요. 잘 해내든 그렇지 않든 다 괜찮듯이요. 어떤 근사한 모습을 갖추는 게 날 위한 사랑인 줄 알았어요. 그런데 아니더라고요. 그런 조건을 거는 건 사랑이 아니었어요. 그저 날 지치게 만드는 잣대일 뿐. 내가 어떤 모습이든 그냥 받아들일 수 있는 게 사랑이에요. 저는 지금 저를 사랑하고 있어요. 부족하면 부족한 대로, 있는 그대로."

C 님의 지속된 무기력증은 자신의 내면을 볼 수 있게 해주는 감사한 신호였어요. 혹시 무기력증에 시달리는 나에 대해 거부감이 드나요? 그렇다면 왜 나는 무기력하면 안 된다고 생각하는지, 무기력한 자신을 어떻게 판단하고 있는지 자문하는 것을 시작으로, 자신의 내면으로 걸어 들어가보세요. 나(딸)의 무의식은 곧 엄마의 무의식이에요. 엄마와 어떤 무의식을 공유하고 있는 결과로 지금의 내가 무기력한지를 직면해보세요. 그리고 내가 진정으로 원하는 게 무엇인지 찾아보세요. 어떤 식으로 표현되든, 모든 마

음은 '있는 그대로 사랑받고 싶은 나'에 도달하게 될 거예요.

자기 수용 이후 C 님의 소감

이건 기적이에요. 전 지금 인생의 모든 면에서 만족하면서 살고 있어요. 이렇게 살 수 있을 줄 상상도 못 했어요. 무기력증에 삼켜진 삶이 만성이 되어 너무 괴롭기만 했었거든요.

무의식에 대해 상담을 하면서 알게 된 건, 저는 무기력한 저를 바꾸려고만 했지 왜 무기력한지 이해하려고 하지 않았더라고요. 그리고 이런 제 고민과 엄마는 별개라고 생각했는데, 이렇게까지 밀접한 관련이 있다는 것에 처음엔 너무 충격을 받았어요. 그런데 내면을 들여다보니, 관련이 있는 정도가 아니라 막대한 영향을 미치고 있었어요. 엄마와 저의 관계, 엄마로부터 받은 영향, 풀리지 않은 마음 등을 보고 나니까 삶은 저절로 풀렸어요. 엄마가 제 삶의 첫 단추였던 셈이죠.

나라 님이 그랬어요. 딸들은 엄마가 또 다른 '나'이기 때문에 엄마와 공유하는 무의식만 풀어도 다 풀린다고. 처음엔 그 말이 이상했는데 자기 수용을 하면서 현실이 바뀌고 나니까 100퍼센트 동의해요. 혹시 심한 무기력증에 시달리고 있는 여성분이라면 꼭 엄마와의 관계를 살펴보시길 권해요.

C 님의 자기 수용 팁

저는 미친년처럼 소리를 지르고 욕을 하면서 원망하고 미워하는 제 마음을 수용했어요. 준비물은 쿠션이나 고함 항아리(방음에 도움이 돼요). 집에서 하기 힘든 상황이면 방음이 되는 연습실을 대관했어요. 감정이 심하게 억눌려 있어서 인지조차 안 되는 분들은 이렇게 자극적인 방법으로 감정을 꺼내면 도움이 될 거예요.

미니 미션

'잘해야 한다'는 관념에 관해서

(사례에 공감하는 분들을 위한 미션입니다.)

1. 무엇이든 잘하지 않으면 무엇이 두려운지 그 이유를 떠오르는 대로 작성한 뒤, 소리 내어 읽어보세요(아래 문장 형식을 참고하세요).

내가 잘하지 않으면 _____하게 될까 봐 두려워.
내가 잘하지 않으면 _____한 일이 생길까 봐 무서워.

2. '잘해야 한다'는 관념은 언제 생긴 것 같나요? 떠오르는 장면을 최대한 자세히 써보세요(상황, 들은 말 등).

3. 이 관념의 원인이 되는 상대에 대한 솔직한 마음을 쓰고, 소리 내어 읽어보세요(원망, 두려움 등 어떤 마음이든 자유롭게 쓰세요).

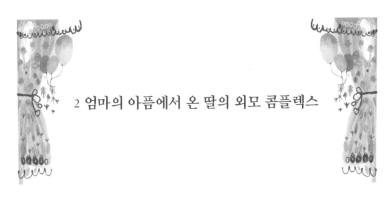

2 엄마의 아픔에서 온 딸의 외모 콤플렉스

평생 외모 콤플렉스에 시달리며 살아온 R 님은 조금만 살이 쪄도 거울을 볼 수 없을 정도로 살찌는 것에 대한 두려움이 심했어요. 안 해본 다이어트가 없지만 효과는 잠시뿐이었어요. 거기에 갑자기 폭식하는 오랜 습관까지 더해져 건강도 계속 나빠졌고요. 여드름 때문에 피부과도 가보고 피부에 좋다는 건 다 해봤지만 소용이 없었어요.

아무리 노력해도 나아지지 않는 외모에 좌절감을 느낀 R 님은 모든 노력을 포기하고 얼굴을 가리고 다니다가, 결국 집 밖으로 나오지 않는 선택을 했어요. 마침 다니는 회사에서 재택근무를 할 수 있어서 다행이라 여겼다고 해요. 자신의 외모를 세상에 드러내지 않아도 되니까요. 하지만 회피가 주는 안락함은 언젠가는 무너져요. 이대로는 안 되겠다 싶었던 R 님은 상담을 받기 위해 저를 찾아왔어요.

저는 R 님에게 외모에 대해 스트레스를 받는 자신을 어떻게 바라보고 있는지 물어봤어요.

"완전 한심하죠."

"왜 한심하죠?"

"왜라니요? 당연한 거 이니에요? 뚱뚱하고 못생기고 얼굴에 여드름도 많은, 은둔형 외톨이니까요."

우리는 고민이 있거나 힘든 상황에 놓였을 때, 자신이 오랫동안 믿고 있던 생각이나 그때 올라오는 감정을 그대로 믿어버리는 경우가 많아요. 하지만 자기 수용은 숨어 있는 무의식을 마주하는 작업이기 때문에 자신의 고민에 대해서, 그리고 자신의 현 상황에 대해서 아주 자세하게 들여다보는 게 중요해요. 그렇기에 '왜?'라고 되물으며 꼬리에 꼬리를 물어 진짜 이유를 캐내는 과정이 꼭 필요합니다.

"그러니까요. 그게 왜 한심한지 얘기해주세요. 남들이 날 어떻게 볼 것 같다거나, 이러면 내 인생의 끝이 어떨 것 같다거나. 이런 걸 떠올리셔도 좋고요."

"도대체 이런 저를 누가 사랑하겠어요. 무슨 짓을 해도 예뻐지지 않고, 아무리 노력해도 살은 다시 찌고, 식단 잘 지키다가 갑자기 폭식해버리고…. 게다가 저는 남들보다 훨씬 더 노력해도 살이 잘 안 빠지고 오히려 더 쪄버려요. 남들이 보기엔 얼마나 한심하고 게을러 보이겠어요. 그리고 이 피부. 저는 유명하다는 피부과는 거의 다 가봤어요. 생활 습관을 바꿔도 봤고, 여드름에 좋다는 걸 다 발라봐도 얼굴은 다시 여드름으로 뒤덮여요. 남들은 이런 절 안 씻는 사람으로 여기고 더럽게 보겠죠. 저를 누가 예쁘게 보고, 여자로 보겠어요? 제가 거울을 봐도 꼴 보기 싫고 한심한데…. 남들이 보면 오죽하겠어요? 저 자신이 창피해요."

보통 수치심이나 두려움에 대해 언급할 때 가장 많이 쓰는 말이 "남들이 날 이렇게 볼까 봐"예요. R 님이 '남들이 나를 더럽고 한심하게 볼 것이다'라고 말한 것처럼요. 사실 이 '더럽고 한심하다'는 내 마음의 시선이에요. 내가 나를 그렇게 보고 있기 때문에 남들도 나를 더럽고 한심한 사람으로 본다고 여기는 거죠.

이때는 마음에서 올라오는 모든 불편한 감정들을 받아들인 뒤에 '내가 날 보는 대로 남들이 날 볼 것이다'라고 스스로 생각하고 있음을 자각해야 해요. 이런 나 자신을 향한 공격성은 타인을 통해 연출돼요. 타인이 날 공격할까 봐 두렵거나, 타인이 실제로 날 공격하는 일이 창조되거나. 둘 중 하나죠. 그러니 내 마음을 타인에게 투사하고 있음을 알아차리는 게 중요해요.

이렇게 내가 날 공격하는 이유는 아픔이 풀리지 않아서예요. 가족 관계에서 생긴 아픔이 해소되지 않을 때 공격성을 띠게 되죠. 학대로 상처받은 유기견이 이빨을 드러내듯이 말이죠. 자기 공격성이 어떤 아픔에서 비롯되었는지 찾는 과정이 꼭 필요한 이유가 이것 때문이에요. (이번 생에서는 현재 가족에 의한 것이지만, 무의식 차원으로 건너가면 지난 생에서 풀지 못한 아픔을 이번 생에서 푸는 거예요.)

그리고 또 하나, 내가 날 바라보는 마음의 시선은 '나'라는 존재를 바라봤던 부모님이 지닌 마음의 시선과 깊은 연관이 있어요.

"가장 두려운 건 뭐예요?"

"평생 이렇게 살게 될까 봐, 그게 가장 무서워요. 이렇게 뚱뚱하고 못생긴 채로, 사랑받지 못한 채로요. 혼자서 이렇게 숨어서 사는 삶이 계속될까 봐요."

저는 R 님이 아무리 노력해도 살이 찌고 얼굴의 여드름이 사라지지 않는 이유, 외모로 계속 스트레스를 받는 이유는 가족과 연관이 있을 거라 생각했어요. 이 관계에서 풀리지 않은 마음이 평생 외모에 대해 스트레스를 받을 수밖에 없는 현실을 창조하고 있을 거라고요. 그래서 R 님에게 외모에 대해서 부모님이 자주 하신 말씀이나 행동 또는 떠오르는 기억이 있는지 물어봤어요.

"엄마는 어릴 때부터 항상 '여자는 날씬하고 예뻐야 사랑받는다'라는 걸 강조하셨어요. 그래서 제가 조금만 살이 쪄도 굉장히 예민해지고 화를 내셨어요. 어쩌려고 그러냐며, 돼지가 따로 없다며 혀를 차셨죠. '관리 안 하면 시집 못 간다'는 말을 늘 들었고요. 10대 때 신체검사를 했는데, 제가 비만이 아니라고 나와서 충격을 받았어요. 집에서는 돼지 취급을 받는데 실제로는 정상 체중이었던 거예요. 하지만 객관적 사실보다, 제가 속한 환경이 제 인생에 더 많은 영향을 미치더라고요. 나중에는 밥을 먹을 때마다 체했어요. 지금도 위장이 안 좋은 편이에요. 엄마가 빤히 쳐다보니까 너무 불편하더라고요. 아빠는 딱히 제 몸에 관해 뭐라고 하신 적은 없어요. 하지만 TV에 연예인들이 나오면 꼭 외모 지적을 하셨어요. 쟤는 다리가 어떻고, 비율이 어떻고 하면서요."

이뿐만이 아니라 R 님은 어머니에게서 '너는 무슨 옷을 입어도 태가 안 난다, 엄마 친구 딸 누구는 관리를 잘해서 몸매가 연예인 같더라, 살찌고 피부 안 좋은 여자를 좋아하는 남자는 아무도 없으니 넌 시집가긴 글렀다, 예쁘게 살고 싶지 않은 것이냐, 왜 관리를 안 하냐'는 말들을 끝없이 들어왔어요. 그리고 어릴 때부터 온갖 다이어트 식품을 먹이고 운동을 병행하게 했죠. 하지만 그럴수록 몸무게는 정상 체중을 넘어서 비만이 되기 시작했고, 여드름도 더 많이 났다고 해요.

"버겁지 않으셨어요?"

"그러게요. 잔소리로만 여겼는데, 기억을 꺼낼수록 알겠네요. 제가 얼마나 숨 막히게 버거웠었는지."

우리는 삶의 많은 부분을 가정에서 배워요. 하지만 가장 중요한 자신의 마음을 보는 법은 대부분 배우지 못하죠. 부모님 역시도 조부모님에게 배운 적이 없으니까요. 알 수 없으니 가르쳐줄 수도 없는 거예요. 그렇기에 많은 사람들이 자신의 상태에 대해 잘 알지 못해요. 하지만 무의식은 다 알아요. 크고 작은 사건 사고나 질병 등으로 자신이 어떤 상태인지 끊임없이 신호를 주죠.

그래서 자신에 대해서 잘 알기 위해서는, 무의식이 보내는 신호를 흘려보내지 않고 그 신호에 반응하는 내 마음을 잘 살펴보고 파악하는 게 기본이고 핵심이에요. 처음 마음공부를 통해 자신의 내면을 살피기 시작했을 때, 깜짝 놀라는 사람들이 많아요. 그동안 괜찮은 척 포장하고 외면해왔던 마음과 기억들이 끝도 없이 고개를 내미니까 감당할 수가 없거든요. 하지만 감정을 무서워할수록, 어떤 감정이든 받아들이겠다는 허용의 마음을 자신에게 내어주는 게 필요해요. 반복해서요. 내가 나의 모든 것을 무조건적으로 받아들이는 보호자, 양육자, 선생님, 부모가 되어주는 거예요.

자기 수용 기록 中

더는 이대로 살 수 없다. 나는 어떤 내 마음이든 있는 그대로 솔직하게 대면하고, 드러낼 것이다. 그동안 내가 봐주지 못한 마음을, 그게 무엇이든 있는 그대로 받아줄 것이다.

"우선은, 자신의 외모에 대한 솔직한 마음부터 풀어보도록 할게요. 정말 솔직하게 해야 해요. 지금은 자기 공격성이 심하니까, 이것 먼저 풀어볼게요."

자기 공격성이 있는 상태에서 하는 긍정 확언은 아무 소용이 없어요. 거울을 보며 난 예쁘고 충분하다, 사랑한다고 말하는 주문은 그 반대의 부정적인 감정들을 수용한 뒤에야 효과가 있는 것이죠. 그러니 감정을 수용할 때는 언제나 밑바닥에 있는 가장 적나라한 자신의 감정을 솔직하게 대면해야 해요.

자기 수용 기록 中

씨발, 진짜 꼴도 보기 싫어. 너무 못생겼고 너무 뚱뚱해. 얼굴도 너무 더러워. 너 같은 걸 누가 좋아해? 누가 사랑해? 사람들이 다 널 싫어해. 몰라? 넌 게으르고 한심해. 아무리 노력해도 절대 사랑받을 수 없어. 그러니까 제발 그 누구에게도 예쁨받으려고 하지 마. 사랑받으려고도 하지 마. 이 미친년, 한심한 년아! 얼굴 보면 구역질 나서 참을 수가 없어. 돼지 같은 몸뚱이도 싫어. 그냥 지금처럼 가만히 집에 박혀서 살아! 절대 밖에 나가지 마. 아무한테도 네 몸뚱이를 들키지 말라고! 너로 사는 게 너무 지겹고 비참하니까 그냥 죽어버려!

자기 수용 기록을 보면 아시겠지만, 사람들이 날 어떻게 볼 것이기 때문에 두려운 게 아닙니다. 이건 어떤 주제에 대입해도 똑같아요. 내가 나를 저렇게까지 공격하고 있기 때문에 두려운 거예요. 내가 날 공격하고 있는 것을 눈치채지 못할수록 너무 두려워요. 허상의 타인이 날 공격한다고 여기게 되니까요.

"제가 저를 한심하다 여기고 싫어한다는 건 알고 있었어요. 그런데 글로 쓰고 소리 내서 말하니까 더 많은 공격의 말들이 나왔어요. 저 자신을 향한 온갖 쌍욕, 저주, 협박…. 남한테는 절대 하지 못할 말들을 제가 제게 미친 듯이 쏟아냈어요. 어쩜 내가 나한테 이렇게도 모질 수 있을까? 나는 어떻게 나 자신한테도 이렇게 사랑받지 못할까 싶었어요. 며칠간은 정말 미친 사람이 된 것처럼 공격을 쏟아부었는데 갑자기 너무 서러워서 눈물이 났어요."

공격성을 자각했으면 공격으로 인한 아픔으로 건너가야 해요.

공격성만 풀면 거기에 휩쓸려서 '공격하는 자' 자체가 되어 아무 것도 해소되지 않을 수 있어요. 꼭 아픔으로 건너가야 해요.

자기 수용 기록 中

너무 서러워. 내가 날 이렇게까지 공격해왔다는 게 너무 충격적이야. 내가 날 혐오하고 있었다는 걸 모르진 않았지만, 그래도 이렇게 직면하니까 너무 괴로워. 너무 고통스러워.

이렇게 뚱뚱한 채로 평생을 살아야 할까 봐 너무너무 불안해. 피부가 돌아오지 않을까 봐 너무 무서워. 내 존재가 수치스러워. 사람들이 날 한심하게 볼까 봐 무서워. 다 날 무시할까 봐, 아무도 날 사랑해주지 않을까 봐 너무 무서워.

R 님은 자기 자신을 향한 공격성과 그로 인한 서러움, 두려움을 직면하다가 무의식 속에 잠겨 있던 감정을 만났어요. 바로 엄마에 대한 분노였습니다.

자기 수용 기록 中

이게 다 엄마 때문이야! 내가 그때 몇 살이었는데? 막 초등학교 들어간 애였어. 한창 먹고 한창 클 나이인 어린애를 다이어트 시키겠다고 그 지랄을 해? 뭐? 내 걱정? 웃기지 마. 걱정을 빙자해서 네 입맛대로 날 바꾸고 싶었던 거잖아! 네가 그러고도 엄마야? 평생을 딸한테 코끼리, 돼지, 한심한 년, 게으른 년이라고 하고. 그런 몸뚱이로 절대 결혼 못 한다고 비아냥대고! 어떻게 엄마라는 사람이 자기 자식한테 그런 말을 할 수가 있어! 그렇게 마음에 안 들면 차라리 갖다 버리지 그랬어! 엄마한테 이딴 취급 받고 산 내가 어떻게 사람답게 살아. 나를 어떻게 사랑해. 남들한테 어떻게 사랑받아! 나는 이미 글러 먹었어. 엉망진창이 되어버렸다고!

부모에 대한 마음을 풀기 힘든 이유 중 하나가 바로 효사상 때문이에요. '감히 부모에게 이런 마음을 가지면 안 된다, 이런 생각을 하면 안 된다'라며 미움이나 분노를 억눌러버리죠. 하지만 감정은 그냥 감정일 뿐이에요. 그러니 어떤 감정이든 수용해주세요. 이 책에서는 딸과 엄마의 관계에 초점을 맞췄지만, 해소하다 보면 당연히 아빠에 대한 다양한 감정들도 올라올 거예요. 그것도 있는 그대로 풀어주면 돼요.

"엄마한테 한 번도 해본 적 없는 말이었는데, 글 쓰고 입으로 뱉으니까 시원했어요. 처음엔 '그래도 엄만데…'라는 두려움이 올라왔지만, 제가 저의 어떤 마음이든 허용하기로 약속했다는 걸 계속 기억했어요. 그렇게 집중해서 하다 보니 속에서 엄청난 분노와 서러움이 올라왔고, 다시는 엄마를 보고 싶지 않단 생각까지 들더라고요. 그리고… 이 분노는 너무나 오래된 감정이란 걸 알았어요. 아주 어린 시절부터 느꼈지만 참아왔다는 것을요."

R 님은 그동안 억눌러둔 엄마에 대한 분노를 몇 주 동안 해소

하는 시간을 가졌어요. 그렇게 감정을 풀어내다 보니 잊고 있던 기억들이 떠오르기 시작했어요. 이런 현상은 감정 수용 과정에서 흔하게 발생해요. 과거에 해소되지 못한 감정이 현재에서 반복되기에, 현재의 감정을 풀다 보면 과거 기억으로 서슬러 내려가거든요. R 님은 목이 쉬어라 소리 지르며 감정을 꺼냈고, 정말 많이 울었어요. 악몽도 자주 꾸고 새벽에 깨서 울기도 했죠. 그렇게 쌓인 분노가 많이 풀려나가니, 그 안에 있던 다른 마음도 마주할 수 있었어요.

자기 수용 기록 中

그냥 나 좀 예뻐해주지. 내가 엄마한테 얼마나 사랑받고 싶었는데. 아무리 살쪄도 자기 자식이라면 예뻐 죽는 엄마를 둔 친구들 보면서 얼마나 부러웠는데. 나도 그런 사랑 받고 싶었는데. 나는 엄마 마음에 들지 않을까 봐, 엄마가 또 한심하게 여길까 봐 한평생을 전전긍긍 눈치만 보면서 살았는데. 너무 서러워. 너무 억울해. 너무 비참해. 나도 예뻐지고 싶어. 그래서 엄마의 자랑이 되고 싶어. 그런데 마음대로 안 되는 걸 도대체 어떻게 해.

이때 R 님은 비참함과 굴욕감 때문에 너무 힘들었다고 해요. 자기 자신에 대한 공격과 엄마에 대한 공격을 풀 때는 시원한 맛이라도 있었는데, 이 비참함과 굴욕감을 느낄 때는 뼈가 시리고 명치가 찌릿한 고통을 견뎌야 했기 때문이에요. 모두 아픔을 수용할 때

몸에 쌓인 감정 에너지가 나가면서 나타나는 현상이에요.

이렇게 엄마한테 있는 그대로 사랑받고 싶었던 마음과 비참함을 수용하고 나니까, R 님에게는 새로운 기억이 떠올랐어요.

"어릴 때 엄마랑 이모가 대화했던 내용이 갑자기 생각났어요. 저는 방에서 잠결에 들은 거라서 잊고 있었는데, 감정 해소를 하니까 그 기억이 선명하게 올라오더라고요. 결혼 전에, 아빠가 아주 어린 여자랑 바람이 났었어요. 삼자대면을 하는 자리에서 엄마는, 그 여자가 엄마와 달리 너무 날씬하고 예뻐서 더 비참했대요. 아빠도 이별을 원했고, 엄마도 체념하고 아빠와 헤어지려고 했는데 임신했다는 사실을 알게 된 거죠. 그게 저고요. 그래서 어쩔 수 없이 한 결혼이라며 하소연했어요. 이모는 대수롭지 않다는 듯이 '과거는 과거일 뿐이고, 누구나 실수를 한다. 다신 바람 안 피우면 되는 것'이라며 위로 아닌 위로를 했어요. 엄마는 그냥 수긍했고요.

이 기억이 왜 떠올랐는지는 모르겠지만, 떠오르고 나니까 엄마가 왜 외모 강박이 있을 수밖에 없는지 이해가 됐어요. 그렇다고 해서 엄마에 대한 모든 미움과 원망이 사라진 건 아니지만, 그냥 마치 엄마 인생을 살아본 것도 아닌데 살아본 것처럼 가슴이 갈기갈기 찢기듯 아팠어요. 엄마가 왜 그랬는지 그냥 알아버렸어요."

자기 수용 기록 ⊕

갑자기 엄마와 이모가 했던 대화가 떠오르고 나선 엄마에 대한 감정을 풀 때와는 또 다른 느낌의 아픔이 올라왔다. 여자로서 완전히 버려진 마음. 어리고 예쁘고 날씬한 여자 때문에 배신당한 비참함. 어쩔 수 없이 한 결혼. 그러니까 엄마는 나를 보며 화를 낸 게 아니었다. 불안했던 기였다. 아주 잠깐이라도 관리하지 않아서 살이 찌거나 못생겨지면 사랑받지 못하고 버려질까 봐. 그래서 엄마랑 똑같은 일을 겪을까 봐. 그게 너무 무서워서 내 외모에 대해 계속 통제를 해온 것이었다. 헤어지고 싶었는데 날 임신했다는 걸 알았을 때 얼마나 내가 미웠을까. 아니면, 내가 있어서 어쩔 수 없이 아빠와 결혼할 수 있음에 안도감을 느꼈을까. 수치심…. 그러니까, 내가 엄마 배 속에 있을 때 엄마가 느꼈던 건 수치심이었다. 여자로서의 자기 존재에 대한 수치심. 엄마를 사랑해서가 아니라 임신을 했기 때문에 예쁘고 날씬한 여자 대신 억지로 결혼했을 거라는 비참함. 그 비참하고 수치스러운 마음을, 그 배신감을 억누르고 한평생 살았다니. 엄마, 도대체 어떤 마음으로 산 거야.

R 님은 이렇게 몇 주 동안 엄마의 아픔과 아빠에 대한 분노를 풀었어요. 이렇듯 상대에 대한 내 마음이 먼저예요. 언제나 내 마음을 먼저 수용하고 나면, 나 자신에 대한 깊은 이해의 결과로 타인에 대한 이해가 생기게 되죠. 반대로 가면 안 돼요. 억지 용서, 억지 이해 같은 것들 말이죠.

그리고 R 님은 자신에 대한 미안함과 사랑, 엄마에 대한 이해의 마음을 기록했어요.

자기 수용 기록 中

R아, 그동안 늘 위축된 채로 사느라 너무 힘들었지. 매번 사람들이 어떻게 볼까 눈치 보고, 눈도 못 마주치고…. 아무리 애써도 빠지지 않는 살을 혐오하고. 사실 너도 무서웠던 거야. 이렇게 살이 찌고, 피부가 깨끗해지지 않으면 사랑받지 못할까 봐…. 그런데 나까지 널 너무나 미워해서 외롭고 고단했지. 너를 수치스럽고 사랑받을 수 없는 여자 취급한 건 다름 아닌 나였으니까. 마음이 고단하니 아무것도 하기 싫었을 거야. 늦게 알아줘서 미안하다. 널 혐오하고 채찍질할 줄만 알았지, 네가 왜 그런지 이해해보려고 하지 않았다는 게 한탄스럽고 정말 미안하다.

엄마, 난 엄마가 너무 무서웠어. 내 존재 자체가 잘못된 사람처럼 느껴지니까, 그래서 엄마한테 비난받을 때면 버려지는 것 같아서 너무 불안했어. 있는 그대로는 사랑받을 수 없다는 믿음이 생겼고, 내가 내 몸을 미워하게 됐어. 그리고 엄마를 미워했어. 오랫동안 원망했어. 아닌 척했을 뿐이지 온통 엄마에 대한 미움으로 가득했어. 그만큼 엄마를 사랑하니까. 가장 사랑받고 싶은 사람한테서 한심한 사람 취급받는 게 너무 아파서. 그런데 이제 알았어. 엄마도 그런 엄마가 되고 싶진 않았겠지. 엄마는 불안했던 거야. 외모 때문에 내가 버림받는 일이 생길까 봐. 엄마처럼 배신

당하는 일이 생길까 봐. 조금이라도 살이 찌거나 피부가 뒤집히면 옛날에 버려졌던 엄마가 떠올라서 그게 너무 아파서 참을 수가 없었던 거야. 엄마는 날 사랑하지 않는 게 아니라, 너무 사랑해서 지켜내고 싶었던 거야. 방식이 잘못됐지만 엄마도 겁에 질려서 뭐가 뭔지 몰랐던 거야….

R 님은 이 과정을 몇 달 동안 반복해서 거쳤어요. 절규하고 분노하고, 슬픔에 잠기기를 반복하다가 어느 순간 자기 자신과 엄마를 이해하게 되었어요. 그러고 싶어서 그런 게 아니라, 정말로 그럴 수밖에 없었을지도 모른다고요. 엄마에 대한 연민과 이해가 올라왔다가도 불쑥 미움이 고개를 들고, 그래서 그 미움을 수용하면 또 사랑이 고개를 들고…. '현재는 이 마음이어야만 한다'고 붙잡지만 않으면 돼요. 어떤 마음이든 수용한다는 태도라면, 내 안의 극과 극의 마음이 올라올 때 그것을 관조하는 모드가 되어 자유로워집니다.

이 과정이 너무 힘들어서, 중간에 R 님은 정말 많이 포기하기도 했어요. 기간만 세어보면 몇 달이지만, 중간에 포기했던 시기까지 합치면 1년 정도 돼요. 마음공부는 10년 이상 했지만, 제대로 된 자기 수용을 한 기간은 1년인 셈이죠. 아주 많은 변화가 있었답니다.

"솔직히 말하면 처음에는 예뻐지려고 마음공부를 했어요. 마음을 이용해서 살도 빼고 싶었고 피부도 바꾸고 싶었고 연애도 하고 싶었거든요. 이 욕구가 잘못됐다는 게 아니라, 제가 봐야 할 마음이 따로 있다는 걸 이번에 알게 된 거죠.

진짜 힘들었어요. 포기만 몇 번을 한 건지…. 나라 님이 아무리 노력해도 살이 빠지지 않는 건, 무의식 차원에서 보면 보호 쿠션 역할 때문이라고 말씀하셨죠. 그 말이 이해가 되지 않았는데 감정이 해소될수록 그냥 이해가 되더라고요. 제가 저 자신을 버려질 만한 사람으로 취급하니까 계속 버려질까 봐 두려운 마음으로 인생을 살았더라고요. 그래서 숨느라고 재택근무로 전환하고 밖에 절대 나가지도 않았던 것이고요. 버림받을까 봐 두려워하는 마음과 제가 저를 공격하는 마음이 풀리지 않으니, 내면의 불균형이 생긴 거예요. 그래서 이런 저를 보호할 쿠션으로 지방이 필요했던 거고요. 그냥 알게 되더라고요. 왜 예전에는 설명이 귀에 들리지 않았는지 모르겠지만….

감정 해소 초반에는 미친 듯이 폭식을 했어요. '이러다 잘못되는 거 아니야?'라는 생각이 들 정도로요. 그런데 결국 폭식을 하는 것도 마음이 공허해서 먹는 거였더라고요. 감정이 해소되면 될수록 입맛이 사라졌어요. 그리고 전에는 끌리지 않았던 나물 반찬이나 고구마 같은 게 당기더라고요. 너무 무기력해서 집에서 일하면 배달 음식 시켜 먹고 바로 자버리기 일쑤였는데, 감정이 해소되니까 어디서 기운이 났는지 햇볕 쬐면서 걷고 싶어져서 산책을 하기 시작했어요. 몸을 움직이니까 기분이 상쾌하길래 하루 루틴에 조깅을 넣고 있더라니까요, 제가. 그리고 지금 20킬로그

107

램 넘게 빠졌어요. 피부도 완전히는 아니지만 여드름이 정말 많이 사라졌고요. 저라는 존재는 사랑받을 수 없다는 공격과 수치심이 피부에 나타난 게 맞더라고요.

예전에는 살 빼지고 피부가 좋아지면 기분이 끝내줄 거라고 생각했는데, 좋긴 좋지만 이상하게 덤덤하더라고요. 왜 이렇게 덤덤할까 생각해봤는데, 제가 진정으로 원한 건 날씬해지고 피부가 좋아지는 게 아니었기 때문이에요. 있는 그대로의 제가 받아들여지길 원했던 거고, 자기 수용 과정을 통해 어떤 제 감정이든 다 받아들여 느껴주니 저를 괴롭히던 살과 여드름이 그냥 떠나준 거였어요.

왜 현실이 내면의 반영인지, 왜 감정 해소가 현실 창조의 지름길인지 겪어봐야만 와닿는 거 같아요. 저는 지금의 제가 좋아요. 살 빠지고 피부가 좋아져서도 있지만, 이젠 저를 버리지 않기로 했거든요."

그리고 R 님은 재택근무 시간 말고는 외부 활동을 많이 하게 되었다는 소식과 결혼을 전제로 만나는 남자친구가 생겼다는 소식을 전해왔어요. 더 이상 자신을 사람들에게 비난받을 존재, 남자에게 사랑받지 못할 여자 취급을 하며 공격하지 않기 때문에, 타인과 잘 섞이며 여자로서도 사랑받는 현실로의 변화는 자연스러운 결과입니다.

자기 수용 이후 R 님의 소감

정말 마주하기 싫은 감정들을 마주하는 건 몸도 마음도 너무나 힘든 과정이지만, 그 결과로 얻는 회복, 치유, 사랑은 그 무엇과도 바꿀 수 없을 만큼 가치가 높아요. 저는 자기 수용을 제 인생의 1순위로 두면서 살고 있답니다. 천국이 따로 없어요. 아무 일도 안 생기는 천국이 아니라, 어떤 상황에서도 '나는 내 편'이라는 사랑이 주는 마음의 천국이요. 그러니 더 이상 스스로를 괴롭히고 미워하는 지옥에 자신을 두지 마세요. 그러기엔 우리는 모두 너무나 소중하고 귀한 존재들이니까요. 그리고, 엄마를 미워하는 걸 주저하지 마세요. 다 사랑해서, 너무 사랑받고 싶어서 그런 거예요. 미워하는 마음이 풀려야 더 큰 이해와 사랑을 체험할 수 있는 것 같아요.

R 님의 자기 수용 팁

너무 힘들면 중간에 쉬어가세요. 만약 쉬는 시간을 가지지 않았더라면 너무 힘들었을 것 같아요. 오히려 쉬는 시간 동안 충전되어 앞으로 나아갈 수 있었어요. 그리고 공격성, 원망, 미움 등을 풀 때 일부러 자극적인 표현을 쓰면 더 잘 풀렸어요.

미니 미션

외모 콤플렉스에 관해서

(사례에 공감하는 분들을 위한 미션입니다.)

1. 자신의 외모에 대한 마음을 솔직하게 작성해보세요.

2. 1을 읽어보고, 이 마음이 누구, 혹은 어떤 경험에서 온 것인지 떠올려보세요.

3. 2에 등장한 인물, 사건에 대해 마음에서 올라오는 대로 글을 써 보세요. 다 쓴 다음, 다시 글을 읽으며 새롭게 알게 된 감정, 생각 이 있는지 살펴보세요.

3 내 연애는 왜 이럴까?

H 님은 계속 힘든 연애를 했어요. 첫 번째 남자친구는 데이트 비용을 절대로 내지 않았대요. 적금 들고 생활비 쓰면 데이트에 쓸 돈이 없다며 H 님이 다 내길 원했죠. 두 번째 남자친구는 도박을 하고 바람을 피웠어요. 그러면서 H 님이 이해해주길 바랐죠. 세 번째 남자친구는 무던한 사람인 줄 알았는데 사귀고 보니 항상 시큰둥한 사람이었죠. H 님이 아프든, 무슨 일이 생기든 별 반응도 없고 데이트를 한 횟수도 손에 꼽는다고 해요. 네 번째 남자친구는 연하였는데, 계속 나이로 H 님을 무시했어요(애칭이 '늙은 호박'이었을 정도니 말 다했죠). 마지막 남자친구는, 알고 보니 유부남이었어요. 들켰는데 뻔뻔했죠. 너도 알고 만난 거 아니냐며 오히려 H 님을 이상한 사람으로 몰아갔어요. 그 외에 짧게 만난 남자들도 전부 다 이상한 사람들이었어요. 연애에 관련된 다양한 책을 읽고, 세미나와 컨설팅도 다녀보고 심지어 굿도 하고 이름도 한 번 바꿨지만, 아무것도 변하지 않았어요.

"이런 연애가 반복될 때마다 어떤 감정이 올라왔어요?"

"내 연애는 왜 전부 이 모양일까? 내가 정상적인 사람을 만날 수나 있을까? 난 특별한 걸 바라는 게 아닌데. 그냥 평범한 남자 만나서 평범하게 사랑받는 평범한 연애를 바라는 건데, 그게 나한테는 왜 이토록 어려운 걸까? 너무 비참하다. 서글프다. 창피해서 어디 가서 말도 못 하겠다. 왜 처음에는 잘해주다가 점점 나를 무시하고 막 대할까? 왜 본인들이 잘못해놓고 내가 이해해주길 바랄까? 왜 뻔뻔하게 나올까? 내가 만만한가? 이대로 나이 들어서 연애도 못 하고 결혼도 못 하면 어떡하지? 결혼해도 문제야. 이 나이에 애를 낳을 수는 있을까? 애 못 낳는다고 아무도 사랑해주지 않으면 어떡하지?"

모든 마음은 '사랑받고 싶다-사랑받지 못할까 봐 두렵다'라는 마음에서 파생해요. 인간의 생존 욕구와 번식 욕구는 이어져 있어요. 번식을 하면 내 육체가 죽어도 자식의 유전자를 통해 생존할 수 있기 때문이죠. 여자로 태어나면 남성 에너지의 사랑을 받고 싶고, 남자로 태어나면 여성 에너지의 사랑을 받고 싶은 본능이 있어요. 여자로서 남자에게 사랑받지 못하면 번식 불가능→생존 불가능→죽음의 공포(생존과 직결)로도 이어진다는 거예요. 즉, 사랑받지 못한다는 건 죽음의 공포와 맞닿은 공포예요. 성별을 뒤집어도 마찬가지예요. 남자가 여자의 사랑을 받지 못해서 유전자를 퍼뜨리지 못하는 건 죽음의 공포와 맞닿아 있어요.

"좋아요. 감정 수용 훈련을 시작할 건데, 어떤 감정이든 허용하겠다고 선언해주세요. 글로 쓰셔도 좋고, 명상 상태로 하셔도 좋고, 말로 하셔도 좋아요."

자기 수용 기록 中

도무지 내 안에 무엇이 있길래 하는 연애마다 이 모양인지 알 수 없지만, 어떤 마음이든 허용하겠습니다. 내가 몰랐던, 외면했던, 다양한 기억과 감정들이 올라와서 매우 힘들 것이라고 하지만, 지금 현실도 어차피 너무 힘들고 두렵기 때문에 다 감수하겠습니다. 내 마음을 정확하게 파악하고 제대로 봐주기 위해서 노력하겠습니다. 나 자신을 위해서, 나 H를 위해서.

어떤 감정이든 수용하겠다는 선언은, 불편한 감정을 맞이해서 도망치고 싶은 순간에 도움이 돼요. 선언을 한다고 해서 완전히 직면만을 할 수 있게 되는 건 아니지만, 어떤 감정이든 수용하겠다는 선언을 했기 때문에 수용할 마음가짐을 다잡을 수 있죠.

H 님은 자신의 감정을 잘 들여다보지 못했던 사람이어서, 현재 고민과 삶, 그리고 솔직한 감정을 매일 일기장에 기록하는 것부터 시작했어요.

자기 수용 기록 中

SNS를 보니, 예전에 사귀었던 남자친구가 결혼을 했다. 뺏긴 기분이 들었다. 헤어진 지가 언젠데. 어처구니가 없어서 앱을 삭제

했는데, 다시 앱을 깔고 들어갔다. 이게 뭐 하는 짓인지 모르겠다. 처량하다.

걷지도 못하던 시절에 본 친구 딸 OO가 벌써 초등학교에 입학한다고 한다. 너무 놀랐다. 세월이 벌써 그렇게 됐다고? 아니, 내 또래들은 벌써 초등학생 자녀를 둔 엄마라고? 난 뭘 한 것일까. 나도 평범하게 가정 꾸려서 살고 싶었는데….

혼자서 피자를 시켜 먹고 있는데, 친구가 전화를 했다. 그러더니 솔로가 최고라며 즐기라고 한다. 이 친구는 유부녀다. 순간, "그래 결혼하고 애 키우면 혼자서 이런 자유는 절대 못 즐기지"라고 맞장구를 쳤는데 너무 비참했다. 나는 이런 자유를 원한 적이 있나? 강제로 주어진 자유 같다. 난 내가 꾸린 가족이랑 먹고 싶은데.

"아버지와 어머니는 관계가 어떠셨어요?"
"음…, 아빠가 은근히 엄마를 무시해요. 뭐랄까…? 자신보다 낮은 사람 취급하듯이요. 엄마가 무슨 말을 하면 아예 대답을 안 하실 때도 많아요. 회사에서 받은 스트레스를 엄마한테 푸는 건 당연하고요. 한번은 엄마랑 외가댁을 싸잡아서 '무식한 집안'이라고 한 적도 있어요. 아빠가 사업도 여러 번 말아먹었거든요? 그래서 엄마가 엄청나게 고생했어요. 저 같으면 아내한테 너무 미안할 것 같은데, 아빠는 언제나 뻔뻔했어요. 지쳤다면서 일도 안 하고 종일 집에서 게임만 할 때도 있었고요. 그리고 엄마를 통해서 시댁에 효도하길 원해요. 엄마는 시집살이도 엄청 고되게 했는데…. 말하다 보니 저희 아빠 최악이네요. 왜 몰랐지?"

놀랍게도 정말 모를 수가 있어요. 어릴 때부터 봐와서 너무 익숙하니까 판단할 기준이 없으니, 그냥 그런 줄 아는 거예요. 하지만 인식하지 못해서 '모른다'라고 여길 뿐 무의식에서는 모든 걸 다 알고 있어요. 그렇기에 '모른다'라고 넘겨버린 감정들이 무의식에 쌓여버린 것이죠.

"아빠가 그런 식으로 엄마를 무시하실 때마다 엄마는 어떻게 반응하셨어요?"

"아무 말 안 했어요. 그냥 다 듣고 계셨어요."

"그럼 H 님의 반응은요?"

"저도 그냥… 별생각이 없었어요. '아빠 왜 저래?' 이 정도로만 여겼던 거 같아요. 심각하게 생각해본 적이 없어요."

"또 기억나는 거 있어요?"

"아, 한번은 엄마가 마트에서 장을 보다가 어떤 아줌마랑 시비가 붙은 적이 있어요. 엄마가 지나가다가 쳤나? 저희 엄마는 소심해서 싸우는 건 못하거든요. 죄송하다고 몇 번을 말했는데, 상대방 아줌마가 엄마한테 엄청 막말을 했대요. 사소한 트러블일 뿐인데 엄마가 처음 보는 아줌마한테 쌍욕을 듣게 된 거죠. 너무 놀라고 속상한 마음에 엄마가 집에 와서 가족들한테 이 얘기를 했는데, 아빠가 바로 그 아줌마 편을 들더라고요. 그때 엄마는 아무 말도 안 하고 방에 들어가셨어요.”

H 님의 아버지는 아내인 H 님의 어머니를 무시하고 하대해요. 그걸 보고 자란 H 님 안에는 어떤 무의식이 생길까요? ‘남자는 여자를 하대하는 존재다, 여자는 남자의 사랑을 받을 수 없다, 여자는 남자에게 버림받지 않으려면 화가 나도 참아야 한다’ 같은 관념들이 생겨요. 그러나 본인은 눈치채지 못하죠. 무의식 깊숙한 곳에 자리 잡은 관념이니까요. 그리고 이런 경우에는 ‘여자로서 사랑받고 싶은 마음’이 올라올 때마다 스스로에게 이런 마음은 당연하다며 자연스럽게 허용하는 게 어려워요. 왜냐하면 인생에서 처음 경험한 ‘여자라는 존재’가 엄마인데, 엄마가 사랑받는 모습을 보고 자라지 못했기 때문이죠. 그렇기에 ‘여자로서 사랑받고 싶은 마음’이 올라올 때마다 H 님도 모르게 무의식적으로 공격성과 두려움이 올라오는 거예요. 지금까지의 모든 연애는 그 공격성과 두려움을 보여준 것이고요.

“여자로서 사랑받고 싶은 마음, 그리고 남자에 대한 무의식을 H 님과 H 님 어머니가 공유하고 있어요. 한 여자로서 자기 자신에 대해서, 그리고 남자들에 대해서 어떤 마음이 드는지 솔직하게 들여다보시겠어요?”

자기 수용 기록 中

나는 엄마랑 달라! 엄마는 당당하지 않고 참고 살지만, 나는 당당하고 할 말 다 하고 살아. 엄마는 늘 주눅 들어 있지만, 나는 아니란 말이야!

처음에는 이렇게 엄마와 자신은 아예 다르다며 저항하는 마음이 올라왔어요. 하지만 이 마음도 그대로 받아들이다 보면 서서히 다양한 마음들이 올라와요.

자기 수용 기록 中

아빠가 저런 식으로 엄마를 대하는 게 너무 불편해. 엄마를 그런 식으로 대하지 마! 자식들 보는 앞에서 면박 주고 무시하지 말란 말이야! 왜 다른 아줌마 편을 들어? 생각해보면 아빠는 항상 그런 식이야. 왜 가족이 아니라 생판 남의 편을 드냐고! 뭐? 너네 엄마 같은 여자랑 결혼한 걸 후회한다고? 그걸 엄마가 듣고 있는데, 자식들 보는 앞에서 할 소리야? 생각이 있는 거야, 없는 거야? 그리고 할머니랑 고모들은 왜 엄마를 못 잡아먹어서 안달이야? 그렇게 평생 고생시켰으면 됐잖아. 이럴 때 아빠가 나서서 못 하게 해야지, 왜 더 부추기고 지랄이냐고!

"아빠한테 이렇게까지 감정이 격하게 올라온 건 처음이었어요. 왜냐하면 내심 엄마를 왜 무시하는지 이해가 됐었거든요. 사실은 저도 엄마를 답답해하고 무시하고 있었던 거예요. 그런데 아빠한테 너무 화가 나서, 이 감정을 해소하는 중에 아빠한테서 전화가 왔는데 안 받았어요. 목소리도 듣기 싫어서요. 그렇게 분노하는데 갑자기 저 자신을 비웃는 느낌이 들었어요."

자기 수용 기록 中

너 진짜 웃긴다. 이제 와서 아빠 탓하는 거야? 그러는 넌 아빠가 엄마한테 그런 식으로 무시하고 하대할 동안 뭐 했는데? 말리기나 했어? 너도 아빠 무섭고, 아빠한테 사랑받고 싶으니까 찍소리도 못 하고 있었으면서 뭘 이제 와서 엄마한테 왜 그랬냐고 화내는 거야? 너도 은근히 엄마 무시했었잖아!

그리고 이 마음은 곧 엄마를 향했죠.

자기 수용 기록 中

엄마도 너무 답답해! 왜 아무 말도 못 하는 거야? 아빠가 저렇게 막말을 하고, 무시하고, 대놓고 다른 사람 편을 드는데 왜 언제나 참는 거야? 답답해 죽겠어. 엄마가 계속 참으니까 아빠가 저러는 거 아니야! 그러니까 무시당할 만하다며 자식들한테도 은근히 무시당하고 있잖아, 지금! 왜 자꾸 참는 거야? 왜!

여기까지 직면한 H 님은 마음 하나를 마주했어요.
'절대 아빠 같은 남자 만나기 싫어.'
"아빠 같은 남자 만나기 싫고, 엄마같이 살기 싫은 마음에는 풀어줘야 할 두려움이 깔려 있어요. 뭐가 가장 두려워요?"

"아빠 같은 남자 만나서 엄마처럼 고생할까 봐, 제대로 된 사랑을 받지 못할까 봐 너무 두려워요. 하녀처럼 살까 봐, 세월 낭비할까 봐…."

자기 수용 기록 中

딸은 엄마 팔자 못 벗어나. 그 엄마에 그 딸인데, 네가 무슨 수로 벗어날 수 있겠어? 아무리 용써도 엄마랑 똑같이 살 거야. 네가 안 참고 할 말 다 한다고? 웃기지 마. 늘 참다가 터지고 참다가 터지는 식이잖아. 엄마가 아빠한테 사랑받는 거 보고 자란 것도 아니고, 딱히 아빠한테 사랑받은 기억도 없는 네가 무슨 수로 남자한테 사랑받는 여자로 살아? 네가 아무리 꾸미고 능력을 키워도 본질은 안 바뀐다고. 너희 집 여자들은 사랑받을 수 없고 무시당하는 존재들이라고! 사랑받은 애들은 가만히 있어도 티가 나듯이, 네가 아무리 용을 써도 제대로 된 사랑을 받지 못한 티가 난다고! 어차피 아빠랑 비슷한 사람 만나서 연애하게 될 테니 차라리 혼자가 되어버려! 하녀 취급 당하면서 살 바에는, 참다가 엄마처럼 병이 날 바에는, 그냥 혼자 살아!

H 님의 표면의식(겉으로 드러난 마음)은 괜찮은 남자와 연애하며 행복하고 싶은 것처럼 보이지만 무의식에서는 아니에요. 엄마가 평생 하녀처럼 무시당하는 삶을 봐왔고, 그래서 자신도 그렇게 살게 될까 봐 너무 두려운 마음이 있어요. 너무 두려워서 차라리

혼자가 되라고까지 자신을 협박하지만, 실제 마음은 아빠가 엄마를 무시했던 것이 속상하고 자신도 무시당하는 연애를 하게 될까 봐 두려운 거예요.

H 님에게 아빠란 존재는 엄마를 하대하고, 사업이 망해서 가족들 고생시켜놓고도 뻔뻔하고, 가족보다 타인이 우선인, 문제가 많은 사람이죠. 이런 아빠 같은 남자를 만날까 봐 두려운 마음을 풀어주지 않으니까 다양한 문제가 있는 남자들을 만나게 된 거예요.

그리고 이 두려움 안에는 '존중받고, 사랑받고 싶어'라는 소망이 깔려 있어요. 하지만 엄마처럼 살게 된다면 이 바람을 이루지 못해요. 엄마처럼 살까 봐 두려운 마음을 풀어주지 않았기 때문에 자신을 무시하는 남자들이 현실에서 반복되어 창조된 거랍니다. 엄마처럼 '무시당하는 두려움(아픔)'을 느끼기 싫으니까 엄마처럼 살기 싫은 거예요. 엄마 안에 있는 건, 내 안에도 있어요. 그 두려움을 풀어줘야 현실도 풀려나가요.

참고로, 비슷한 상황이지만 연애 잘하는 사람들도 있어요. 아빠 같은 남자를 만나지 않거니와 엄마처럼 살지도 않죠. 그 이유는, 알든 모르든 자신의 두려움을 피하지 않았고 여자로서 사랑받고 싶은 마음을 수용했기 때문이에요.

H 님은 더 깊이 자신의 무의식을 직면했어요.

자기 수용 기록 中

나는 여자로서 사랑받을 자격이 없는 것 같다. 공주처럼 귀하게 존중받고 예쁨받고 사랑받고 싶은데, 아빠가 엄마한테 그랬듯이 세상 모든 남자들도 날 하대할 것 같다. 내가 만나는 남자들은 모두 언젠가는 날 떠나거나 치명적인 문제가 있을 것만 같다.

너무 무서워. 사랑받지 못할까 봐 너무 무서워. 내가 참지 않으면 모두가 날 떠날까 봐 너무 무서워. 내가 하녀처럼 맞춰주지 않으면 사랑받지 못할까 봐 너무 무서워!

자기 수용을 하다 보면 자신은 생각하지도 못했던 말이 나와서 깜짝 놀라는 사람들이 있어요. H 님도 그런 경우죠. 마지막 문장인, '하녀처럼 맞춰주지 않으면 사랑받지 못할까 봐 너무 무서워'라는 말을 하고는 깜짝 놀랐다고 해요. 자신에겐 이런 마음이 없다고 생각했지만, 사실 이런 마음을 지닌 채 살고 있었던 거예요. 이 마음이 풀리지 않으니, 하나부터 열까지 맞추고 참지 않으면 안 될 것 같은 문제 있는 남자들이 계속 엮인 것이죠.

자기 수용 기록 中

사랑받고 싶어. 그냥 평범하게 사랑받고 싶어. 그냥 여자로서 사랑받고 싶어. 그런데 아무도 날 여자로서 존중해주지 않을 것 같아서 두려워. 난 정말 평범하면 되는데. 다른 특별한 거 필요 없는데. 너무너무 사랑받고 싶어. 너무 외로워. 너무 괴로워….

그동안 자존심 상해서, 그리고 자신의 마음을 들여다보는 방법을 몰라서 외면해온 다양한 마음을 H 님은 몇 달 동안 계속 마주했어요. '난 멀쩡한데 만나는 남자들이 이상한 거야! 운이 없었을 뿐이야!'라고 주장했던 시기도 있었지만, 자기 수용을 통해 자신이 겪고 있는 상황이 어떤 무의식적 패턴 때문인지를 계속 찾으려 했어요. 아빠에 대한 분노, 그런 아빠에게라도 사랑받고 싶었던 마음, 아빠에 대한 두려움도 계속 마주하고 엄마에 대한 답답함, 한심함, 원망, 연민도 마주했어요.

그리고 마침내 실마리가 풀리는 순간을 맞이했어요.

자기 수용 기록 中

엄마랑 맥주를 마셨다. 엄마가 뜬금없이 엄마의 어린 시절 이야기를 꺼냈다. 엄마는 막내딸로, 친언니만 다섯 명 있다. 그런데 알고 보니 엄마 바로 위에 한 명이 더 있었는데 유산되었다고 한다. 외할머니는 유산된 아이가 아들이었을 거라고 한 무당의 말에 좌절했지만, 희망을 품고 다시 임신을 했는데 엄마가 태어난 것이다. 그래서 외할머니와 외할아버지의 실망이 엄청 컸다고 했다. 외할아버지는 외할머니를 아들도 못 낳는 년, 대를 끊으려고 작정한 년이라며 늘 구박했다. 그리고 외할머니는 아무 말도 하지 못하셨다고….

게다가 외할아버지는 결벽증이 심해서 집이 조금이라도 더러운 꼴을 못 봤고, 조금이라도 지저분하면 외할머니를 때렸다고 한다. 그걸 보기 힘들었던 엄마는, 외할머니가 맞을까 봐 늘 긴장하며 온갖 집안일과 궂은일을 도맡아 했다. 그렇게 하면 엄마 아빠가 좋아할까 봐…. 하지만 외할머니, 외할아버지는 돌아가시기 직전까지 엄마에게 냉정하셨다. 그건 외갓집에 갈 때마다 아이인 나도 느낄 수 있었다. 새엄마, 새아빠가 아닌지 의심스러울 정도로…. (중략)

엄마 얘기를 듣는데 눈물이 났다. 지금도 눈물이 난다. 엄마는 부모님 사랑을 전혀 받지 못해서, 원하는 성별이 아니란 이유로 집에서 늘 구박을 받았고, 궂은일을 도맡아 해서라도 사랑받고 싶었던 것이다. 시집살이를 참아낸 것도, 아빠 말에 참은 것도, 엄마가 바보라서가 아니라 참는 것 말고는 방법을 몰라서였다는 게 너무 비참하고 마음이 아프다. 자신을 미워하고 구박하는 부모에게 '사랑해달라'는 말 한마디 하지 못했던 것도, 아빠에게 '나 좀 사랑해줘. 제발 내 편 좀 들어줘'라고 말 못 하는 것도 엄마의 어린 시절과 이어진 것이었다. 내 앞의 60대 엄마가 아니라, 스스로 하녀를 자처해서라도 사랑받고 싶었던 작은 여자아이가 보였다. 너무 서럽고 가슴이 찢어져서 며칠 내내 울었다.

엄마, 얼마나 외로웠어. 얼마나 부모의 사랑이 고팠어. 자식들 앞에서 남편한테 무시당했을 때 얼마나 비참했어. 외할머니와 외할아버지한테서도 구박받고, 피 한 방울 안 섞인 시댁에서도 구박받아서 얼마나 괴롭고 힘들었어. 할 줄 아는 게 참는 거 말고는 없어서 그랬던 게 너무 비참했겠다. 얼마나 사랑받고 싶었을까. 얼마나 사랑받지 못해서 아팠을까. 한평생을, 가족한테도, 시댁에서도, 남편한테도 계속 구박받고 무시당하고….

H 님은 이런 식으로 계속 마음을 쏟아냈어요. 엄마를 무시하는 아빠가 밉고, 아빠에게 무시당하고도 참는 엄마가 한심했는데 그럴 수밖에 없었던 엄마가 이해가 된 것이죠. 아빠가 옳다는 게 아니에요. 하지만 무의식 차원에서 보자면, H 님 어머님은 자기 자신을 하대하는 걸 외부 현실의 '남편'을 통해서 재경험한 것이죠. 그리고 H 님의 내면과 현실에서도 엄마와 공명된 무의식을 재경험하도록, '내 마음을 무시하는 남자들과의 연애'가 펼쳐진 것이고요.

"제 몸뚱이는 그래 봤자 몇십 킬로인데, 제게 쌓여 있는 감정 에너지는 이 몸이 다 담을 수 없을 것 같아요. 저는 그냥 엄마를 한심하게 여기고, 엄마를 너무 무시하는 아빠를 탐탁지 않은 정도로만 생각해왔지 이 정도 깊이의 감정이 제 안에 쌓여 있을 줄 상상도 못 했어요. 저도 모르게 저 자신을 하대하고 있었던 것, 전 남자친구들의 치명적인 단점을 알고도 그냥 넘어가려고 했던 것, 그리고 하자 없는 남자는 왠지 나를 좋아하지 않을 것 같다는 자기 학대적 관념…. 전부 엄마랑 공명하고 있었어요. 그리고 이렇게 한참을 화내고 울며 쏟아내고, 고통을 그냥 받아들이니 이런 마음들이 올라왔어요."

자기 수용 기록 中

아빠, 엄마 좀 예뻐해주세요. 엄마 좀 사랑해주세요. 제발 사랑해주세요. 엄마 좀 행복하게 해주세요. 엄마는 사랑받고 싶어요. 참지 않으면 버려질까 봐 두려워서 참을 줄만 아는 우리 엄마. 엄마는 사실 그냥 사랑받고 싶을 뿐이에요.

"분명히 엄마를 사랑해달라고 하는 것인데 저를 사랑해달라고 하는 것처럼 느껴졌어요. 엄마와 제가 완전히 하나인 것처럼 느껴졌어요."

실제로 무의식에서는 '너'가 없어요. 너와 내가 하나예요. 타인이란 게 없어요. 다 나를 비추는 거울이거든요. 그래서 나를 계속 수용하다 보면 모든 이들이 하나라는 걸 느낌으로 알 수 있게 돼요.

자기 수용 기록 中

제발 저 좀 사랑해주세요. 저는 사랑받고 싶어요. 공주님처럼 예쁨받고 싶어요. 귀하고 소중하게 좀 대해주세요. 괜찮은 남자 만나서 연애도 하고, 결혼도 하고 싶어요. 문제 있는 남자 만나게될까 봐 두려워요. 사랑받지 못하고 버려질까 봐 두려워요. 하녀처럼 살게 될까 봐 두려워요. 저는 사랑받고 싶어요. 행복하게 살고 싶어요….

문제 있는 남자를 만나게 될까 봐 두려운 마음은 H 님이 '멀쩡한 남자가 왜 널 좋아해? 넌 아빠 같은 문제 있는 남자 만나서 엄마처럼 살게 될걸?' 하며 자신을 공격하기 때문이에요. 자기 수용을 할 때 이 '내면의 학대자' 때문에 두렵고 불안하다는 사실을 자각하는 것도 꼭 필요해요.

다시 사례로 돌아가서, H 님은 이 과정을 몇 번 반복했어요. 그리고 엄마를 만나 대화를 나눴죠. 엄마, 참 고생 많았다고. 내가 엄마였어도 참을 수밖에 없었을 것 같다고. 얼마나 두렵고, 또 얼마나 아팠냐고. 엄청 사랑받고 싶었을 것 같다고. 서러웠을 것 같다고. 이렇게 이야기했더니 처음에는 그냥 민망하다는 듯이 웃던 엄마가 쌓인 감정이 건드려졌는지 펑펑 우셨다고 해요. 그러고는 다음 날 연락이 왔대요. 가슴에 있던 돌덩이가 내려간 것처럼 개운하다고요. 그리고 자발적으로 마음공부를 시작하셨어요. H 님은 권하지 않았는데, 이렇게 감정이 풀려난 경험이 좋으셨던 것 같아요.

"이제 더 이상 좋은 남자 만나서 사랑받고 싶다는 생각을 할 때 불편하지 않아요. 저랑 어울리지 않는 삶이라는 생각도 들지 않고요. 그동안 제 소망을 방해하는 마음들을 수용한 덕분인 거 같아요. 그리고 제가 왜 이상한 연애 패턴을 반복했는지도 알게 됐고요. 제가 창조했다는 걸 인정할 수밖에 없네요. 그게 씁쓸하기도 하고, 자유롭기도 해요. 몇 달간 너무 울어서 머리가 아프고 일상생활도 힘들었는데, 개운하네요. 이상해요. 여전히 연애는 하고 싶은데 전처럼 불안이나 집착이 올라오지 않아요. 솔직히 말씀드리면 간절하지도 않아요. 그냥 편안해요. 무의식의 세계는 참 신비롭고, 신기하네요. 어떻게 이럴 수 있죠?"

감정을 받아들이면 받아들일수록 집착이 빠져나가요. 억지로 집착하지 않으려고 노력한다고 해서 내려놓아지지 않아요. 집착할 수밖에 없는 내 불안을 수용하고 나면 알아서 내려놓아지는 거예요. 그토록 연애에 대해 걱정하고 불안해하던 H 님은 감정 수용을 통해 저절로 연애에 대한 집착이 줄어들고 홀가분해진 변화를 참 신기해했죠. 그러면 혼자 있어도 즐겁고, 연애를 해도 즐겁게 할 수 있는 현실이 창조돼요. 그리고 지금은 마음이 넓고 단단한 남성을 만나 가정을 꾸렸답니다.

H 님은 '사랑받고 싶은 여자'로서의 자신에 대한 모든 관념과 감정을 마주했어요. 그리고 그 무의식은 전부 부모님의 영향이란 걸 발견했죠. 같은 성별인 엄마가 느꼈던 '사랑받고 싶지만 두려운 마음, 스스로를 하녀로 취급해서라도 사랑받고 싶었던 비참함'을 있는 그대로 수용했어요. 한심하다며, 자신은 그렇지 않다며 엄마를 한심해했지만 그건 저항이고 부정이에요. 눈앞에 펼쳐진 모든 건 '나'이기 때문이죠.

마침내 엄마가 진심으로 이해되고, H 님이 느꼈던 것이 엄마가 느꼈던 것과 공통된 무의식에서 나온 것임을 인정하자 현실이 풀리기 시작한 거예요. 자신을 하대해서라도 버림받고 싶지 않았던 그 아픔, 참는 거 말고는 할 줄 아는 게 없었던 그 아픔 말이에요. 그렇게 해서라도 사랑받고 싶었던 마음을 공격하지 않고 있는 그대로 수용할 수 있게 된 거죠.

여자로서 사랑받고 싶은 마음은 생존과 직결되어 있는 '본능'의 영역이랍니다. 사랑받으면 생존, 버려지면 죽음이라 여기니까요. 여러분은 '여자로서 사랑받고 싶은 마음'을 얼마나 수용하고 있나요?

자기 수용 이후 H 님의 소감

상담 일지를 함께 읽어보며 '어머, 내가 이랬었구나…' 하고 감회가 새로웠어요. 개구리 올챙이 적 생각 못 한다고, 분명 제게 있었던 일인데 너무 멀게 느껴져요.

한 가지 소식을 전해드리자면, 요즘 아빠가 엄마를 무시하지 않아요. 처음에는 엄마를 대하는 말투가 조금씩 바뀌더니 이제는 엄청 다정하진 않더라도 적어도 하대하진 않으세요. 장난도 많이 거시고요. 저희 엄마도 마음공부 하신 지 좀 되셨거든요. 이게 참 안 바뀔 때는 막막하고 답답한데, 막상 각 잡고 자기 수용 제대로 하면 무조건 바뀌어요. 마음공부를 얼마나 오래 했는지는 하나도 중요하지 않더라고요. 자신을 얼마나 제대로 수용하고 있는지가 중요한 거였어요. 모든 분들이 경험하시길 바라요. 여자로서 사랑받는 삶, 남자로서 사랑받는 삶을요.

H 님의 자기 수용 팁

제 팁은, 아주 자세하게 그리고 솔직하게 직면하는 것입니다. 아빠 같은 남자를 만날까 봐 두려운 마음, 엄마처럼 살까 봐 두려운 마음이 있다면 불편하더라도 꼭 직면해보시고, 그 마음을 가감 없이 표현해보세요. 왜 아빠 같은 남자를 만나기 싫은지, 왜 엄마처럼 살기 싫은지, 나는 어떻게 살고 싶은지, 그 소망을 가진 자신을 나는 어떻게 바라보는지를 말이에요.

미니 미션

연애가 잘 풀리지 않는다면

(사례에 공감하는 분들을 위한 미션입니다.)

1. 나는 '여자로서 사랑받고 싶은 나'를 어떻게 생각하고 있나요?

2. '남자 혹은 아빠' 하면 떠오르는 것을 작성해보세요(떠오르는 이미지, 생각, 감정 등). 남자에 대한 관념이 엄마의 관념과 겹치는 점이 있나요?

3. 여자로서 사랑받고 싶어하면 어떤 일이 생길까 봐 두려운지 써 보세요.

4. 어떤 사람을 만나 어떤 사랑을 하고, 어떤 사랑을 받고 싶은가요? 사랑받고 싶은 마음을 솔직하게 써보세요.

4 절대 유능해지면 안 되는 아이

B 님은 아무리 도망쳐도 '무능'이라는 족쇄에서 벗어날 수 없다며 저를 찾아왔어요. 어떤 노력을 해도 결국 자신의 무능 앞에서 좌절하는 현실이 반복된다고 했지요. B 님은 삼수를 했지만 결국 원하는 대학에 들어가지 못했어요. 회사도 원하던 곳은 다 떨어지고, 그다지 마음에 들지 않는 곳에 겨우 합격해서 다니게 되었죠. 입사한 뒤에는 무능한 상사의 일까지 도맡아 하느라 스트레스를 받았고, 자신의 공을 인정받기는커녕 자존심을 깎아내리는 말을 듣기 일쑤였어요. 다른 곳으로 이직을 했지만 아무리 애를 써도 어딜 가든 1년 이상 버틸 수 없게 되자, 포기하고 퇴사를 하는 상황이 계속됐어요. 무능한 상사를 만나고, 자신이 무능한 사람 취급받는 게 너무 힘들었던 것이죠. 결국 B 님은 자신이 회사랑 맞는 사람이 아니란 결론을 내리고 개인 사업을 준비하기로 마음먹었어요.

B 님은 10대 때 꽤 공부를 잘했었고, 자신에 대한 주변의 기대

도 높았어요. 하지만 지금은 친구들과 연락을 하지 않고 지낸 지도 오래됐다고 해요. 친구들을 만나면 주눅이 들기 때문이었죠. 다들 자리를 잡아서 잘살고 있는데, 자신은 하던 사업 준비도 그만두고 아르바이트만 전전하는 게 창피하다고 했어요. 막상 퇴사하고 나니 사업을 준비할 엄두는 안 나고, 당장 생활비는 필요하니까 아르바이트를 시작했는데, 그 상태가 지금까지 이어지고 있는 것이었죠. 주 3일 근무라 나머지 생활비는 부모님에게 용돈을 받고 있었어요.

"개인 사업에는 정말로 관심이 없어요? 아니면 어차피 안 될 것 같으니까 포기한 거예요?"

"퇴사할 명목이 필요했어요. 집에는 제가 뭘 준비한다고 말을 해야 걱정을 덜 하실 테니까. 그래서 개인 사업을 준비할 거라고 했죠. 그런데 사실 아무것도 하지 않고 있어요. 그냥 아르바이트만 할 뿐이에요. 그러고 보니 그렇네요. 10대 때부터 계속 실패해서 그런지 '나는 안 된다'라는 마음이 깔려 있는 것 같아요. 해보고 싶은 일은 있는데, 시도도 못 하겠어요. 너무 먼 세상 이야기 같아서요. 그리고 너무 무기력해요. 뭘 할 힘이 나지 않아요. '어차피 소용없는데 뭐 하러 에너지를 써?' 이런 생각도 크고요."

"부모님의 경제적 상황은 B 님께 용돈을 드려도 괜찮은 정도인가요?"

"아니에요. 저희 부모님도 경제적으로 넉넉하시지 않아요. 이제 제 나이도 곧 마흔인데…, 오히려 제가 도움이 되어야 할 판에 저도 제가 왜 이러는지 모르겠어요."

"B 님이 가장 원하는 현실은 뭐예요?"

"좋은 회사에 들어가서 자리를 잡거나 사업에 성공해서 가족들이 절 자랑스럽게 여겼으면 좋겠어요. 그리고 돈 걱정 없이 살고 싶고요. 친구들 앞에서도 당당하고 싶어요."

받아들이기 힘들 수 있지만, 현실에서 펼쳐지는 건 전부 내면의 반영이에요. 계속해서 자신의 무능함을 마주할 수밖에 없는 현실도, 형편이 넉넉하지 않은 부모님께 용돈을 받는 현실도, 모두 자신의 내면이 그대로 펼쳐진 것이죠.

이 내면이 무엇인지 알려면 부모님, 특히 딸 같은 경우에는 엄마와 공명하는 무의식을 찾아내는 게 큰 도움이 돼요. 가족과 관련된 마음을 찾기 전에, B 님은 현재 시점에서 올라오는 마음을 먼저 마주했어요.

자기 수용 기록 中

나는 아무 힘이 없다. 아무것도 할 힘이 없다. 너무 무기력하다. 지금도 뭐 하는 짓인지 모르겠다. 이걸 한다고 해서 내가 바뀔까? 잘 모르겠다. 난 내가 원하는 걸 절대 가질 수 없다. 남들은 쉽게 얻는 걸 난 절대 못 갖거나 미친 듯이 노력해야만 겨우 얻는다. 그게 너무 지치고 아무것도 안 하고 싶다.

이런 내가 너무 한심하고 증오스럽다. 나이가 몇인데. 언제까지 이렇게 살아야 하나 싶어서 너무 막막하다. 도대체 언제까지 부모님께 용돈 받으면서 살래? 내가 용돈을 드려야 할 상황인데, 언제까지 이렇게 기생충처럼 살 거냐고.

내 인생의 전성기는 10대 때 잠깐 공부 잘했던 거, 그게 처음이자 마지막이다. 그 이후로는 모든 게 실패의 연속이다. 너무 두렵다. 너무 창피하다. 너무 한심하다. 남들은 다 버티는 걸 난 왜 못할까. 남들은 다 견디는 걸 난 왜 못 견딜까.

"사회생활을 시작하면서 갑자기 올라온 감정이 아니에요. 가족 관계에서 해결되지 않은 감정이 현실에서 계속 반복되는 거예요. 가족에 대해 자세히 말씀해주실래요?"

"엄마 아빠, 저, 남동생 이렇게 네 식구예요. 엄마는 아니라고 하지만, 동생이랑 저를 엄청 차별하셨어요. 외가도 친가도 아들, 아들 노래를 부르는 집안이라 이해가 안 되는 건 아니에요. 하지만 해도 너무했어요. 엄마는 어릴 때부터 제가 갖고 싶어하거나 하고 싶어하는 건 잘 안 들어줬어요. 들어줘도 싫은 티 팍팍 내면서 겨우 해주거나요. 그런데 동생한테는 안 된다고 하는 걸 본 적이 없어요. 어릴 때는 그냥 동생이니까 그런가 보다 했는데 성인이 되어도 똑같더라고요. 제가 잘하는 건 당연한 거고, 동생이 잘하는 건 집안의 경사가 되는 분위기였어요. 제가 뭘 실수하거나 모르면 대역 죄인, 멍청한 사람 취급받고 제 동생이 실수하거나 모르면 '그럴 수도 있지, 우리 애기~' 하는 식이었죠.

엄마는 저랑 동생을 보는 눈빛부터가 달라요. 동생은 없는 형편에 빚 내서 유학까지 보내줬어요. 동생은 지금 잘나가요. 하는 일도 다 잘되고, 결혼도 잘했어요. 진짜 저와는 인생이 극과 극이에요. 제가 유일하게 잘한 게 공부였는데, 입시에 실패한 뒤부터 모든 게 다 꼬였어요. 당연히 서울대 갈 거라고 믿고 있다가 기대가 무너져서 집에서 사람 취급도 못 받았죠. 동생은 우리 집의 자랑이고 저는 우리 집의 수치, 이런 느낌이에요. 아빠는 딱히 차별하는 분은 아니에요. 워낙 무심하기도 하고요."

열 손가락 깨물어서 안 아픈 손가락은 없겠지만 더 아프고 덜 아픈 손가락은 있어요. 차별 역시도 하고 싶어서 하는 게 아니라 무의식적으로 그냥 하게 되는 것이죠. 하지만 차별받는 입장에서는 정신적 폭력이 돼요. 특히나 보호자와 피보호자의 관계에서는 더욱이요. 자식에게 부모란 자신의 생존권을 쥔 세상 그 자체니까요. 차별받은 자녀는 자신을 '나는 사랑받을 가치가 없는 존재'라고 여기게 되고, 그 마음을 세상에 투영하면서 사랑받지 못하는 현실은 반복해서 창조돼요.

B 님의 무의식에서 남동생은 실수해도 되고, 잘 몰라도 되고, 원하는 건 무엇이든 가질 수 있고 엄마의 사랑을 받는 존재예요. 그러나 B 님 자신은 실수하면 안 되고, 잘 몰라도 안 되고, 원하는 건 가질 수 없고 엄마의 사랑을 받지 못하는 존재예요. 그리고 이 마음을 세상과 자신으로 연결해요. '이 세상은 B라는 사람이 원하

는 건 절대 주지 않는다. B는 이 세상의 사랑을 받지 못하는 무능한 존재다. B는 실수해도 안 되고 몰라도 안 된다. B는 무능한 모습을 보이면 버림받는다' 이런 식으로요. 결국 무의식대로 현실을 살아가게 되는 거예요.

가이드를 들은 뒤, B 님은 며칠 동안 가족에 대한 자신의 마음을 들여다보는 작업을 했어요.

자기 수용 기록 中

참담하다. 가족의 영향이 있을 거라고 생각은 했지만 이 정도일 줄은 몰랐다. 너무 오래된 기억을 강제로 열람한 기분이다. 흐린 눈으로 살았던 모든 나날이 명확하게 보인다. 내가 받은 차별은, 내가 나를 쓸모 없고 무능한 존재라고 여기게 만들었다.

어릴 때부터 나는 마치 집에 없어도 되는 사람인 것 같은 기분이 들었다. 내 가족은 나만 빼면 완벽해 보였다. 가족들이랑 있을 때도 은근히 불편했다. 나는 있으면 안 될 곳에 있는 불청객 같았다. 가장 편해야 하는 게 가족 아닌가? 생각해보면 난 어딜 가나 그랬다. 학교에서도, 학원에서도, 회사에서도 내가 있으면 안 될 곳에 있는 불편함을 느끼며 살았다.

엄마에게 난 늘 덜 중요한 사람이었어. 내 생일은 자주 잊어도 동생 생일은 항상 기억하고 챙겨줬지. 내가 뭘 하고 싶다고 하면 쓸데없는 일에 시간 낭비하지 말란 식이었지만, 동생이 원하는 건 그게 무엇이든 지원해줬어. 나는 당연히 잘해야 하고, 잘하는 게 기본이어야 하는 사람, 동생은 못해도 되고, 못해도 예쁨받아 마땅한 사람.

나는 없어도 되는 거야? 나는 이 집에 없어도 되는 사람이야? 왜 나를 덜 사랑해주냐고, 덜 예뻐해주냐고 묻지도 못했어. 그냥 그게 당연한 줄 알아서. 그런데 당연한 게 아니잖아. 똑같은 자식이잖아. 엄마는 어른이잖아. 그런데 어떻게 이럴 수 있어. 아빠는 몰랐던 거야 아니면 모른 척하고 싶었던 거야? 아빠도 똑같아. 방관자야.

엄마를 죽이고 싶다. 엄마가 너무 밉다. 동생도 죽이고 싶다. 동생이 너무 밉다. 동생만 없었으면 내가 사랑받고 살 수 있었는데. 쟤가 태어나서 모든 게 엉망이 된 거잖아. 죽여버리고 싶다. 다 없어져버렸으면 좋겠어.

감정 해소를 하다 보면 그 감정과 연결된 어린 시절 기억이나 장면이 떠올라요. 가족에 대한 마음을 하나씩 보던 B 님도 어린 시절 기억이 문득 떠올랐어요.

"제가 어릴 때, 아빠는 늘 일 마치고 나서 술을 드시고 오셨어요. 일이 잘 안 풀리는지 술을 마시고 오는 날이 잦아졌고, 그것 때문에 엄마랑 자주 싸웠어요. 싸움이 격해질 때면 아빠는 집에 있는 물건들을 부쉈어요. 그런데 어느 날은 엄마가 더는 못 참겠다며 짐을 쌌어요. 아빠가 출근했을 때 말이죠. 그때 엄마는 동생 손만 잡고 나갔어요. 저는 보이지도 않았던 거 같아요. 몇 달 뒤에 돌아온 엄마는 제게 아무런 사과도, 설명도 하지 않았어요. 잊고 있었던 기억인데 갑자기 떠오르네요."

감정을 직면하는 일은 쉬운 작업이 아니에요. B 님도 감정을 직면하는 게 매우 힘들어서 잠시 쉬는 시간을 가졌어요.

자기 수용 기록 中

엄마 제발 가지 마. 날 두고 가지 마. 나 여기 있잖아. 나도 데리고 가야지! 왜 동생만 데리고 가는 건데. 아빠 술 먹으면 다 때려 부수는데…. 그러면 나는? 공포에 떨고 있어도 괜찮다는 거야? 나 너무 무서워. 제발 나만 혼자 두고 가지 마. 나도 엄마가 필요해. 나도 엄마가 있어야 해. 제발 나도 데려가. 엄마, 나 너무 무서워.

미친년 아니야? 저런 걸 엄마라고 내가 평생 같이 살았다고? 내가 아빠한테 맞아 죽든 말든 상관없다 이거야? 그랬으면 나한테 사과를 했어야지. 설명이라도 했어야지. 어떻게 동생이랑 놀고 있는데 동생만 쏙 데리고 나갈 수가 있냐고! 네가 그러고도 엄마야? 죽어버려, 그냥. 엄마 자격도 없는 게.

B 님 무의식에는 엄마에 대한 분노, 불안, 서러움, 아픔이 전부 다 해소되지 못하고 쌓여 있는 상태였어요. 그래서 나약한 어린 아이가 되어 울다가 갑자기 분노하고는 했죠. 이상한 게 아니에요. 학대받은 유기견이 낑낑대고 울다가 갑자기 이빨을 드러내며 공격성을 보이는 것과 같아요. 우는 것도, 이빨을 드러내는 것도, 전부 다 아파서예요. 너무 마음이 아파서. 겉으로 보이기엔 확연히 다른 감정 같지만, 뿌리는 아픔이에요.

자기 수용 기록 中

너는 엄마한테 버려진 앤데 세상이 널 안 버리겠어? 널 직접 낳은 엄마도 널 안 예뻐하고 인정해주지 않는데 네가 어디 가서 예쁨받고 인정을 받겠어? 넌 뭘 해도 안 돼. 절대 안 돼.

B 님은 이런 자기 공격성을 발견하다가, 왜 자신이 무능의 굴레에서 나올 수 없는지도 알게 됐어요.

"엄마가 절 가장 예뻐해줬을 때는, 제가 10대 때 계속 공부를 잘했을 때예요. 동네방네 제 자랑을 하고 다녔죠. 그래서 저는 제가 유능해지면 사랑받으니까, 유능해지는 걸 원한다고 생각했어요. 그런데 감정 해소를 하다 보니 아니란 걸 알게 됐어요."

자기 수용 기록 中

절대 유능해지면 안 돼. 절대 행복해지면 안 돼. 절대 잘 살면 안 돼. 그러면 내 상처는? 나 하나도 안 괜찮단 말이야. 너무 서럽고 비참하고 아프단 말이야. 엄마한테 아무런 설명도 사과도 못 받았단 말이야. 엄마한테 버려졌을 때 얼마나 무서웠는데. 내가 행복해지고 유능해지면 내 상처가 다 묻힐 거 아니야. 유능해지기 싫어. 잘나기 싫어. 엄마가 너무 미워. 엄마가 너무 싫어. 복수할 거야. 엄마가 제일 좋아하는 게 내가 공부 잘하는 거니까, 난 이제부터 절대 공부 안 할 거야. 엄마가 좋아하는 건 아무것도 하지 않을 거야!

감정 해소를 하다 보면, 표면의식으로는 인지하지 못하는 마음들이 입 밖으로 나오는 경우가 흔해요. 나도 모르게 튀어나오는 진심, 무의식 깊숙한 곳에 묻혀 있던 마음이에요. 그러니까 B 님은, 엄마에게 복수하고 싶은 마음이 있었던 거예요. 아픔을 알아주기 전까지는 절대 행복해지지도 유능해지지도 않겠다고 협박하는 내면아이가 버티고 있었던 것이죠.

자기 수용 기록 中

너 따위가 어떻게 유능해져? 꿈 깨. 넌 그냥 무능한 인간 그 자체야. 무능하게 태어났어. 그러니까 사랑 못 받지! 그러니까 뭘 해도 안 되지!

그리고 자신을 이렇게 공격하는 마음도 있었던 거예요.

유능해지지 마. 혼자 알아서 잘하는 애 취급받으며 살았는데, 유능해지기까지 하면 더욱 거들떠보지 않을 거야. 그러니까 무능하게 살아. 돈 벌지 마. 무능해져서 엄마 아빠한테 용돈 받으면서 살아. 그렇게 해서라도 보살핌을 받아. 사랑을 받아!

"이 나이 되도록 용돈 받는 게 수치스러웠는데, 사실 저는 그걸 원하고 있었다는 걸 알았어요."

표면의식으로는 무능한 게 싫고 유능해지고 싶다고 주장했지만, 무의식에서는 유능해지기 싫은 거였어요. 차별당한 아픔, 사랑받지 못한 아픔, 버려졌던 아픔을 봐주기 전까지는 절대 행복해지지 않을 거라는, 엄마와 자기 자신을 향한 복수심을 가진 거였죠. 그리고 용돈을 받는 것 또한 혼자서 알아서 잘 해냈기에 방치되었다고 생각하니까 무능해져서 용돈을 받아서라도 사랑받고 보호받는 느낌을 얻고 싶었던 거예요.

이렇듯 표면의식과 무의식은 거의 반대일 때가 많아요. 내가 원하는 대로, 생각하는 대로 삶이 흘러간다면? 표면의식과 무의식이 일치한 상태예요. 그러나 내가 원하는 대로, 생각하는 대로 삶이 흘러가지 않고 있다면? 표면의식과 무의식이 불일치한 상태인 것이죠. 이렇게 마음은 끝이 없는 양파 같아요. 까도 까도 계속 나오죠. B 님은 이렇게 자신의 마음을 계속 직면해나갔어요.

자기 수용 기록 中

내가 엄마를 얼마나 좋아하는데. 얼마나 사랑하는데. 날 그렇게 버리고 가서 내가 얼마나 마음이 아팠는데…. 아무도 나보고 괜찮은지 물어봐주지 않아서 나 너무 외롭고 서러웠어. 너무 아팠어. 마음이 너무너무 아팠어.

나도 동생만큼 사랑받고 싶다. 나도 동생만큼 예쁨받고 싶다. 그러지 못해서 참담하다. 그러지 못해서 마음이 너무 아프다.

나는 엄마가 원하는 걸 다 해주고 싶어, 엄마가 행복할 수 있다면. 그런데 엄마는 내가 뭘 가져다줘도, 뭘 해줘도 만족하지 못할 것 같아. 그냥 내 존재 자체가 엄마를 충족시켜줄 수 없는 사람이라서. 동생은 숨만 쉬어도 엄마를 행복하게 해줄 수 있는 유능한 존재지만, 나는 아무리 애써도 엄마를 만족시킬 수 없는 존재니까.

사랑받고 싶어. 사랑받지 못해서 너무 아파. 가슴이 너무너무 아파.

무능해져서 버려질까 봐 두려운 줄 알았는데 그게 아니었어. 버려진 이유가 내가 무능해서인 것 같아서, 그게 너무 아팠던 거였어. 세상의 아무 쓸모도 없는 존재라서 버려진 거 같아서 그게 너무 아팠던 거였어. 그래서 내 무능함을 마주할 때마다 또 버려질까 봐 도망가고 무너진 거였어.

B 님은 감정 해소를 하는 도중 어두운 방에서 혼자 웅크리고 있는 한 아이가 떠올랐다고 해요. 엄마가 B 님만 두고 집을 나갔을 때, 방에 남겨진 어린 시절의 B 님이었죠.

자기 수용 기록 中

B야, 너무 무서웠지? 엄마가 너만 버리고 그렇게 가버려서 너무 서러웠지? 엄마한테 버림받아서 너무 속상하고 마음이 아팠지? 아무도 네 아픔을 헤아려주지도, 궁금해하지도 않아서 너무 외로웠지? 너는 이 기억 속에서 한평생을 곪고 있었는데, 내가 너무 늦게 발견했지? 너무 늦게 너를 찾아와서, 미안해.

날 두고 가지 마! 나 혼자 두지 마!

늘 자신에게 냉정하기만 했던 B 님은 자기 수용 과정을 통해 모든 마음을 있는 그대로 마주했어요. 그리고 마침내 너무나 보살핌이 간절했던 어린 시절의 자신을 마주하여 그 마음을 이해해줬죠. 누군가 해주길 기다렸지만, 사실 마음을 알아주는 것은 내가 내게 해줘야 했던 것이었어요.

그렇게 시간이 흐르고, B 님은 용기를 내서 엄마에게 문자를 보냈어요.

"엄마는 기억할지 모르겠지만, 어릴 때 엄마가 집 나갔을 때. 그때 동생이랑 나랑 놀고 있었는데 엄마는 동생만 데리고 집을 나갔어. 그리고 몇 달 만에 돌아와서는 아무런 상황 설명도 사과도 없었지. 엄마도 사정이 있었겠지. 하지만 난 아직까지도 마음이 너무 아프고 힘들어. 그 기억 때문에 난 아직도 사람들한테 버려질까 봐 눈치 보고 주눅 든 채로 살아가고 있어. 그리고 한평생 엄마는 동생을 바라볼 때랑 나를 바라볼 때 아예 다른 눈빛이었어. 엄마는 아니라고 하지만 나는 항상 차별받는다고 느껴왔어. 같은 자식인데 어떻게 그럴까 싶었지만, 엄마한테서 또 버려질까 봐 더는 묻지 못했던 거야. 갈등 상황이 싫기도 했고. 이 말을 하기까지도 너무 힘들었어. 이제 와서 말하면 무엇하나, 엄마한테 용돈 받는 주제에… 이런 마음이 올라와서 너무 비참해. 그런데 말 안 하면 내가 정말 죽을 것 같아. 엄마한테 이해받고 싶고 사과받고 싶어. 나는 정말 많이 힘들었거든. 그때 엄마는 사정이 있었다고 해도 어른이었지만, 나는 그때 너무 어렸어."

B 님의 엄마는 문자를 읽었지만 답이 없었어요. 이런 경우는 많아요. 그래서 이때 많은 사람들이 좌절하죠. 당연해요. 또 버려진 기분이 드니까요. B 님은 이때 올라온 감정을 버리지 않고 고스란히 느껴줬어요. 완전히 버려진 비참함, 아픔, 두려움 같은 마음들을 계속 수용해나갔죠.

"감정을 수용할수록, 너무 아프고 힘들지만 왠지 모를 시원함이 느껴졌어요. 너무 두렵고 아픈데 막상 그 안에 들어가서 수용하다 보면 갑자기 고요해지는 느낌이요. 엄마가 답이 없어서 너무나 좌절했지만, 그 좌절 속에서 올라오는 감정들을 다 수용하니까 덤덤해지더라고요. 이건 괜찮은 척하는 것과는 달랐어요. 그리고 잠을 못 자다가 푹 자고 일어난 것처럼, 안개가 걷힌 기분이 드네요. 마음이 아픈데도 괜찮을 수가 있더라고요.

이 상태가 굉장히 신기했는데, 갑자기 전에 일하던 회사에서 연락이 와서 다시 같이 일해볼 생각이 없냐고 묻는 거예요. 얼떨결에 그러겠다고 해서 일하고 있는데, 회사 분위기가 완전히 달라졌어요. 저를 대하는 태도도요. 존중받는 기분이 들어요. 연봉 조건도 굉장히 좋고요. 너무 이상해요."

B 님은 감정 수용을 통해 버려진 아픔, 버려질까 봐 두려운 마음 등 결국 사랑받지 못한 아픔에서 파생한 여러 감정들을 전부 다 수용해줬어요. 그러니 자신이 수용한 만큼 변화된 현실을 마주하게 된 거예요. 우연처럼 보여도 세상에 우연은 단 한 톨도 없어요. 현실은 정확하게 내면을 보여주거든요. 거울이 우연히 다른 걸 비출 수 없듯이요.

"제 생일에 엄마가 연락이 왔어요. 둘이서 밥 먹지 않겠느냐고요. 기분이 이상했어요. 너무 좋지도, 그렇다고 너무 싫지도 않았고…. 그래서 알겠다고 했죠."

B 님의 어머니는 B 님에게 많은 이야기를 했지만, 간략하게 요

약하자면 이런 사과의 내용이었어요.

'엄마가 답장을 하지 않았던 건, 생각할 시간이 필요해서였어. 처음에는 너무 당황했어. 왜 옛날 일을 지금 와서 꺼내나, 그때는 나도 힘들었는데. 왜 이런 날 이해해주지 못하나… 이런 생각들이 올라왔어.

하지만 시간이 지날수록 옛날에는 미처 보지 못했던 것들이 기억나더라. 항상 너보다 네 동생을 챙긴 일. 그래, 엄마도 참 인정하기 힘들지만 차별해온 게 맞았어. 엄마도 왜 그랬는지 모르겠다. 네가 서운할 만하다.

그리고 그날은, 변명 같겠지만 네 아빠가 너를 절대 때리지 않을 거라는 걸 알고 있었어. 네 아빠 버릇 고쳐주려고 나갔던 거야. 그런데 너까지 데리고 가면 혼자 남겨진 네 아빠가 너무 비참할까 봐, 어린 동생 대신 너는 두고 갔던 건데…. 그게 네게 이렇게까지 큰 상처로 남게 될 줄은 몰랐어. 왜 너는 당연히 날 이해해줄 거라고 생각했을까. 첫째여서였을까? 너도 어린아이였는데. 엄마가 너무 미안하다.'

"저희 엄마는 고집이 엄청 세고 본인의 잘못을 인정하는 걸 자존심 상해하는 스타일이에요. 그래서 이대로 엄마가 답장이 없으면 정말 끝일지도 모르겠다는 각오까지 하고 있었죠. 그런데 엄마가 저렇게 말해줘서 정말 놀랐어요. 진짜 내 마음 하나 수용하면 모든 게 뒤집히는구나…. 이해가 되더라고요. 그 미안하단 말이 한평생 너무 듣고 싶었나 봐요. 감정 수용했을 때만큼 서럽게 눈물이 나더라고요."

그리고 두 분 모두 펑펑 우셨다고 해요.

나중에 알게 된 이야기로, B 님의 외할머니와 친할머니는 너무나 간절히 아들을 원했었다고 해요. B 님 어머니 역시 집에서 구박을 받았었고요. 그래서 B 님 어머니는 아들을 못 낳을까 봐 너무 무서웠다고 해요. 얼마나 구박을 받고 멸시를 받을지, 얼마나 사람 취급을 못 받을지 너무 걱정되고 무서웠던 것이죠. 어머니는 남동생이 태어나준 덕에 구박받지 않았다고 생각해서 자신도 모르게 차별을 한 것 같다며 또 사과하셨어요.

내 감정을 먼저 해소하고 나면 반드시 엄마의 내면아이를 마주할 시간이 주어져요. 엄마의 내면아이를 마주할 마음의 여유가 생겼기 때문이죠. 그러면 억지로 용서하려 하거나 이해를 하려고 하지 않아도, 저절로 이해가 된답니다. 여기서 엄마가 저절로 이해된다는 말이, 앞으로는 엄마와 마찰이 없거나 미움이 생기지 않는다는 뜻은 아니에요. 사랑과 이해가 커진 만큼 엄마에 대한 원망이나 미움이 올라올 때도 그대로 인정할 수 있게 된다는 거예요.

사랑받지 못한 아픔, 사랑받고 싶은 마음, 버려질까 봐 두려운 마음, 버려져서 아팠던 마음, 버려진 자신을 무능한 사람 취급해 온 아픔, 아픔을 보기 전까지는 절대 유능해지지 않을 거라고 협박했던 마음 등. 모든 마음은 수용하면 반드시 원래 모습인 사랑으로 회복돼요. B 님 역시도 감정을 수용한 만큼 사랑이 회복되어 무언가를 할 힘이 생긴 거예요. 그래서 일이 재밌어지고, 엄마와의 관계도 개선된 거죠.

"제가 제 마음을 수용하지 않은 채로 엄마의 이야기를 들었다면 그냥 변명으로 들렸을 것 같아요. 딸인 저보다 아들인 동생을 사랑한 것이라고만 생각했는데, 엄마가 그럴 수밖에 없었던 게 이해가 되더라고요. 물론 딸의 입장에서는 너무 억울하긴 하지만요. 엄마도 차별하고 싶어서 한 게 아니란 걸 알았어요. 아들을 못 낳으면 죄인 취급하는 분위기에서 얼마나 무서웠겠으며, 남동생이 태어났을 때는 또 얼마나 안도했을지….

저는 그 시절을 살아보지 않아서 잘 모르지만 여전히 남존여비 문화가 남아 있잖아요? 그 시대 때는 더했겠죠. 엄마가 동생만 데려간 것도 이해가 되더라고요. 정말 집을 나가려는 게 아니었고 아빠를 혼쭐내기 위해서였으니 한 명은 두고 간 거였는지, 아니면 동생이 더 어리니까 혹은 동생을 더 사랑해서 데리고 간 것인지, 저랑 동생 둘 다 먹여 살리기엔 막막해서 그런 것인지는 알 수 없지만, 그냥 이해가 됐어요. 이게 사랑인 걸까요? 도무지 이해하기도 싫고, 이해할 수도 없었던 엄마의 입장이 그냥 이해가 되는 게 정말 신기해요. 물론 여전히 너무 서러워요. 그때 생각만 하면 아직도 울컥해요. 하지만 그럴 수밖에 없던 엄마의 아픔도 이해가 돼서, 이제 원망스럽거나 전만큼 아프지는 않아요."

자기 수용 기록 中

그때 엄마가 널 버리고 간 게 아니래. 아빠랑 너를 완전히 버리고 갈 생각이었던 게 아니라, 아빠 버릇 고쳐주려고 나갔던 거래. 그런데 너까지 데리고 가버리면, 아빠가 버릇을 고치는 방향으로 가는 게 아니라 아예 버려졌다고 생각할까 봐 너는 두고 간 거였대. 아빠가 너를 때리지 않을 거라는 걸 알고 있었기 때문에. 그때의 엄마 판단이 옳은지 아닌지를 떠나서, 널 사랑하지 않아서 너만 두고 간 게 아니란 걸 알려주고 싶어. 진실이 어떻든 네 입장에서 네 감정은 항상 옳지만, 버려졌다는 기억으로 괴로운 것이니 바로 잡아주려고 해. 버려진 것 같아서 아픈 마음이 올라올 때면 내가 항상 네 아픔과 함께 있어줄게. 하지만 기억해줬으면 좋겠어. 넌 버려진 아이가 아니라는 것을.

"어쩌면 그때 너무나 놀라고 좌절했던 제게, 누군가 다가와 저렇게 설명해주길 바랐던 것 같아요. 제가 제 감정을 해소하고 저렇게 말해주고 달래주니까 마음이 사르르 녹더라고요. 너무 신기했어요."

B 님은 자신을 사랑하지 않아서 엄마가 버리고 갔다는 기억을 바로잡아주는 글을 자주 썼다고 해요. 엄마를 미워하지 못하게 하거나 감정을 없애려는 의도가 아니라 왜곡된 진실을 다시 알려주고 싶었던 것이죠.

그리고 동생이 태어나지 않았으면 내가 사랑받았을 것이라며 동생이 차라리 죽어버렸으면 좋겠다고 생각했다던 B 님은 나중에는 '동생이 태어나준 덕에 엄마가 구박을 안 받은 것이구나' 하고 생각하니 동생에게 고마움까지 느껴졌다고 해요. 동생이 죽어서 사랑을 독차지하고 싶었던 마음과 동생 덕에 엄마가 구박받지 않은 것에 대한 고마움의 공존을 받아들이니 자유로워졌고요.

조금 더 시간이 흘러 B 님은 본인이 원하는 분야에서 1인 브랜드를 만드는 부업을 시작했어요. 여러 우여곡절이 있었고, 두려움도 몰려왔지만 모두 다 수용하며 해냈어요. 혼자 하는 작은 사업이고 이제 막 시작한 단계라며 쑥스러워했지만, 얼마나 큰 변화인가요?

그리고 엄마와는 친구처럼 자주 통화를 한다고 해요. 예전에는 상상도 못 할 일이죠. 회사를 다니자마자 부모님에게서 경제적으로도 완전히 독립했고요. 하지만 여전히 가족에 대한 서러움과 원망이 불쑥불쑥 올라온다고 해요. 무능해질까 봐 두려운 마음 역시도요. 그럴 때마다 B 님은 기꺼이 불편함을 감수하기로 하고 그런 마음을 고스란히 수용해주고 있어요. 그러면 아니나 다를까 마음의 현실도, 눈앞의 현실도 자유로워진대요.

자기 수용 이후 B 님의 소감

자기 수용 초반은 엄청나게 힘들어요. 몸도 지치고 여기저기가 아파요. 감정 에너지가 나가면서 몸 반응이 오는 것이라는데, 저는 되게 힘들었어요. 죽을 것 같은 공포와 비참함과 아픔 때문에 일상생활에 지장을 줄 수도 있고요. 하지만! 그래도 추천합니다. 나 자신과 내 마음과 내 현실이 완전히 바뀌는 일이기에 저는 다시 돌아가도 또 할 거예요. 지금 현실이 정말 행복해서요.

B 님의 자기 수용 팁

자기 수용을 했더니 갑자기 제가 엄청나게 아름다워졌다거나, 벼락부자가 되었다거나, 엄마가 동생보다 절 훨씬 더 사랑한다거나 하는 반전은 일어나지 않았어요. 그러니 너무 큰 환상이나 집착은 실망만 가져올 거라는 불편한 진실을 먼저 말씀드리고 싶어요. 하지만 결국에는 마음이 참 편하고 자유로워져요. 내가 내 마음 하나 수용해주는 게 이토록 큰 자유를 가져다줄 거라고는 상상도 못 했어요. 여러분도 꼭 경험해보시면 좋겠어요.

미니 미션

무기력함에서 벗어나기가 어렵다면

(사례에 공감하는 분들을 위한 미션입니다.)

1. '무기력하고 무능한 나'에 대해 어떻게 생각하고 있나요?

2. 무기력과 무능에서 벗어나고 싶나요? 바로 떠오르는 대답을 써보세요.

2-1. 벗어난다면 나는 어떻게 살고 싶은지 써보세요.

2-2. 벗어나기 싫다면 벗어나기 싫은 이유를 써보세요.

3. 이대로 무기력하고 무능한 나로 살면 어떤 일이 생길까 봐 두려운가요? 글을 쓰고 나서 그 두려운 감정에 가만히 머물러보세요.

5 돈이 무서운 엄마와 나

E 님은 자신이 돈에 대해 겪는 불편함이 엄마에게서 비롯된 것 같다며 저를 찾아왔어요. 돈이 들어올 때든 나갈 때든 마음이 너무 불편하고, 아무리 열심히 돈을 모아도 자꾸만 부족하단 느낌이 들었죠. 그리고 돈이 충분히 있음에도 자신이 원하는 걸 하지 못하는 상황이 발생했어요.

자신의 이런 모습이 엄마와 비슷하단 걸 알게 되자, 엄마에 대한 불편함이 극도로 커졌어요. E 님의 어머니는 아파도 병원비가 무서워서 병원에 가지 않고 참다가 병을 키운 적이 많고, 항상 '비싸다', '돈 아깝다'라는 말을 입에 달고 살았다고 해요. 좋은 걸 선물하고 싶어도 한사코 거절하고요. 심지어는 생일에 여행을 가자며 다 계획해뒀는데 돈 아깝다며 절대 안 가겠다고 버티는 바람에 무산된 적도 있었어요.

그리고 E 님이 어릴 때 학원에 가고 싶다고 하면 "학교에서 말고 추가로 뭘 꼭 배워야겠니?"라고 하고, 무언가를 갖고 싶다고 하면 "그걸 꼭 가져야겠니?"라고 말했다고 해요. 그래서 어느 순간부터 E 님은 하고 싶은 것도 갖고 싶은 것도 없는 사람으로 살았어요. 하지만 사실은, 하고 싶은 것도 갖고 싶은 것도 없는 게 아니라 '없어야 할 것 같은 나'로 살아간 것이죠.

"돈에 대해서 생각나는 대로 말씀해주세요. E 님에게 있어서 돈은 어떤 존재인가요?"

"돈이요? 전 돈이 너무 좋아요. 돈을 사랑해요. 너무 갖고 싶어요!"

현실의 변화를 누리려면, 먼저 표면의식과 무의식의 간극을 이해할 수 있어야 해요. 많은 내담자가 '난 돈이 좋아!'라고 말하지만 무의식으로 들어가보면 전혀 아니에요. 실제로 무의식에서 '난 돈이 좋아!' 하고 돈을 허용하는 마음이 있다면 돈에 대해 자유로운 현실이 펼쳐져요. 하지만 표면의식으로 '난 돈이 좋아!'라고 해도 현실은 돈에 대한 불편함을 느끼도록 창조된다면? 무의식은 돈을 밀어내고 있다는 걸 뜻해요. 돈을 밀어내고 있다는 사실을 인정하고, 그에 관련된 마음을 풀어줘야 표면의식과 무의식이 일치해서 현실이 풀리는 방향으로 창조가 이루어져요.

"그래요? 그런데 돈에 대한 현실은 어떻죠?"

"숨이 막혀요. 아무리 벌어도 자꾸 비어요. 돈에 대한 다양한 세미나를 들어도 '아, 좋다' 하고 그때뿐이에요. 사실 부자의 삶은 먼 세상 이야기처럼 느껴져요. 돈이 나가도 숨 막히고, 들어와도 숨 막히고…. 돈의 눈치를 보는 노예로 살고 있어요.

그리고 제가 엄마를 병원에 모시고 가느라 거의 주 2회는 엄마를 만나는데, 그때마다 '돈을 아껴야 한다, 돈 무서운 줄 알아야 한다' 항상 이렇게 말씀하세요. 평생 들은 말이라 별생각이 없었는데 요즘에는 들을 때마다 화가 너무 많이 나서 어떻게 해야 할지 모르겠어요."

"우선 E 님이 돈에 대해 갖고 있는 마음을 솔직하게 써보는 게 좋겠어요. 처음에는 표면의식으로 쓸 테지만 계속 쓰다 보면 돈에 관련된 진짜 마음이 나올 거예요."

자기 수용 기록 中

난 돈이 좋다. 돈이 있으면 무엇이든 할 수 있으니까. 돈이 제발 나에게 왔으면 좋겠다.

난 부자가 되고 싶다. 돈에 벌벌 떨면서 살고 싶지 않다. 구차하고 비참하게 살고 싶지 않다. 돈이 들어올 때든 나갈 때든 마음이 자유롭고 편했으면 좋겠다. 상상만으로도 행복하다.

이렇게 돈에 대한 자기 마음을 들여다보다 E 님은 마침내 깊숙하게 숨어 있는 마음을 발견했어요.

자기 수용 기록 中

돈이 너무 싫다. 제발 그냥 꺼져버렸으면 좋겠다. 돈 때문에 내가 하고 싶은 것도 못 했고, 참아야 했다. 돈이 드는 일이면 엄마는 항상 한숨을 쉬었다. 돈이 너무 밉다.

내가 하고 싶은 게 돈이 드는 일이면 미움받을까 봐 너무 무섭다. 어릴 때 엄마가 했던 말이 자꾸 생각난다. 내가 원하는 게 돈이 드는 것일 때면 엄마는 항상 그걸 꼭 해야 하느냐는 식으로 눈치를 줬다. 그래도 내가 하고 싶다고 하면 나는 눈치 없고 나쁜 딸이 되는 것만 같은 기분이 들었다. 그래서 어느 순간부터 나는 하고 싶은 것도 갖고 싶은 것도 없어야 하는 사람처럼 살았다. 난 마치 내가 물욕이 사라진 사람인 것처럼 여기며 살았는데, 그게 아니었다. 내가 갖고 싶은 게 얼마나 많은데…. 돈이 있어도 못 쓸 것 같으면 애를 낳지를 말든가. 도대체 왜 낳은 건데!

돈이 너무 싫고 짜증 나. 돈이 무서워서 저러고 있는 엄마를 보는 것도 숨 막히고 싫어. 너무 답답해.

E 님은 돈이 좋다고 했지만 사실은 돈을 엄청나게 무서워하고 미워하고 있었어요. 그래서 그 후에는 일상에서 돈과 엄마에 대한 자신의 반응을 잘 살펴보고 기록해보길 권했어요.

"며칠 전에 가족끼리 식당에 갔어요. 비싼 집도 아니에요. 그냥 평범한 갈비탕집이었죠. 그런데 엄마는 어김없이 메뉴판을 신경질적으로 넘기면서 '여긴 왜 이렇게 비싸니?' 하시는 거예요. 한숨을 푹푹 쉬면서요. 평소 같으면 엄마를 달래거나 엄마가 원하는 대로 나가서 다른 저렴한 식당에서 먹자고 했을 텐데 그날은 너무 화가 났어요. 가족들은 익숙하게 엄마 눈치만 보고 있었지만 저는 참을 수가 없었어요. '엄마! 요새 음식값은 전부 1~2만 원이 기본이야. 우리가 돈이 없는 것도 아니잖아! 엄마랑 식당에 올 때마다 창피하고 불편해서 미치겠어. 밥 한 번 편하게 먹어본 적이 없어! 돈돈돈돈돈, 도대체 왜 그러는 거야!' 엄마는 화가 나서 바로 가방을 들고 나가버렸어요. 저도 그냥 제 집으로 갔고요."

자신의 감정을 섬세히 대면하는 작업을 거치다 보면, 전에는 참던 것을 더는 못 참게 되는 상황이 오기도 해요. 그래서 때로는 이런 갈등이 발생하죠. '갈등은 나쁜 것'이라는 관념 때문에 대부분 좋은 게 좋다며 넘기는데, 저는 필요한 갈등이라면 피하지 않는 쪽을 권해요. 특히나 무조건 참고, 하고 싶은 말을 못 하고 살았다면 더더욱 이런 상황이 만들어졌을 때 할 말을 하라고 해요. '더는 참을 수 없어서 터뜨릴 수밖에 없는 나'를 이해할 필요도 있다는 것이죠.

"엄마랑 그런 갈등이 있었을 때 마음이 어땠어요?"

"불편하죠. 저는 원래 이런 거 말 안 해요. 엄마 고집이 장난 아닌 거 아니까요. 일 크게 키우기 싫어서 그냥 참고 넘어가지…. 그런데 시원하기도 했어요. 더는 못 참겠어서 터진 걸 아니까요. 엄마가 저럴 때마다 너무 창피하고 비참하고 싫어요."

감정 수용을 할 때 가장 중요한 점은, 내 마음이 상대방 때문이라고 할 수밖에 없는 '나'를 자각하여 해소해주는 것으로 끝내면 안 된다는 거예요. 일차적으로 상대로 인한 내 마음의 불편을 인정한 후에, 상대가 어떤 내 마음을 건드린 것인지를 봐야 해요.

"엄마가 그럴 때마다 너무 창피하고 비참하다고 하셨는데, 이에 대해서 조금 더 들여다보실래요? 엄마의 행동이 어떤 의미인지, E 님이 왜 그토록 불편한지 말이에요. 우리의 모든 마음은 결국 사랑 아니면 두려움이에요. 더 깊이 들어가서 무엇인지 찾아보는 거예요."

자기 수용 기록 中

1~2만 원에 벌벌 떠는 엄마랑 같이 있으면 덩달아 나도 거지같이 보일까 봐 너무 창피하다. 사람들이 '저 집은 고작 몇만 원도 없는 주제에 밥 먹으러 온 거야?'라고 할까 봐 너무 무섭다. 우리 집 거지 아닌데. 돈 있는데.

돈을 무서워하는 엄마를 볼 때마다 너무 거지 같아서 답답하다.

제발 그냥 먹어. 제발 그냥 가져. 제발 그냥 누려. 왜 전부 다 밀어내냐고. 엄마가 그러니까 나까지 이렇게 된 거 아니야! 엄마가 돈을 그렇게 무서워하니까 나도 이날 이때까지 돈을 불편해하잖아!

"엄마와 E 님은 스스로 부를 누릴 자격이 없다고 생각하고 있어요. 나는 누릴 자격이 없는 사람인데 누리는 상황이 오니까 불편한 거예요. 그러니 누리지 않는 쪽을 택하는 습관이 생긴 것이죠. 그게 음식이든 물건이든 어떠한 기회나 상황이든 말이에요. 이에 대해서 더 들어가볼게요. 떠오르는 기억이 있을까요?"

"자격…. 저는 제가 뭘 원할 때마다 엄마가 눈치를 줬기 때문에 스스로 무언가를 가질 자격이 없는 사람이라고 여긴 것 같아요. 제가 무언가를 원하는 건 엄마를 힘들게 하는 일이고, 그러면 내가 미움받을 수 있다고 여겼으니까요. 엄마는, 잘 모르겠어요. 왜 그러시는지. 엄마는 엄청 사랑받고 자랐다고 말씀하셨고, 아빠도 많이는 아니지만 성실히 돈을 버셨거든요."

'갖고 싶다'라는 마음이 있는데 엄마가 "꼭 가져야겠니?"라고 하면 "응! 꼭 갖고 싶어!"라고 말해야 해요. 하지만 쉽지 않아요. 보통 집안 형편이나 엄마 반응에 따라 참는 쪽으로 가게 되죠. 착한 딸들일수록 그래요. 갖고 싶은 자신의 마음보다 엄마의 입장이나 기분, 집 형편을 생각하느라 참아요. '갖고 싶은 마음'을 버리게 되죠.

하지만 버린다고 그 마음이 사라질까요? 물욕이 없다고 착각할 수는 있지만 버려진 마음은 무의식에 저장되어 현실로 계속 창조돼요. 그러니 E 님이 갖고 싶고, 하고 싶은 게 생겨도 스스로 허용하지 못해서 불편하거나, 그 마음을 허용해서 갖더라도 불편한 마음으로 살게 돼요.

아무리 열심히 벌어도 돈이 왜 사라질까요? 단순히 관리의 문제일까요, 마음의 문제일까요? '돈을 갖고 싶은 마음'이 있는데 '갖고 싶은 마음'을 버려온 습관 때문에 아무리 벌어도 텅 비게 되는 거예요. 단순히 식당에서 일어난 일만 봐도, 엄마가 1~2만 원짜리 갈비탕을 허용하지 못하는 태도로 나오더라도 그냥 먹는 쪽으로 가야 하는데 가족들은 엄마의 반응을 살피느라 눈치 보고 다른 식당을 찾아왔어요. 이런 가족의 모습만 봐도 알 수 있죠. 얼마나 '원하는 마음을 버리는 습관'을 갖고 있는 것인지를요. 저는 E 님에게 이렇게 말했어요.

"내가 원하는 걸 갖겠다고 하면 어떤 일이 일어날 것 같은지 들여다보세요."

자기 수용 기록 中

엄마가 욕했을 것 같다. 돈 아까운 줄 모르는 년이라며 구박했을 것이다. 그러니 욕을 먹지 않으려면 나는 갖고 싶은 걸 참아야 한다. 이제 참고 싶지 않다. 내가 왜 이렇게까지 구질구질하게 살아야 해? 왜 돈만 생각하면 숨 막히는 삶을 살아야 하는 거야? 나는 이렇게 살고 싶지 않아. 나는 엄마처럼 살고 싶지 않아!

엄마처럼 살고 싶지 않다는 딸들은 대부분 엄마처럼 살아요. 겉모습은 엄마와 완전히 다른 길을 택한 것처럼 보일지 몰라도 삶의 형태를 만들어내는 '무의식' 때문에 엄마랑 똑같이 살게 될 확률이 높죠. 이유는 저항했기 때문이에요. 엄마의 모습은 내가 아니라고, 저 무의식은 내가 아니라고 말이죠. 그것까지 받아들일 때 하나의 이슈가 풀린답니다. 하지만 그 전에 자신의 마음을 먼저 해소해야 타인의 마음도 보이기 때문에 언제나 나 자신이 먼저가 되어야 해요.

자기 수용 기록 中

나는 너무너무 갖고 싶다. 너무너무 받고 싶다. 뺏어서라도, 죽여서라도 내가 원하는 걸 갖고 싶다. 갖지 못할까 봐 너무 두렵다.

가질까 봐 너무 두렵다. 내가 원하는 걸 얻을까 봐 너무 두렵다.

"왜 갖지 못할까 봐 두려운 마음과 갖게 될까 봐 두려운 마음이 공존해요? 너무 혼란스러워요."

"갖고 싶은 마음이 있는데 그 마음을 공격하는 마음도 있기 때문에, 공격당한 마음이 두려운 거예요. 그러니 갖고 싶어서 괴롭고, 갖고 싶은 마음을 공격해서 괴롭고, 갖고 싶어하거나 갖게 되면 세상으로부터 미움, 비난, 공격을 받을까 봐 괴로운 거예요."

그래서 자기 자신을 어떻게 공격하고 있는지를 계속 자각하며 분리해야 해요. '자신을 공격하는 나'와 '자신에게 공격당해 두려워하는 나'를 자각하지 못하고 하나가 돼버리면 공격하거나 두려워하는 쪽만 경험하게 되어 불편함만 느끼게 될 뿐, 현실에서 달라지는 건 아무것도 없으니까요.

따라서, 갖고 싶은 마음이 올라오거나 무언가를 가졌을 때 불편하다면 자기 자신을 어떻게 공격하고 있는지 계속 자각하는 연습을 해야 해요. '아, 내가 가지면 미움받는다고 생각해서 갖고 싶어하지 말라고 공격하고 있구나. 그래서 갖고 싶을 때마다 이토록 괴롭고 불편했던 거구나' 하고 자각을 해야 자유로워지는 거예요. 물론 한 번에 되지 않아요. 하지만 여러 번 반복하다 보면 내가 만든 족쇄에서 스스로 괴로워하고 있었다는 걸 알게 됩니다.

자기 수용 기록 中

가지면 안 돼. 그게 돈이든 기회든 물건이든 뭐든 내가 원하는 건 절대 가지면 안 돼. 그러면 엄마가 힘들어져. 그러면 미움받게 될 거야. 나 따위가 이런 걸 누린다고 사람들이 손가락질할 거야! 절대 가지면 안 돼!

엄마, 제발 나한테 눈치 좀 주지 마! 집에 돈이 그렇게까지 없는 것도 아니면서 왜 이렇게 나한테 뭘 해주는 걸 아까워하는 거야? 하긴 엄마는 자기 자신한테 뭘 해주는 것도 그토록 아까워하니까 당연히 자식한테도 주는 게 아깝겠지. 그러니까 자식이 커서 돈 벌어서 뭘 해줘도 받지 못하잖아. 도대체 왜 그러고 살아!

돈이 무섭다. 돈을 너무 갖고 싶다. 하지만 가질 수 없을 것 같다.

계속해서 자신의 마음을 들여다보면, 전에는 인지하지 못했던 마음들을 마주하니까 당황스러울 수 있어요. 그래서 어떤 마음이든 괜찮다는 허용의 태도를 계속 내 안에 새기는 게 중요해요.

E 님은 엄마와 돈에 대한 감정을 해소하는 작업을 하는 동시에, 자기 자신을 스스로 어떻게 대하고 있는지를 계속 자각하고 허용하는 연습도 병행했어요.

"2주간 쉴 일이 있었는데 마침 프리랜서인 친구가 여행을 다녀오자고 제안했어요. 제안을 받자마자 당연히 안 된다는 마음이 올라왔어요. 너무 이상했어요. 제가 평소에 가고 싶었던 곳이고, 돈도 있는데. 왜 안 된다고 생각할까 떠올려보니, 제가 그 여행을 갈 자격이 없다고 생각하더라고요. '여행은 무슨 여행? 그냥 2주간 운동이나 해. 책이나 읽어.' 이렇게 저 스스로를 공격하고 있었어요. 왜 이렇게 공격하는지 들여다보니까, 제 안에서는 '여행=돈 드는 것'이기 때문에 제가 원하는 게 돈 드는 것이면 누리면 안 된다는 두려움이 있었던 거예요. 그래서 그 불편한 마음을 받아들이고 나서 친구한테 가자고 했어요. 그리고 같이 비행기랑 숙소 예약을 했는데, 세상이 갑자기 너무 달라 보이는 거예요. 분명 똑같은 세상인데 조금 더 따뜻하다고 해야 하나? 내가 원하는 것에 스스로 딴지 걸지 않고 허용하는 게 이렇게까지 따뜻하고 행복한 것이구나…. 처음 느낀 것 같아요."

그렇게 E 님은 2주간 여행을 다녀온 뒤에도 계속 자신의 마음을 풀어나갔어요.

그러던 어느 날, 엄마에 대한 한 가지 기억이 떠올랐어요.

"엄마에 대한 원망, 미움, 분노를 계속 수용하고 또 돈에 대한 두려움, 갖고 싶은 마음, 미움을 계속 수용하던 어느 날 어떤 기억이 떠올랐어요. 엄마가 생전 뭐 갖고 싶단 말을 안 하셨던 분인데, 한번은 너무 갖고 싶은 예쁜 빨간 신발이 있어서 외할아버지한테 말했다가 엄청 맞았대요. 그때가 열 살도 되기 전이니까 엄청 어린이였을 때요. 그 이후로는 뭐 갖고 싶단 말을 일절 하지 않았대요…." E 님은 이렇게 말하면서 펑펑 울었어요.

"엄마가 사랑받았다고 주장하는 건, 방어기제 같아요. 무뚝뚝하고 폭력적인 아빠와 꾹 참는 엄마 밑에서 자라서 사랑받지도 못하고 살았는데 계속 자신은 사랑받고 자랐다고 말하는 게 자신의 자존심을 지키는 일인 것 같아요. 전에 들은 바로는 외갓집이 전부 다 딸인데, 아들을 원한 집에서 딸밖에 없다 보니 전부 다 구박받고 살았다고 들었거든요. 그런데 엄마는 자꾸 사랑받았다고 주장하니 뭔가 이상하긴 했어요.

생각해보니, 전에 TV를 보다가 어떤 옷 예쁘다고 했을 때도 아빠가 '사~ 별로 어울릴 것 같진 않지만'이라고 말했거든요. 엄마는 그냥 멋쩍게 웃고는 사지 않았고요. 매번 그런 식이었어요. 그러니까 엄마는, 자신의 아빠한테도, 남편한테도 원하는 걸 받지 못하는 사람으로 산 거네요. 엄마라고 왜 원하는 게 없겠어요. 저렇게 돈에 벌벌 떨면서 살고 싶은 사람이 어디 있겠어요. 엄마도 엄마가 원해서 이렇게 사는 게 아닌 거예요."

자기 수용 기록 中

엄마가 너무 불쌍하다. 엄마라고 왜 원하는 게 없을까. 얼마나 많은 것들을 누리고 갖고 싶을까. 하지만 엄마 역시도 자신이 원하는 걸 받을 자격이 없다고 여겨지는 환경에서 자랐으니 무서웠던 거야. 원하는 그 마음이 무서웠던 거야. 무언가를 원하면, 그래서 가지려고 하면 미움받게 될까 봐, 버려질까 봐 그게 너무 두려웠던 거야. 평생을 그 두려움과 하나 되어 사느라 자신에게 몇만 원짜리 음식도 허용하지 못하는 삶을 산 거야. 우리 엄마가 너무 불쌍하다. 너무 마음이 아프다. 어떻게 저렇게 살았을까. 너무너무 비참하다. 가슴이 찢어진다. 그러니 딸인 내가 무언가를 원할 때마다 두려웠던 거네. 자신의 어린 시절을 투영했을 테니까.

엄마가 원하는 걸 누리고 살았으면 좋겠다. 엄마한테 다 해주고 싶다. 엄마가 풍요롭고 행복하게 누리면서 살았으면 좋겠다.

할아버지가 너무 밉다. 엄마 좀 사랑해주지. 그냥 엄마 좀 사랑해주지….

이런 식으로 E 님은 자신의 마음을 계속 풀어냈어요. 그리고 마침내 깊숙이 묻혀 있던 진심과 마주했죠.

"엄마가 돈에 벌벌 떠는 모습을 볼 때마다 한심하고 불편하고 답답한 게 아니었어요. 사실은 너무 슬픈 거였어요. 엄마가 스스로 이런 자그마한 것들도 허락하지 않는 모습이, 자신이 저렇게 하대하는 게 너무 슬픈 거였어요. 엄마가 행복했으면 좋겠는데, 실컷 누리고 살았으면 좋겠는데 말이에요. 그리고 저는 그런 엄마랑 너무나 닮아서… 엄마를 볼 때마다 저를 보는 것 같아서 더 힘들었던 거네요."

그 후 E 님은 엄마를 만나서 이렇게 이야기했다고 해요.

"엄마가 어릴 때, 신발 갖고 싶다고 하니까 할아버지가 때렸다고 했잖아. 그때 엄마 너무 속상했겠다. 신발을 안 사주더라도, 우리 딸 신발 갖고 싶냐며, 신발을 갖고 싶어하는 마음만 이해해줬어도 좋았을 텐데. 나는 엄마가 1~2만 원에도 벌벌 떠는 모습이 너무 불편했거든? 근데 사실 엄청 슬픈 거였다? 왜 자기 자신에게 그 돈도 허락하지 못하나 싶어서. 엄마가 돈 밑에 엄마 자신을 두는 것 같아서 너무 슬펐어. 이제야 엄마가 이해가 돼. 엄마라고 왜 안 갖고 싶겠어. 왜 안 누리고 싶겠어. 그냥 무서웠던 거야. 나도 그렇고…. 그래서 정말 엄마가 이해가 돼."

E 님의 엄마는 아무 말씀이 없었다고 해요. 그리고 그 이후에도 돈에 벌벌 떠는 건 마찬가지였죠. 하지만 달라진 건 E 님의 마음이에요. 그런 엄마를 볼 때마다 한심하고 답답하고 스트레스받는 게 아니라 그저 '내가 지금 마음이 아프구나' 하고 알아차릴 수 있게 되었죠. 그리고 엄마를 진심으로 이해할 수 있게 되었다고 해요. "엄마, 너무 비싸? 불편해? 어떻게 하고 싶어?" 하며 엄마의 마음을 존중해주기 시작했어요. 엄마 안에 있는 '돈 앞에서 겁에

질린 어린아이'를 대하듯이 말이죠. 전과는 확연히 다른 태도죠. 그리고 자기 수용 작업을 계속했어요. 똑같이 돈에 벌벌 떠는 엄마를 보아도, 올라오는 아픈 마음을 수용할 수 있게 된 거예요.

그리고 4개월이 지나 E 님의 연락이 왔어요.

"지난 4개월 동안에도 계속 자기 수용을 했어요. 엄마를 바꾸고 싶다는 생각이 올라올 때도 있었지만, 다시 알아차리고 제 마음에 집중하면서요. 주 2회 엄마를 보기 때문에 돈에 대한 엄마의 태도를 계속 마주할 수밖에 없는데, 그때마다 제 마음을 계속 봤어요. 그러다 보니 엄마가 저절로 이해되더라고요.

그리고 일주일 전에 무슨 일이 있었는지 아세요? 엄마와 걷고 있는데, 갑자기 엄마가 우시는 거예요. 왜 눈물이 나는지 모르겠다고 하셔서 일단 근처 카페로 들어갔어요. 최근에 엄마가 태어나 처음으로 엄마의 마음을 이해받은 기분이 들었대요. 엄마도 본인이 왜 이렇게까지 돈을 무서워하고 겁에 질렸는지 잘 몰랐고, 그냥 '난 이런 사람인가 보다' 하고 살았는데 요즘 들어 자꾸 자신이 이해받는 기분이 들어서, 그게 좋아서 눈물이 났대요. 그러더니 저녁에 맛있는 소고기를 먹고 싶다고 하시더라고요. 옷이랑 신발도 하나 사고 싶다고 하셨어요. 그래서 봄옷이랑 예쁜 신발도 하나 사셨어요. 그리고 정말 그날 저녁에 소고기 먹었다니까요? 다른 사람들은 '저게 왜?' 할 수도 있지만 우리 집에서는 정말 기적 같은 일이에요.

그리고 엄마가 위가 너무 아파서 계속 병원에 다니신 건데, 최근 일주일 동안 위가 하나도 안 아프시대요. 이게 말이 되나요?"

그 후 E 님도, E 님의 어머니도 자기 자신에게 많은 것들을 허용하는 방향으로 꾸준히 자신을 키워내고 있어요. 지금은 아무리 벌어도 모이지 않던 돈이 모이기 시작하고, 점점 돈을 편안하게 느끼는 삶을 살고 있답니다.

엄마로 인해 발생한 나의 관념과 감정을 풀어내다 보면, 내 마음이 풀린 공간에 엄마가 들어오게 돼요. 도무지 이해되지 않았던 엄마가, 나보다 스물, 서른 살 나이 든 어른으로 보이는 게 아니라 다섯 살 어린아이로 보이죠. 엄마 내면에 있는 아이가 보이는 거예요. 저 아이가 왜 이렇게 될 수밖에 없었는지 그냥 이해가 되어버려. 착한 딸 콤플렉스와는 완전히 다른 것이죠. 자기 자신을 억누르고 참은 채 부모를 이해하는 게 아니니까요. 자신의 마음을 있는 그대로 받아들여서 생겨난 여유 공간에 타인을 이해하는 마음을 낼 수 있게 되는 것이지요.

사랑과 미움은 하나이기 때문에, 미움을 푸는 시기에 생기는 갈등도 아픔도 각오하고 받아들여야 해요. 그렇게 미움이 수용되면 바로 뒷면에 있던 사랑 역시도 고개를 들게 돼요. 나중에는 사랑과 미움이 발생해도 있는 그대로 지켜볼 수 있게 된답니다.

'돈'에 대해 불편한 현실을 경험하고 있다면, '돈'이 아니라 돈에 대한 '마음'을 봐야 해요. 그리고 어떤 '기억' 때문에 돈에 대한 불편한 마음을 반복해서 느끼는 현실을 살게 된 것인지를 마주해야 하죠. 실제로 무언가를 갖느냐 아니냐가 아니라, '무언가를 원하는 마음'을 수용하는 게 '사랑'이에요. 만약 E 님의 할아버지가 어린 E 님 어머니에게 신발을 사주지 않았더라도 신발을 갖고 싶어 하는 그 '마음'을 수용해줬더라면 어머니는 자신의 마음이 받아들여진 '사랑'을 느꼈을 거예요. 하지만 받아들여지기는커녕 매를 맞았으니 버려지는 아픔과 두려움이 커진 것이죠. 우주는 사랑 에너지로 채워진 곳이기 때문에 모든 것의 재료는 사랑이에요. 그렇기에 '돈'에도 '사랑'을 투영하고 있죠. '돈을 원한다'는 건 '사랑을 원한다'인 거예요.

자기 수용으로 하는 무의식 정화는 오로지 내 입장에서 공격받는 자나 공격하는 자 모드로 감정을 해소하는 것만을 뜻하지 않아요. 그건 반쪽짜리 수용, 반쪽짜리 정화이기 때문에 현실도 반쪽만 변하게 될 거예요. 무언가 변했긴 변했는데 속은 시원하지 않고 찝찝한 기분이 느껴지는, 그런 변화요.

완전한 자기 수용으로 인한 완전한 무의식 정화는, 내 마음을 먼저 수용한 후에 내 눈앞의 상대가 '나'임을 받아들이는 거예요. 상대의 '무의식'과 내 '무의식'은 같기 때문에 가족으로 만났다는 것도요. 또한 '도저히 이해가 되지 않아!'라며 저항했던 마음을 지나, 그럴 수밖에 없던 아픔이 저절로 이해될 때 삶은 변해요. 사실 엄마란 존재 역시도 내가 가진 무의식을 보여주기 위해 나타난, '엄마 역할'을 해준 영혼이니까요.

자기 수용 이후 E 님의 소감

제게 돈에 대한 불편한 현실이 반복되는 이유는 전부 엄마 때문이라고 생각했어요. 그래서 마음공부를 할수록 엄마가 너무 원망스럽고 미웠어요. 돈을 무서워하는 엄마를 볼 때마다 너무 많은 스트레스를 받았고요. 하지만 그건 엄마를 '공격하는 자', 저를 '공격받는 자'로 뒀기 때문이더라고요.

우선 '딸'의 입장에서 제 감정을 풀다 보니 점점 엄마가 이해되기 시작했어요. 늘 '도대체 왜 저러고 살아?'라고 생각했는데, 제 마음을 풀고 나니까 '그럴 수밖에 없는 엄마의 아픔'이 이해됐고, 그때부터 정말 모든 게 바뀌었어요. 마음공부를 시작한 덕에 제 마음도 풀고 엄마 아픔도 같이 이해할 수 있게 되어 다행이란 생각이 드네요.

E 님의 자기 수용 팁

돈으로 고통받고 있거나 꼭 돈 때문이 아니라도 도저히 이해할 수 없는 엄마 때문에 괴롭다면, 절대 엄마를 먼저 이해하려고 하지 말고 자기 자신의 마음부터 돌봐주세요. 이기적이라고 느껴지더라도 자신의 마음을 먼저 있는 그대로 돌보다 보면 엄마의 무의식을 받아들일 마음의 공간이 생길 거예요.

그리고 너무 참고 사신 분들이라면, 미움과 갈등을 무서워하지 마세요. 당연히 무섭지만, 필요하다면 마주해야만 풀리는 것들이 있더라고요. 미움을 위한 미움, 갈등을 위한 갈등이 아니라 두려워도 마주해야 할 것들을 마주하기 위해 받아들이는 미움과 갈등이에요. 너무 참지 마세요. 파이팅!

미니 미션

'돈이 있는 나'가 불편하다면

(사례에 공감하는 분들을 위한 미션입니다.)

1. 아래 빈칸을 채워 문장을 완성해보세요.

· 돈이란 내게 ＿＿＿한 존재다.

· 나는 돈이 ＿＿＿했으면 좋겠다.

· 돈만 생각하면 나는 ＿＿＿하다.

2. 1에 완성한 문장을 토대로 돈에 대한 솔직한 감정을 최소 열 문장 이상 써보고, 소리 내서 읽어보세요

3. '돈을 원해도 된다'라고 자신에게 허용해주는 글을 써보세요.

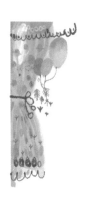

6 결혼하지 말고
자신을 책임지라고 말하는 엄마

　L 님은 자신을 책임져주길 바라는 엄마로 인해 괴로움을 호소했어요. 어린 시절부터 오빠와 자신을 차별해놓고, 커서는 남편 역할과 친구 역할까지 해주길 바라는 엄마가 너무 버겁다고 말했죠. L 님의 엄마는 L 님이 퇴근하고 나면 늘 전화를 하라고 강요했으며, 끊임없이 잔소리를 늘어놓았어요. 게다가 L 님이 독립하는 것을 무조건 반대했어요. 결혼하면 어차피 독립하지 않냐고 했다가, 최근에는 결혼도 하지 말라고 말했대요. "너 시집가면 난 어쩌냐" 하면서 말이죠. 엄마는 홀로 L 님과 오빠를 키웠어요. 그래서 당연히 엄마를 책임져야 한다고 생각하며 살았지만, 점점 지치고 무기력해졌어요.

　집착이 심한 엄마 때문에 4년간 계속 이해해주던 남자친구도 떠나버렸어요. 30대 중반인데, 데이트를 할 때마다 계속 걸려오는 엄마의 전화와 잔소리에 늘 눈치가 보였어요. 엄마가 화를 내서 여행은 꿈도 못 꿨대요. 엄마의 불안과 우울증이 너무 심한 것 같아서 조심히 정신과에 가보길 권했지만 엄마는 "내가 정신병자냐!"며 거절했다고 해요.

L 님의 경우, 엄마를 책임지는 게 버겁기는 하지만 '책임지기 싫은 마음'은 전혀 없다고 했어요. 그래서 일단은 감정을 끄집어내기 위해 '저항 수용 멘트'를 3일 동안 하루 20분씩 크게 소리 내어 읽어보라고 권했어요. 저항 수용 멘트는 다음과 같아요.

· 나는 엄마를 평생 책임지고 살 거야.

· 나한테는 엄마를 책임지기 싫은 마음이 없어.

· 엄마를 책임지기 싫은 마음을 절대 인정하기 싫어.

· 나는 엄마를 버리고 싶지 않아.

· 엄마를 버리고 싶은 마음을 절대 인정하기 싫어.

· 엄마를 책임지기 싫은 마음도, 엄마를 버리고 싶은 마음도 전부 다 나쁜 거야. 절대 있어서도 안 되고, 들켜서도 안 되는 마음이야.

시간이 지난 뒤 L 님을 다시 만났어요.

"어땠어요?"

"너무 눈물이 났어요. 그리고 알았어요. 저렇게 저항하고 있지만 제게는 반대의 마음들도 있다는 걸요."

그래서 '책임지기 싫은 나'에 대해 수용할 수 있도록 '마음 수용 멘트'를 제안했어요.

· 나는 엄마를 책임지기 싫어.

· 나는 엄마를 버리고 싶어.

· 나는 너무 무력해서 아무것도 안 하고 싶어.

· 나는 너무 지치고 지겨워.

· 엄마, 제발 나한테 집착 좀 하지 마.

· 난 엄마의 남편이나 보호자가 아니라 엄마의 자식이야. 엄마가
나한테 이러면 난 누구한테 기대? 난 누가 보호해줘?

· 엄마가 엄마 같지 않아서 너무너무 싫어.

· 내가 왜 엄마를 책임져야 해? 나한테 의존하지 마!

· 내가 왜 엄마 때문에 이렇게 살아야 해?

"해보니까 어떠셨어요?"

"처음에는 계속 마음에서 '아닌데?'라는 말이 계속 올라왔어요.
'엄마가 우릴 어떻게 키웠는데, 내가 이러면 안 되지' 하는 죄책감
도 계속 올라왔고요. 그런데 일주일 정도 됐을 때 갑자기 미친 사
람처럼 나라 님이 주신 멘트 말고도 온갖 욕들이 나오더라고요.
너무 힘들다고, 제발 꺼지라고. 죄책감이고 뭐고 없이 무슨 괴물
이 제 안에서 나와서 말하듯이 쏟아냈어요. 온몸에 땀이 나고, 악
몽도 꿨어요. 너무 힘들었어요."

자기 수용 기록 中

'엄마를 죽여버리고 싶다.' 이런 마음이 올라와서 깜짝 놀랐다.

귀신에 씐 것처럼 내 안에 있던 오래된 괴물이 튀어나온 것 같았다. 정말로 엄마를 죽이고 싶고 엄마를 버리고 싶다는 마음이 올라왔다. 맞다. 난 엄마를 죽이고 싶다. 엄마를 버리고 싶다. 차라리 엄마가 죽어버렸으면 좋겠다. 그러면 이 숨 막히는 집착에서 벗어날 수 있을 텐데. 하지만 무섭다. 내가 이런 마음을 갖고 있다는 걸 세상 사람들이 알면 날 비난할까 봐 너무 무섭고, 어떻게 엄마한테 그런 마음을 가질 수 있냐며 공격당할까 봐 두렵다. 그리고 내가 이런 마음을 품고 있어서 엄마가 죽거나 안 좋은 일이 실제로 일어나게 될까 봐 너무 무섭다.

있어도 되는 마음과 있으면 안 되는 마음이라는 건 없어요. 어떤 마음이든 마음은 그냥 마음이에요. 내가 '받고 싶은 마음'을 수용하지 않으면 그 마음이 쌓였다가 '뺏고 싶은 마음'으로 바뀌고, 그 '뺏고 싶은 마음'도 수용하지 않으면 나중에는 '다 죽여서라고 뺏어버리고 싶은 집착'으로 변해요. 마찬가지로, '엄마를 버리고 싶은 마음', 즉 '엄마에 대한 미움'을 수용하지 않으면 '엄마를 죽여버리고 싶은 마음'으로 에너지가 커지죠. 그래서 어떤 마음이든, 있는 그대로 수용하는 게 가장 중요해요.

자기 수용 기록 中

왜 자꾸 나한테 이렇게 집착하는 거야? 오빠한테나 해. 왜 오빠한테는 찍소리도 못 하면서 왜 나한테만 이렇게 집착하냐고! 엄마의

175

집착이 너무 숨 막히고 짜증 나. 제발 내 인생에서 사라져버려!

엄마 때문에 내 인생이 망했어. 무력감 때문에 아무것도 못 하겠어. 전부 다 엄마 때문이야!

남자친구가 날 떠난 것도 엄마의 집착 때문이야. 나였어도 그랬을 거야! 왜 내 인생을 이렇게 숨 막히게 만드는 건데? 엄마가 너무 싫어. 엄마가 너무 밉고 꼴도 보기 싫어. 그냥 죽어버렸으면 좋겠어. 이렇게 딸한테 집착하는 거 너무 징그럽고 한심해!

억눌려 있던 마음이 터진 L 님은 이렇게 계속 작정하고 올라오는 감정을 쏟아냈어요. 억지로 엄마를 이해하며 참고 사느라 나오지 못했던 마음들이 나오기 시작한 거죠.

"L 님은 그동안 어떤 마음들을 수용하지 못하고 있었던 것 같아요?"

"엄마를 책임지기 싫은 마음이요. 엄마를 버리고 싶은 마음. 이 마음이 제 안에 있다는 걸 알고는 있었지만 나쁜 딸이 되기 싫었던 것 같아요."

나쁜 딸이 되고 싶지 않았다는 것도 맞지만 자세히 들여다보면 더 복합적인 마음들이 얽혀서 존재하고 있어요. 그중 하나는 딸 역시도 엄마를 자기 자신으로 투사하기 때문에, 자신이 엄마를 버리고 싶은 마음은 곧 자신이 버려지는 마음으로 동시에 인식돼요. '나에게 집착하는 엄마' 때문에 괴로운 것도 사실이지만, 무의식 차원에서 풀어보자면 '집착하는 나'를 엄마가 보여주니까 괴로운 거예요.

그러니 우선 처음에 인식되는 자신의 마음을 수용하는 것이 먼저예요. 엄마가 내 무의식을 보여준다는 사실을 인정하는 것은 다음 단계입니다. 일단은 '지금의 나'에 맞게 풀어나가는 게 맞아요.

L 님은 평생 억눌러둔 자신의 마음을 계속 수용해나갔어요.

자기 수용 기록 中

그 잘난 오빠한테나 매달려. 왜 오빠한테는 안 매달리고 항상 나만 붙들고 난리야! 내가 엄마의 엄마야? 남편이야? 친구야? 왜 엄마가 엄마 역할을 못해? 내가 엄마한테 의지하는 게 맞지, 엄마가 나한테 하는 게 맞아? 제발 좀 그만해!

엄마랑 같이 살기 싫다. 엄마를 버리고 싶다.

오빠가 원망스럽다. 내가 오빠랑 똑같은 사랑을 받았어도 이럴까?

"여기까지 쓰니까 갑자기 너무 억울한 마음이 올라왔어요. 저는 정말 차별 많이 받았거든요. 제가 볼 때 엄마는 오빠 눈치를 엄청 봤어요. 오빠는 항상 당당하고 자기 할 말 다 하고, 엄마한테 당연하다는 듯이 다 받아갔어요. 그때마다 엄마는 쩔쩔매면서 다 해줬죠. 그런데 저한테는 다 오빠한테 양보해야 하고, 항상 참아야 한다는 식이었어요.

솔직히 말하면 오빠는 엄마랑 저한테 관심도 없어요. 본인 가정 꾸려서 아주 잘살고 있어요. 엄마는 오빠한테 그렇게 퍼주고도 받은 거 하나 없죠. 그런데 그걸 저한테 요구하니까 문제예요. 결혼도 하지 말라고 하고, 심지어 월급의 반을 갖다 달라고 한 적도 있어요. 진짜 억울하네요."

자기 수용 기록 中

진짜 억울해서 미쳐버릴 것 같다. 절대 엄마를 돌보고 싶지 않다. 엄마를 책임지기 싫다. 오빠한테나 요구해. 엄마를 책임질 사람은 내가 아니라 오빠 새끼니까!

L 님은 이 시기에 퇴근 후 엄마에게 전화를 하지 않았다고 해요. 예전 같았으면 싸울까 봐 무서워서 억지로 했는데, 도저히 못하겠다는 마음이 올라온 거죠. 엄마가 전화를 걸어도 받지 않았고요. 그리고 처음으로 엄마한테 "제발 좀 나한테 집착하지 말라"고 말했어요. 엄마는 "내가 언제 네게 집착했니?"라며 충격을 받았고요.

그렇게 계속해서 올라오는 마음을 계속 해소하고 있던 어느 날

이었어요.

"엄마를 책임지기 싫은 마음, 버리고 싶은 미움을 수용하다 보면 엄마의 무의식이 L 님 무의식이라는 앎에 닿게 돼요. 혹시 어떤 기억이 떠오른 적 있었나요?"

"앎까지는 모르겠지만, 갑자기 이 기억이 떠올라요. 무슨 연관이 있는지는 모르겠지만요. 일단 저는 아빠 없이 자란 거나 마찬가지니까 제게는 엄마가 아빠면서 엄마였어요. 그런데 엄마는 항상 오빠를 우선시하고, 오빠만 챙겼어요. 지금 생각해보면 엄마는 아빠의 빈자리를 오빠를 통해 채웠던 것 같기도 해요. 아빠랑 오빠는 덩치부터 생김새까지 많이 닮았거든요.

어릴 때 오빠가 가만히 있는 제게 시비 걸고 때려도 엄마는 말리지 않고 그 상황 그대로 방치했어요. 제가 따져도 엄마는 '애들끼리 있을 수 있는 장난' 정도로 넘겼어요. 보호해주지 않았죠. 한번은 오빠가 심심했는지 제 머리를 계속 때리길래 방으로 피신해서 엄마한테 전화를 했어요. 그때 전화를 몇십 통을 했는데도 받지 않는 거예요. 그러고는 집에 와서 아무렇지도 않게 왜 전화했냐고 물어서 오빠가 때려서 도와달라고 전화했다고 하니까 피곤하다면서 자러 들어갔어요. 전 이때부터 마음이 식었던 거 같아요. 그래서 엄마한테도 오빠한테도 아무것도 바라지 않게 됐어요."

그동안 L 님이 무엇을 억누르고 살았는지 보이나요? L 님에게 엄마는 아빠이자 엄마, 단 한 명뿐인 보호자였어요. 그런데 L 님은 보호받고 싶을 때 보호받기는커녕 방치되고, 차별을 당했어요. 아무리 도와달라고 해도 시큰둥한 엄마의 반응에 마음을 닫은 L 님은, 그때부터 오히려 바라는 게 없어져서 마음이 편했다고 착각했지만 실상은 전혀 그렇지 않았던 거예요.

L 님은 엄마한테 사랑받고 싶은 마음, 버려진 아픔, 도움받고 싶은 마음, 의지하고 싶은 마음, 즉 엄마가 자신을 책임져주길 바라는 마음이 억눌린 채 성인이 되었어요. 그리고 자신의 억눌린, '날 책임져줬으면 하는 마음'을 엄마가 보여주게 된 것이고요. 계속 L 님에게 자신을 책임져달라고 하니까요. 또한 엄마에 대한 집착을 인정하지 않고 억눌러버리니, '집착하는 엄마'로 L 님의 집착을 보여주는 현실이 창조된 것이죠. 불편한 타인은 내가 인정하지 않은 무의식 속 마음을 그대로 보여주는 역할을 하는 거예요.

여기까지 설명을 들은 L 님은 자신의 마음을 조금 더 깊이 들여다보기 시작했어요.

자기 수용 기록 中

내가 엄마 도움이 필요하다고 했잖아. 왜 나를 방치해? 오빠보다 내가 약한 거 몰라? 오빠는 저렇게 크고 나는 훨씬 더 약하고 어린데. 오빠가 날 때린다는데 어떻게 그런 반응일 수가 있어? 네가 그러고도 엄마야? 너는 엄마 자격도 없어. 그러니까 죽어버려!

내게 엄마가 얼마나 필요했는지 알아? 우리 집은 아빠가 없잖아. 엄마가 아빠이자 엄마잖아. 부모잖아. 날 지켜줄 사람은 엄마밖에 없었는데, 엄마가 그렇게 나를 방치하면 나는 어떻게 해. 누가 날 보호해주냐고!

나는 엄마가 필요해. 너무너무 엄마가 필요해. 나 좀 도와줘. 나 혼자서는 힘이 없어. 너무 무서워. 나는 혼자서 아무것도 못 해. 나는 오빠를 이길 수 없어. 나는 당할 수밖에 없어. 나는 약하단 말이야. 나 좀 도와줘. 모른 척하지 말고 내 편 좀 들어줘. 나 좀 이해해줘.

오빠만 엄마 자식이야? 나도 엄마 자식이야. 그러니까 엄마, 오빠한테만 관심 주지 말고 나한테도 좀 관심을 줘. 오빠만 사랑하지 말고 나도 좀 사랑해줘. 똑같이 사랑해줘.

이런 식으로 사랑과 도움을 구걸해야 한다는 게 너무 비참하다. 거지 같은 굴욕감을 느끼는 게 지옥 같다. 너무 괴롭다.

자기 수용을 할 때는 기록한 내용을 소리 지르며 말하면서 그 감정에 머무는 게 중요해요. 아무리 괴로워도 버티는 것이죠.
"엄마가 저보고 결혼도 하지 말고 엄마 곁에 있으라고 했잖아요. 그런데 갑자기 그 기억이 떠올랐어요. 엄마가 만나는 아저씨랑 재혼을 고려했을 때 제가 절대 재혼하지 말라고 했었어요. 피 섞인 오빠도 저를 때리는데 피 한 방울 안 섞인 아저씨가 절 안 때리겠나 싶어서요. 친오빠가 친동생 때리는 것도 방치하는 엄마가, 새아빠가 절 때리는 걸 방치 안 하겠나 싶어서요. 엄마가 저보고 결혼하지 말라고 하는 게, 그때의 절 보여주는 건가? 복수하는 건가? 이런 생각이 드네요."

자기 수용 기록 中

왜 나보고 결혼하지 말래? 난 내 인생 살아야지. 내 앞길까지 싹 다 막아버릴 셈이야? 엄마는 재혼했으면 안 됐지. 오빠가 날 먼지 나게 팼을 때, 엄마가 날 보호해줬더라면 엄마가 재혼하든 말든 신경도 안 썼을 거야. 아니, 오히려 아빠가 생긴다며 좋아했을지도 몰라. 그런데 오빠가 날 때리는 것도 막지 못하면서 새아빠가 만에 하나라도 날 때리면 그걸 엄마가 막을 수나 있어? 절대 안 되지.

엄마는 절대 재혼하면 안 돼. 날 지켜야지! 날 사랑해야지! 날 보호해야지! 왜 또 엄한 데 엄마 사랑을 쏟으려고 해? 나는? 그럼 나는? 나는 아저씨한테도 엄마를 뺏기고 오빠한테도 뺏기고, 그럼 나는?

오빠를 죽여버리고 싶어. 날 때리는 오빠를 죽여버려야 내가 맞고 살 일 없고, 차별당할 일도 없지.

오빠가 너무 무서워. 나는 엄마한테도 오빠한테도 보호받고 싶고 사랑받고 싶은데, 엄마는 날 방치하고 오빠는 날 공격하니까 이걸 남들한테 들킬까 봐 너무 두렵고 수치스러워. 남들이 내가 사랑받지 못하고 맞고 자란 사람이란 걸 알면 날 무시할 것 같아서 너무 괴롭고 무서워.

"이렇게 계속 감정을 대면하다 보니까 죄책감이 심하게 올라오고 괴로워서 눈물이 나는 동시에 내 마음은 타당하단 생각에 시원해지는 상태가 계속 오르락내리락하면서 머리가 터질 것처럼 아팠어요. 그리고 제가 얼마나 엄마에 대한 원망과 집착이 심했는지, 오빠에 대한 미움이 강했는지도 알 수 있었어요. 전 제 마음을 한평생 얼마나 억누르며 살아온 것일까요."

감정 해소를 하다 보면 양극의 감정이 번갈아가며 계속 올라와요. 상태를 하나로 정의하길 좋아하는 에고는 '그러면 내 마음은 뭐지?' 하며 혼란스러워하죠. 둘 중 하나로만 딱 이해하고 싶은데 두 감정이 계속 올라오니까요. 처음에는 너무 힘들고 혼란스럽지만 이런 상태 역시도 그저 받아들이다 보면 양극의 감정을 느끼는 '나'를 그저 바라볼 수 있는 상태로 가게 됩니다.

"너무 이상한 일이 일어났어요. 일단 감정 해소에만 집중하고 싶어서, 엄마랑 제 마음에 관한 대화를 하진 않았어요. 용기가 안 났던 것도 있고요. 그런데 통화 기록을 보니까 엄마랑 최근에 퇴근 후 연락한 적이 몇 번 없더라고요. 제가 전화를 걸지 않으면 엄마가 화내면서 전화하거든요? 입사 후 저에게 전화하는 걸 단 하루도 거른 적이 없었는데, 너무 신기한 거예요. 이번 달에도 겨우 네 통 했더라고요. 30일 중에 네 통이요. 요즘 무슨 일로 이렇게 전화를 안 했냐고 했더니 엄마가 '그랬나?'라고 하셨어요. 정말 벙쪘죠.

그리고 제가 최근에 동료가 소개해준 남자를 만났는데, 다섯 번째 데이트 때 결혼 전제로 진지하게 만나고 싶다고 했어요. 그래서 엄마한테 이야기를 했는데 엄마가 '너도 결혼해야지~' 이러시는 거예요. 분명히 저 없으면 안 된다는 식으로 불안해하던 엄마였거든요. '내 재혼도 막았으면서 나 버리고 결혼하게?' 하면서 저한테 죄책감을 심어주고 심지어 남자친구랑 헤어질 때 차라리 잘됐다던 엄마는 온데간데없고, 아무렇지도 않게 저보고 '결혼해야지'라고 하시는 것에 너무 충격을 받았어요."

현실 변화란 참 신비롭죠? 어떤 식으로 변할지는 사람인 우리 입장에선 알 수 없지만, 감정이 풀려나가면 현실도 어떤 식으로든 풀려나가게 돼요.

L 님은 많은 나날 동안 고통 속에서 감정 수용을 했어요. 감정을 해소할수록, L 님을 향한 엄마의 집착은 줄어들기 시작했어요. 뿐만 아니라 무력감으로부터도 점점 해방되기 시작했죠. 시간이 흘러 L 님은 용기가 생겼다며 엄마와 대화를 나누었어요.

"어릴 때부터 엄마가 유독 오빠만 훨씬 더 예뻐하는 느낌이 들었어. 그것도 서러운데, 나는 오빠가 날 때린다고, 무섭다고 해도 엄마가 날 도와주지 않고 도움받고 싶어하는 날 귀찮아하는 것처럼 느꼈어. 엄마는 어른이었고 해결해줄 수 있었어. 난 그때 너무 힘이 없는 약한 애였잖아. 그래서 너무 원망스럽고 속상했어. 그래 놓고 다 커서는 오빠한테는 아무것도 요구하지 않으면서 나한테는 바라는 것도 많고 자취도, 결혼도 못 하게 하고 자꾸 집착하는 것 같아서 의아했어. 왜 오빠를 더 사랑하는 것 같은데 바라는 건 나한테 더 많은지, 왜 내가 엄마를 책임져주기를 바라는지….

하지만 엄마 혼자 고생해서 우릴 키운 걸 알기 때문에 난 내 상처는 모른 척하고 엄마를 이해하고 책임지려고 했어. 그런데 모른 척한다고 상처가 사라지지는 않아. 그래서 엄마가 내 상처를 이해해주든 아니든 한 번은 털어놓아야겠다고 생각했어."

L 님의 어머니는 갑작스러운 L 님의 말에 당황했는지 나중에 얘기하자고 했대요. 그리고 다음 날, 장문의 편지를 L 님에게 보냈어요. 요약하자면, 남편이 없으니 아들을 더 든든하게 여기게 되었던 것이고, 그래서 자기도 모르게 차별을 하게 된 것 같다는 것. 그리고 하루 열세 시간을 밖에서 일하고 오니 너무 피곤했고, 그저 흔하게 있는 남매 싸움인 줄 알았지 상황이 그렇게까지 심각했는지, 상처가 고일 정도였는지는 전혀 몰랐다고, 너무나 미안하다는 내용이었어요.

"사과를 받으니 그동안의 마음이 녹는 것 같으면서도 약간 허탈한 마음이 올라왔어요. 허무하다고 해야 하나? 진작에 내 마음을 알아줄걸, 진작 말할걸 하는 생각도 올라왔는데, 제겐 딱 맞는 때가 지금인 거겠죠? 엄마가 오빠한테도 말했는지, 제게 전화해서 사과하더라고요. 별것 아니란 듯이 말하고 비아냥댈 거라고 예상했는데, 진지하게 사과해서 놀랐어요."

L 님은 자신에게 집착하는 엄마에 대한 책임감으로 인해 괴로웠는데, 그 마음을 수용하지 않아서 무력감이 찾아온 거예요. 책임지기 싫고 엄마를 버리고 싶은 미움을 버리고 살았던 것이죠. 그래서 자기 수용을 통해 올라오는 감정들을 하나씩 수용하다 보니, '엄마에 대한 집착'이 어린 시절에 억눌려 있음을 발견했어요. 결국 자신이 수용하지 않고 버린 '엄마에 대한 집착'이 엄마가 딸에게 집착하는 현실로 연출됐던 거예요. 그래서 자신의 집착과 서러움을 수용하고 나니까 엄마가 달라진 모습으로 현실이 바뀌게 된 것이고요.

꼭 이런 경우가 아니더라도, 많은 사람들이 딸에게 많은 것들을 요구하고 집착하는 엄마 때문에 괴로움을 호소하세요. 이때, 가장 먼저 올라온 마음을 먼저 수용해줘야 해요. 하지만 먼저 올라오는 마음은 주로 엄마에 대한 미움, 버리고 싶은 마음, 책임지기 싫은 마음 등이에요. 그러니 죄책감이 올라오는 등 저항이 심하면 저항의 마음을 먼저 받아들여주세요. 그러다 보면 엄마가 어떤 나의 '무의식'을 보여주는지 알게 돼요. 엄마가 살아 있는 경우라면 엄마에게 상처를 털어놓는 것만으로도 깊은 차원에서 치유와 정화가 일어나요. 엄마의 반응이 너무 서운하고 차갑다면 아직 내가 수용할 게 더 남아 있음을 보여주는 것이니, 그때 버림받은 아픔을 수용하면 돼요. 만약 엄마가 돌아가신 경우라면, 혼자 마음을 푸는 것도 좋지만 커뮤니티나 지인들에게 표현해보세요. 상처는 인정하고 드러낼수록 치유가 되니까요.

책임지고 싶은 마음과 책임지기 싫은 마음은 하나예요. 그렇기 때문에 둘 다 수용해야 문제가 생기지 않아요. 책임지고 싶은 마음만 인정하면, 책임지기 싫은 마음은 억눌린 채로 과한 책임감에 사로잡혀 괴로워져요. 책임감으로부터 도망치고 싶은 현실이 반복해서 창조되죠. 반대로 책임지기 싫은 마음만 인정하면, 책임지지 않는 존재 자체가 되어서 아예 무책임한 사람이 되는 현실이 창조돼요. 책임지고 싶은 마음과 책임지기 싫은 마음을 다 수용하면 책임져야 할 때는 책임을 지고, 책임지지 않아도 되는 일에는 굳이 나서서 힘들게 살지 않을 수 있답니다.

감정 수용 이후 L 님의 소감

엄마한테 집착하는 마음이 결국 차별받았다는 서러움, 사랑받고 싶은 마음으로 인한 것이니 그 마음을 수용하는 일이 너무 괴로웠어요. 거지가 구걸하는 것처럼 느껴졌거든요. 하지만 계속 수용해나가면서 나중엔 자식이 부모한테 구걸해서라도 사랑받고 싶은 마음은 당연하다는 걸 인정하니까 제 안의 집착도 풀려나갔는지 엄마의 태도도 완전히 바뀌었어요.

현재는 독립해서 살고 있는데, 엄마와 떨어져 사는 것에 대한 불안이나 엄마를 버리고 나왔다는 죄책감도 없고 엄마도 아무렇지도 않게 받아들였어요. 전처럼 제게 요구하는 게 있거나 집착하지 않으세요. 마치 단 한 번도 그런 적 없는 사람인 것처럼 말이죠. 너무 당황스럽고 얼떨떨해서 세상이 절 두고 실험 카메라를 하는 줄 알았어요.

L 님의 자기 수용 팁

'그냥 괴로워버리자!'가 팁이에요. 괴롭지 않으려고 하니까 저항하고 회피하게 되는 것 같아요. 그냥 괴로워버리기로 결정하고 각오하면 생각보다 빠르게 내면으로 깊숙이 들어갈 수 있고, 또 생각보다 빠르게 수용하게 돼요. 그럼 현실도 생각보다 빠르게 변하는 것 같아요.

미니 미션

엄마가 너무 나에게 의존(집착)하고 있다면

(사례에 공감하는 분들을 위한 미션입니다.)

1. 의존하는 엄마에 대한 내 마음을 솔직하게 써보세요.

2. 엄마가 나에게 의존하지 않는다면 어떨 것 같나요? 열 문장 이상 써보세요.

3. 나는 '의존하고 싶은 나'를 어떻게 바라보고 있나요? 솔직한 마음을 써보세요.

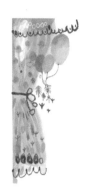

7 난 사랑받고 자랐는데
인생은 왜 안 풀리지?

Y 님은 경제적으로 독립하고 싶지만 그럴 수 없는 상황이 반복
됐어요. 취직을 하면 해고가 되든, 회사가 폐업하든, 괴롭힘을 당
하든 어떠한 이슈로든 짧게 일하고 그만두는 일이 반복됐죠. 작
게 사업을 시작해도 언제나 잘 풀리지 않아서 접어야만 했어요.

이런 패턴이 반복되자 자신감은 바닥을 쳤고, 어느덧 몇 년 동
안 '취준생'으로 살며 생활비나 용돈을 전부 엄마한테 받으며 지
냈어요. 집 형편이 넉넉하지도 않은데 말이에요. 아빠는 아예 Y
님을 포기했다고 해요. Y 님은 그런 자신을 한심하게 느끼지만
거대한 벽이 가로막고 있는 것처럼 앞으로 나아갈 수 없는 현실
이 답답해서 힘들었어요. 마음공부를 해도 딱히 달라지는 게 없
고, 부모님을 뵐 면목도 없어서 집에서는 죄인처럼 살았어요.

언제 취직할 거냐는 질문조차도 사라진 집에서 스스로를 기생
충 같다고 여기며, 더 이상 이렇게 지낼 수 없다는 생각에, 도대체
어떤 무의식 때문에 이렇게 살게 된 것인지 알고 싶었어요.

"무엇이 가장 불편한가요?"

"제 친구들은 벌써 다 결혼해서 아이까지 있는데, 저는 결혼은 커녕 엄마한테 생활비 받으면서 살고 있는 게 너무 한심해요. 얼른 무의식을 바꿔서 취직하고 남들처럼 평범하게 살고 싶어요. 엄마한테 효도도 해야 할 나이인데…. 제가 가장 피하고 싶었던 일이 서른 넘어서 엄마한테 경제적인 지원을 받는 거였는데, 지금 그렇게 살고 있어요."

표면의식으로는 왜 현실이 이렇게 나타났는지 전혀 이해하지 못해요. 하지만 현실은 무의식을 그대로 보여주는 역할만 할 뿐이에요.

"경제적 독립을 원하세요?"

"제일 시급해요."

Y 님은 자신이 경제적 독립을 원한다고 했지만, 내면에서도 경제적 독립을 원하는 게 맞다면 현실은 경제적 독립을 한 것으로 펼쳐져요. 그러니까 경제적 독립을 원하는 것은 표면의식일 뿐, 내면에서는 경제적 독립을 하지 못하게 막는 '무언가'가 있다는 뜻이에요. 그것을 찾는 게 관건이에요. 똑같이 경제적 독립을 하지 못하는 상황이라고 해도, 각자 자신의 무의식에 따라 원인이 다르기 때문에 스스로 답을 찾아봐야 해요.

"어떠한 마음에 저항하면 둘 중 하나가 돼요. 그 마음과 하나가 돼버리거나, 저항하고 있으면서도 저항하는지 몰라서 괴롭거나. 여하튼 저항으로 인한 결과는 둘 다 괴로움이에요. Y 님은 '존재의 무능함'에 저항하다가 결국 '무능한 존재' 자체가 된 경우예요. 면접조차도 볼 수 없는 채로 백수로 지내면서 몇 년째 생활비를 받고 있으니까요. 이것뿐만이 아니라 여러 이유가 포도처럼 주렁주렁 달려 있겠지만, 우선 여기서부터 시작해보자고요. 무능, 열등감 그리고 가족과 관련해서 기억나는 일이 있으면 말씀해주세요."

여기서 우리가 하나 짚고 넘어가야 할 점은, '일부러 그러는 사람은 없다'라는 거예요. 예를 들어서 일부러 열등하고 싶은 사람은 없다는 것이죠. 열등하고 한심하고 무능해서 나이가 들어서도 부모님의 경제적 지원을 받을 수밖에 없는 '나'가 되고 싶은 사람은 없어요. '무의식 속 무언가'가 그런 상황, 그런 나를 만든다는 걸 인정해야 해요.

"이유는 모르겠는데, 어릴 때부터 항상 완벽하지 않으면 안 된다는 강박이 있었어요. 부모님이 제게 완벽을 강요하는 분들이 아니었는데도 말이죠. 그냥 흔한 완벽주의자였던 거 같아요. 그래서 완벽하지 않을 것 같거나 완벽하지 않은 경험이 반복되면 지쳐버렸어요. 내가 너무 무능하게 느껴지니까요."

"'완벽주의'는 잘 포장된 표현이죠. 풀어서 설명하면 '완벽하지 않은 것에 대한 불안함과 저항'이에요. 완벽하지 않으면 어떤 일이 일어날 것 같아요?"

"미움받을 것 같아요. 저를 싫어하고, 한심하게 여길 것 같아요. 엄마는 그런 분이 아닌데도 자꾸 그런 마음이 올라와서 어릴 때부터 눈치 보고 괴로워했어요."

"엄마에 대한 마음과 무능한 자신에 대한 마음을 자세히 들여 다볼까요?"

Y 님은 자신의 마음을 몇 주간 계속 들여다봤어요.

자기 수용 기록 中

완벽하지 않으면 버려질 것 같아서 불안하고 두렵다.

또 취직에 실패할까 봐, 취직해서도 해고되거나 문제가 생겨서 그만두게 될까 봐 두렵다. 그래서 아예 시작도 안 하고 싶다. 시작하는 게 너무 두렵다. 어차피 시작해도 안 된다.

나는 너무 무능하다. 이런 무능한 나로 살아가는 게 견딜 수 없이 괴롭다.

엄마는 나한테 아무것도 강요하지 않고, 통제하려고 하지도 않는데 내가 왜 엄마를 이렇게 힘들게 하는지 모르겠다. 왜 아직까지도 엄마한테서 도움을 받을 수밖에 없는 상황이 생기는지, 엄마의 걱정거리로 존재할 수밖에 없는지 도저히 모르겠다. 막막하다.

일해야지! 당장 일해야지! 왜 아직까지 이렇게 집에서 기생충처럼, 짐 덩어리처럼 살고 있어? 한심해 죽겠어. 나는 무능한 인간

쓰레기야. 그냥 죽어서 없어져야 해!

나도 이렇게 살고 싶어서 사는 게 아니야.

자기 수용을 할 때는 감정을 깔끔하게 정리하면서 기록하려고 하지 말고, 그냥 나오는 대로 쏟아버리는 연습이 필요해요. 아무렇게 말이죠.

"서툴지만 일단 나오는 대로 제 마음을 다 써봤어요. 어떤 날은 아무 마음이 안 올라오고, 또 어떤 날은 너무 슬퍼서 눈물이 나고, 또 어떤 날은 저 자신에게 화가 나고, 엄마한테 미안하고…. 다양한 마음들이 올라왔어요. 그런데 갑자기 감정 해소를 하다가 이런 말이 튀어나왔어요."

자기 수용 기록 中
엄마가 날 싫어하는 거 다 알아. 날 죽이고 싶지?

Y 님은 도저히 맥락 없이 튀어나온 이 말을 이해할 수가 없었어요. 딱히 엄마에 대한 불만이 없는데, 오히려 엄마한테 받기만 해서 너무 미안하고 죄스러운 마음뿐인데 왜 저런 말이 튀어나왔는지 알 수 없어 당황해했죠. 자기 수용을 하면서 감정을 계속 꺼내다 보면, 자신이 인지하지 못했던 무의식에 숨어 있던 마음이 툭 하고 튀어나오는 경우가 많아요. 스스로 인지하지 못했을 뿐,

무의식 깊은 곳에서 오랫동안 존재하고 있었던, 봐주지 않은 마음이에요.

자기 수용 기록 中

엄마가 날 왜 싫어해? 엄마는 날 사랑하는데.

아니, 엄마는 날 싫어해. 날 죽이고 싶어한다고. 엄마가 날 죽일까 봐 무서워. 엄마가 날 싫어할까 봐 너무 무서워.

"Y 님, 분명히 지금 '존재의 무능함—엄마—현 상황'이 연결되어 있어요. 엄마가 버릴까 봐, 미워할까 봐 두려워하는 마음이 굉장히 커요. 기억나는 일이 있어요?"

"그 질문을 받으니까, 기억나는 게 하나 있어요. 엄마가 아빠랑 사이 안 좋을 때 저를 임신하셨어요. 아들을 기대했는데 제가 딸이잖아요. 그래서 저를 굉장히 미워하셨다고 해요. 키우기 싫단 말을 입에 달고 사셨대요. 그리고 전 아기였을 때도 정말 안 울었다고 해요. 주변 어른들이 이렇게 순하고 키우기 쉬운 애가 없다고 말했을 정도였어요.

그리고 생각해보니까, 제가 초등학생 때까지 엄마도 그렇고 이모와 삼촌들이 '네가 아들이었어야 했어'라는 말을 정말 자주 하셨어요. 하지만 엄마가 정신 차리고 보니 자신이 딸한테 무슨 짓을 하고 있나 싶어서 그때부턴 정말 잘해주셨다고 해요. 그래서 제 기억 속에는 엄마한테 미움받은 기억이 아니라 사랑받은 기억들이 많아요. 설마 그거 때문에 지금의 제가 이럴까요? 전 별로 상처받은 기억이 없는데도요?"

이래서 무의식이 굉장히 무서운 영역이에요. 전혀 인지하지 못하고 있었는데 삶을 지배하고 있으니까요. 눈앞에 펼쳐진 현실 자체가 무의식의 장이에요. Y 님의 기억 속 엄마는 다정하고 따뜻하고 사랑이 많은 분이라고 해도, Y 님의 무의식에는 아예 반대되는 기억도 저장돼 있는 거예요. 어릴 때 일이라 기억을 못 해도 무의식은 모든 걸 기억하고 있어요.

아들을 기대했는데 딸인 상황에 놓인, 배 속에 있던 태아 입장에서는 '나는 엄마가 원하는 존재가 아니다'라는 믿음이 무의식에 저장돼요. 내가 나를 낳아주는 사람이 원하는 사람이 아니라는 두려움에는 존재의 열등감과 무능함이 포함돼 있죠. 심지어 "키우기 싫다"라는 말을 입에 달고 살았던 엄마라고 하니, Y 님의 무의식에는 '날 키우지 않을까 봐 너무 두렵다'라는 마음이 저장됐던 거예요. 이 마음을 눈치채지 못한 채 세월이 흐른 뒤 머리로는 이해가 되지 않는 현실을 마주한 것이죠.

'날 키우지 않을까 봐 너무 두려워'라는 마음을 가진 내면의 아이가, 이 마음을 수용해주지 않으니 결국 나이가 서른이 넘어서도 엄마가 계속 Y 님을 키울 수밖에 없게 '무능해서 스스로 벌이를 할 수 없는 현실'이 반복되게 만든 거예요.

"너무 충격이네요. 생각해보니까 너무 이상하긴 해요. 제 기억 속 저희 엄마는 언제나 다정하고 따뜻한 분이었어요. 잔소리도 별로 안 하고 때린 적도 없거든요. 그런데도 이상하게 저는 어릴 때부터 엄마 마음에 들지 않을까 봐 벌벌 떨었어요. 엄마가 화를 안 내는데도 늘 두려워했죠. 그래서 제가 절 완벽주의라고 착각했던 거 같아요. '내가 완벽주의라서, 완벽한 모습이 아니면 드러내기 싫은 것인가?' 이렇게만 생각했지, 다른 방향으로는 생각해보지 못했어요. 기억에도 없는 상처를 꺼내서 해소를 해야 한다는 게 너무 어렵게 느껴져요. 사과받고 싶은 마음도 전혀 없어서 이게 과연 해결될까 싶네요."

"감정은 알아차리고 수용하는 방법도 있지만, 손가락 넣고 구토하듯 억지로 끄집어내서 수용하는 방법도 있어요."

Y 님은 와닿지 않는 상처를 어떻게 끄집어내야 할지 너무 막막해했어요. 그래서 감정을 대면할 수 있도록 멘트를 드렸어요.

감정 수용 멘트 1주차

· 날 키우기 싫어?
· 날 평생 키워야만 할 거야.
· 난 절대 돈을 벌지 않을 거야. 엄마한테 계속 받을 거니까.
· 난 절대 유능해지지 않을 거야.

감정 수용 멘트 2주차

· 엄마가 원하는 존재로 태어나지 못해서 너무 죄스럽다.
· 실망을 주는 존재로 태어나서 사랑받을 자격이 없는 것처럼 느

껴진다.

· 내 존재가 무능한 것 같아서 너무 아프다.

· 무능한 존재 취급을 받은 내 아픔을 봐주기 전까지는 절대 행복해지지 않을 거야.

멘트는 늘 간단하게 드려요. 멘트 자체가 중요한 게 아니라, 계속 멘트를 소리 지르며 읽을 때 건드려진 감정이 결국 무의식을 펼쳐내도록 물꼬를 터주니까요. 중요한 건, 무의식으로 들어가는 거예요.

"2주 동안 멘트를 읽으면서 소리를 질렀더니 계속 토가 나오고 한여름인데도 너무 추웠어요. 그리고 엄마한테 버려질까 봐 두려운 마음으로 평생 살았다는 걸 알았어요. 하지만 엄마는 늘 제게 친절했으니 저는 제 두려움의 이유를 찾지 못했죠. 그런데 마지막 멘트인 '무능한 존재 취급을 받은 내 아픔을 봐주기 전까지는 절대 행복해지지 않을 거야'를 말할 때는 너무 서러워서 계속 눈물이 났어요. 이걸 이제 와서 엄마한테 따질 수도 없고, 너무 괴로웠어요. 그리고 다른 마음들도 줄줄이 나왔어요."

자기 수용 기록 中

제발 나 좀 봐줘. 내 아픔 좀 봐줘. 비참하게 덩그러니 놓인 나 좀 봐줘.

아무짝에도 쓸모없는 인간으로 태어나서 죄송합니다.

살려주세요. 제발 저 좀 살려주세요!

억울하다. 너무 억울하다.

반드시 복수할 거야. 절대 행복한 꼴 볼 수 없어.

Y 님은 상담을 진행하는 동안 자꾸만 목숨을 잃을까 봐 극도로 불안해했어요. 그리고 울 때는 계속 아기처럼 울었어요. 계속 두려워하며 살려달라고 말하는 게 이상해서 혹시 낙태 이슈가 있었는지 물어봤어요.

"저도 한 번 있고, 엄마도 한 번 있어요. 엄마는 저 이전에 임신을 했는데, 형편이 너무 어려워서 아이를 지웠고, 저는 남자친구와 이별한 후에 임신한 사실을 알게 됐어요. 하지만 그때는 돈이 없어서 감당할 수 없을 것 같아 아이를 지웠어요."

이로써 마지막 퍼즐이 완성됐어요. 임신중절을 한 적이 있다면, 낙태된 아이의 마음이 무의식에 같이 흡수돼요. 가족끼리는 무의식을 공유하고 있기 때문이죠. 이 아이는 아무런 동의도 없이, 살려달라는 말 한마디 해보지 못하고 죽임을 당한 거예요. 태어나지도 못하고 죽은 아이의 아픔을 아무도 알아주지 않을 때 가족 구성원들의 삶에서는 이 아이의 아픔과 관련된 현실이 펼쳐져요.

Y 님과 Y 님의 엄마는 돈이 없어서 임신중절을 한 경우인데, 그 아픔을 봐주지 않으니 태아 입장에서는 '돈 때문에 날 키우지 못했구나' 하는 아픔이 있는 거예요. 그러니 이 아픔이 Y 님의 무의식과 공유되어, Y 님이 계속 엄마 돈을 받을 수밖에 없는 현실이 창조된 것이죠.

Y 님의 무의식

무능해서 버려질까 봐 두려움 → 존재의 무능함 → 아들을 원했던 엄마 → 무능한 존재가 됨으로써 복수

Y 님의 무의식에 공유된 태아의 아픔

돈이 없어서 죽임을 당한 아픔 → 돈을 쓰면서 나를 키웠으면 하는 마음 → 계속 엄마한테 돈을 받는 현실을 창조

강제로 죽임을 당한 아픔(낙태령)을 풀어주지 않으면 그 아픔을 봐줄 때까지 다양한 현실이 펼쳐져요. 집안의 대소사를 잘 안 풀리게 하거나, 크고 작은 사건사고에 휘말리게 되거나, 병에 걸려 더는 임신할 수 없게 되거나, 가족이 화목하고 행복해질 수 없는 상황을 일으키거나, 가족 중 한 명이 유난히 무능해지거나, 가족 중에서 특히 엄마를 힘들게 하는 자식이 생기는 일 등으로 나타날 수 있어요.

아이의 아픔을 풀어주려면 꼭 거창한 걸 해야 하는 게 아니에

요. 마음속 깊이 미안한 마음을 전하고 그 아픔을 알아주면 돼요.

자기 수용 기록 中

가족이 되고 싶었을 텐데, 살아보고 싶었을 텐데, 태어나기도 전
에 죽게 된 아픔을 알아주지 못해서, 너무 늦게 알아줘서 미안해.
몰랐어. 무지했어. 그저 준비되지 않은 채 널 낳는 것보단 낫다고
판단했는데, 네게 아픔이 있을 거라고 생각하지 못한 내 죄다. 너
무나 미안해.

Y 님은 이 글을 쓰고 소리 내서 읽는데, 서러운 울음이 쏟아졌
다고 해요. 그리고 이런 말들이 나왔대요.

"억울해. 너무 억울해서 미치겠어. 절대 행복하게 사는 꼴 못
봐. 엄마를 괴롭힐 거야. 엄마를 힘들게 할 거야."

"제가 낙태한 아이인지, 엄마가 낙태한 아이인지는 모르겠지만
저와 엄마를 향해 하는 말 같았어요. 계속 눈물이 나왔고, 온몸이
누구한테 두들겨 맞은 것처럼 아팠어요. '그 아이들의 아픔일까?'
생각했어요. 한 달은 그렇게 아픈 채로 계속 사과하고, 꼭 다시
가족으로 만나자고 빌고, 또 갑자기 올라오는 억울함과 서러움을
풀어냈어요."

그 후로도 Y 님은 꾸준히 이 마음을 수용했어요. 기꺼이 아픔
을 수용하기로 선택하고, 계속해서 아이에게 사과했어요. 이 과
정에서 계속 서러운 마음이 올라와서 눈물이 쏟아졌다고 해요.

태어나서 그렇게 서러웠던 적은 처음이었대요.

그러던 어느 날, Y 님은 꿈을 꿨어요. 놀이터에서 어린아이 두 명이 웃으면서 놀고 있었고, Y 님은 멀찍이서 그 두 아이를 바라봤다고 해요. 직감적으로, Y 님의 엄마와 Y 님이 낙태한 아이란 걸 알았죠. 그리고 다가가려고 했더니 사라졌어요. 잠에서 깨어나서도 미안하다고 계속 사과를 했대요.

"너무 이상하고 신기한 현상이에요. 그 꿈을 꾼 이후로, 몸에 활력이 돌기 시작했어요. 갑자기 공부를 하고 싶고, 운동을 하고 싶고, 일을 하고 싶어지더라고요. '내가 왜 이러지? 갑자기 미쳤나?' 싶었는데, 제 마음과 낙태한 아이들의 마음이 풀려서 변화가 생긴 거라는 생각이 들더라고요. 그래서 요즘에 면접 보러 다녀요. 그리고 이상하리만큼 엄마 눈치를 안 봐요. 예전에는 눈치를 주지 않아도 눈치가 보이고 뭔가 불편한 마음이 있었는데, 엄마가 그냥 엄마로 보이더라고요."

이후 취업한 Y 님은, 엄마한테 낙태한 아이에 대해서 조심스럽게 말을 꺼냈다고 해요. 믿든 말든 엄마의 자유지만, 낙태한 아이에 대한 미안함과 아픔에 대해서 기도라도 하자고 했죠. 엄마가 회피할 거라고 생각했는데, 덤덤히 듣더니 동의했다고 해요.

그리고 오래된 기억이라 엄마한테 사과받고 싶은 건 아니지만, 엄마가 아들이 아니라서 실망하고 키우기 싫다고 했던 일이 어린 시절 잠재의식에 남아 있는 것 같다는 말도 덧붙였죠. 그랬더니 엄마가 오히려 말해줘서 차라리 속이 시원하다며, 뭔지 알 수 없지만 엄마도 마음속에 죄책감이 계속 있었다며 사과를 하셨어요.

이처럼 고통스러운 현실이 반복되는 이유는 무의식 속 풀리지 않은 마음 때문이에요. 어떤 이유인지는 감정 해소를 하다 보면 알게 돼요. 이 사례처럼 낙태 이슈가 얽혀 있는 사례도 있고, 과거의 해소되지 않은 기억들로 인한 것이기도 해요. 이유는 정말 다양합니다.

한 가지 확실한 건, 감정이 수용돼 풀려나갈수록 현실도 풀려나가기 시작한다는 거예요. 현실은 내가 어떤 마음을 놓치고 버렸는지, 억누르고 저항하고 있는지를 보여주는 '거울'이니까요. 그 마음을 발견해서 풀어주면 현실 또한 풀리는 게 당연한 이치예요.

현재 자신의 마음과 현실에 대한 이유를 바로 찾을 수 있는 경우도 있지만 Y 님처럼 찾기 힘든 케이스들도 많아요. 특히나 부모님에게 사랑받은 기억이 지배적인데, 도통 현재 자신의 삶은 왜 이렇게 괴로운지 이해가 되지 않는 경우가 그렇죠. 이럴 땐 부모님의 억눌린 무의식이 자신에게 와 있으니 부모님을 살펴보는 것이 도움이 되고, 자신이 태어났을 때 있었던 이슈나 어린 시절 기억이 힌트가 될 수 있어요.

감정을 계속 들여다보고 알아주기 위해 그 마음에 다가가기 시작하면, 감정과 그 감정이 해소되지 않았던 기억들이 나에게 다가오게 돼 있어요. 그러니 조급해하지 말고 감정을 수용해보세요. 현실이 반드시 힌트를 줄 테니까요.

자기 수용 후 Y 님의 소감

내 현실이 이런 이유는 한 가지인 줄 알았는데 여러 가지가 복잡하게 얽혀 있다는 게 놀라웠어요. 정말 별것 아니라고 생각하고 넘겼던 것들이 제 인생을 송두리째 쥐고 흔들며 현실을 창조해 나가고 있었네요.

현재는 부모님에게서 아무런 지원을 받고 있지도 않고, 작은 방을 구해 독립해서 살고 있어요. 회사도 잘 다니고 있죠. 그냥 신기해요. 도저히 제 삶이 바뀔 것 같지도 않았고, 원인도 찾지 못해서 답답해하고 저 스스로를 한심하게 여기면서 살았는데. 제가 찾지 못했을 뿐, 무의식은 모든 이유를 다 담고 있었네요. 오랫동안 지속된, 저를 짓누른 감정들로부터 자유로워지고 제가 진정한 독립을 할 수 있어 기쁩니다.

Y 님의 자기 수용 팁

감정 해소를 하다 보면 내가 왜 이 말을 하는지 모르겠지만 그냥 막 나오는 말들이 있어요. 제 경우에는 거의 50퍼센트가 그랬던 것 같아요. 정말 이러다가 미쳐버리는 게 아닌지 너무 무서웠지만, 저도 모르게 하는 말들이 무의식을 찾는 큰 열쇠가 돼줬어요. 그러니 감정 해소를 할 때는 녹음을 하든 그 이후 기록을 하든 '왜 이 말을 했을까?' 질문을 던지고 답을 찾아보세요. 그럼 현실이 또 알아서 보여주거나 기억을 되살려줄 거예요. 자신도 모르게 하는 말이나 생각을 그냥 지나치지 말고 잘 기록해보세요.

미니 미션

엄마로부터 독립하고 싶다면

(사례에 공감하는 분들을 위한 미션입니다.)

1. 엄마로부터 독립하고 싶나요? 독립하기 싫다면 이유는 무엇인가요?

2. 엄마로부터 독립하지 않아서 내가 얻고 있는 것이 있다면 무엇인가요?

3. 엄마로부터 독립할 수 없는 자신의 무의식은 무엇인 것 같나요?

8 나르시시스트 엄마의 사정

F 님은 뭐든 잘된 건 엄마 자신의 덕, 문제가 있는 건 가족 탓을 하는 엄마가 너무 힘들어서 저를 찾아왔어요. 특히 가장 만만하게 여기는 딸인 F 님에게 문제를 돌리는 일이 많았어요. 엄마가 시키는 대로 해야만 하고, 반대 의견을 내면 그날은 가정의 평화가 깨지는 날이었죠. 어릴 때부터 "나는 잘났는데 너는 왜 그 모양이니?", "내가 얼마나 노력했는데 너는 그 모양이니?", "지금 네 학원비가 얼마인데 성적이 그 모양이니?", "네가 태어나서 내 인생은 망했어", "네가 내 말대로 안 해서 나는 그냥 죽어버리고 싶어" 이런 말을 듣고 자랐어요.

그리고 자신은 원하지 않아도 엄마가 강요해서 억지로 해온 게 많았어요. 중국어가 유행할 때는 중국어를, 컴퓨터가 유행할 때는 컴퓨터를, 메이크업이 유행할 때는 메이크업을 배웠어요. F 님을 위해서가 아니라 남들이 하는 걸 안 하면 견딜 수가 없어서, 남들에게 뒤처지지 않기 위해서 F 님에게 해낼 것을 강요하고는 본인의 기대만큼 따라오지 못하면 학대를 일삼았죠. 아빠도 동생도 엄마의 기에 눌려 살았어요. F 님도 마찬가지였고요.

엄마를 엄마로 볼 수 없는 일들은 F 님 인생에 수도 없이 많았어요. 학창 시절 시험 기간에 맹장이 터져서 수술을 하게 됐는데, 그때도 F 님이 아픈 건 아무 관심도 없고 "재수 없게 하필 시험 기간에 아프고 지랄이야. 지금 나 동네 망신시키고 싶어서 그러지, 너?"라고 했다고 해요. 딸이 아픈데 그렇게 말하고 싶냐고 했더니, "네가 아프지, 내가 아프냐"고 답했고요. 언제나 타인에 대해서는 공감할 필요를 느끼지 못하면서, 엄마 자신의 입장은 늘 이해받고 공감받길 원했어요.

성인이 되어 직장을 다니고 있을 만큼 컸는데도 엄마는 매일 퇴근 후 전화해서 안부를 물을 것을 강요하고, 하루라도 전화를 하지 않으면 '내가 널 어떻게 키웠는데 이런 식으로 불효를 하냐'라며 한 시간 이상 하소연을 늘어놓았어요. 독립도 반대하다가 회사가 너무 멀어 겨우 할 수 있게 됐는데, 하루는 너무 지긋지긋해서 연락을 아예 안 했더니 3일 되던 차에 회사로 직접 전화가 와서 난리가 났다고 해요. 끊임없이 용돈과 선물을 주기를 요구하며, 남의 집 자식들과 비교하는 건 늘 있는 일이라고 해요.

늘 F 님과 가족을 포함하여 타인의 욕을 입에 달고 살며, 타인의 눈을 의식하느라 자신을 꾸미고 과대 포장하는 엄마를 보면 '왜 저런 사람이 내 엄마일까'라는 생각이 들었어요. 엄마가 아니라 악마처럼 느껴졌지요.

그러던 어느 날, '나르시시스트'에 대한 정보들을 알게 되었고, 공부를 하고 상담을 받으러 다녔어요. 나르시시스트 특징의 모든 항목에 엄마가 해당한다는 사실을 알게 된 F 님은 조심스럽게 엄마에게 검사를 받아볼 것을 권유해봤지만, 엄마를 정신병자 취급하냐며 뺨을 여러 대 맞았다고 해요. 차라리 인연을 끊고 살고 싶은데 그랬다가는 지구 끝까지 쫓아와 괴롭힐 것 같고, 엄마한테서 전화가 오면 핸드폰을 던지고 죽어버리고 싶다는 생각에 이르게 된 F 님은 일상에서도 불안 지수가 높아져 괴로워지자 여러 곳에서 상담을 받았어요. 엄마와 물리적, 정신적 거리를 두라는 것과 여러 대처 방법도 도움이 되기는 했지만 장기적이고 근본적인 해결책이 되어주지는 못했어요. 그러다가 보이지 않는 더 깊은 곳에 답이 있을 것이라는 직관에 따라 마음공부를 하게 된 F 님은, 조금 더 근본적인 해결이 필요해서 무의식 상담까지 요청하게 된 것이죠.

"엄마 때문에 괴로울 때마다 어떻게 하셨어요?"

"해볼 수 있는 건 다 해본 것 같아요. 그냥 참기도 해봤고, 시큰둥하게 대처도 해봤고, 나르시시스트 엄마에 대처하는 방법들로 나와 있는 것들도 해봤고, 엄마의 잘못을 하나하나 지적해보기도 했었죠. 하지만 아무 소용이 없었어요. 차라리 벽 보고 이야기하는 게 나을 만큼이나 엄마는 영향을 받지 않았죠. 끄떡없는 분이세요. 오히려 절 나쁜 년 만들면서 더 난리를 치는 탓에, 무서워서가 아니라 너무 피곤하고 기 빨려서 피하는 지경까지 이르게 된 거예요."

우선 엄마에 대한 F 님의 감정을 푸는 게 우선이기에, 저는 엄마에 대한 솔직한 감정을 작성하고 소리 내어 읽어볼 것을 권유했어요.

"일단은 쌓인 감정들 먼저 풀어내야 해요. 억눌린 감정의 에너지가 너무 크기 때문에, 갇혀 있던 감정들을 먼저 꺼내주고 상황을 다시 보도록 하죠."

표면의식으로 감정을 감지할 때는 수많은 방해와 왜곡이 끼어들 수 있어요. 그러니 일부러 극단적인 표현을 사용하여 솔직한 감정을 끌어내는 게 좋습니다.

자기 수용 기록 中

엄마 제발 나 좀 괴롭히지 말아줘. 그냥 나 좀 내버려둬. 내가 애도 아니고 이제 성인인데, 너무 지겨워. 엄마 때문에 사는 게 너무 괴로워.

비교질 좀 하지 마. 너도 그렇게 잘난 엄마가 아니잖아. 그리고 왜 내가 다른 집 자식들처럼 해주길 바라는 거야? 그 집은 엄마가 잘했겠지. 좋은 엄마였겠지. 나한테 엄마는 지옥 그 자체인데 왜 자꾸 비교질이야?

네가 왜 내 엄마야? 다른 사람들은 '엄마' 하면 따뜻한 이미지를 상상하던데 나는 지옥이 따로 없어. 나한테 엄마는 그냥 독재자, 괴물, 악마일 뿐이야. 내가 도대체 무슨 죄를 지었길래 당신의 딸로 태어나서 이렇게 괴로운 생을 버텨야만 하는 거야?

제발 그 입 좀 닥쳐. 나불나불대지 좀 마. 시끄러워. 역겨워. 착한 척하지 마. 좋은 엄마인 척하지 마. 사람들 앞에서 잘난 척, 좋은 엄마인 척 좀 하지 마. 엄마는 세상에서 제일 이기적이고 자기 자신밖에 모르는 인간일 뿐이야. 엄마는 대접받고 싶어만 하고 다른 사람들은 전부 다 무시하고 깔보고. 그런 엄마 밑에서 태어났다는 게 너무 쪽팔리고 죽고 싶어. 내가 제일 피하고 싶고 한심해하는 유형이 바로 엄마 같은 사람이야!

우리 가족이 전부 다 누구 때문에 힘든데? 독재자인 엄마 때문이잖아. 엄마는 아내로도 엄마로도 실패한 인생이야. 요즘 세상에 내가 태어났으면 엄마는 아동 학대로 잡혀갔어. 알아? 엄마랑 이혼하지 않는 아빠도 너무 답답해. 엄마가 그러면 아빠라도 멀쩡해야 하는데, 아무런 힘이 없는 아빠를 보면 너무 짜증 나. 내가 의지할 곳이 없어! 아무 데도 없어!

그냥 엄마가 죽어버렸으면 좋겠어. 그냥 죽어버려. 없어졌으면 좋겠어. 엄마한테서 연락이 올 때마다 핸드폰을 다 박살 내고 싶어. 그냥 뛰어내리고 싶어.

F 님은 엄마에 대한 원망과 분노 즉 미움을 해소하며 몇 주의 시간을 보냈어요. 엄마에게는 당분간 연락하기 힘들다고 말을 했고, 회사에 전화하지 말라고까지 전달했죠. 회사에도 미리 말을 해두었지만 엄마가 또 한 번 더 회사에 연락하면 회사를 그만둘 생각까지 했어요. 더는 끌려다닐 수 없기에 내린 판단이었죠.

나르시시즘뿐만 아니라 비슷한 성향을 보이는 이들의 공통점은 과도한 애정결핍이에요. 한 사람의 모든 문제의 뿌리는 '사랑으로부터 멀어진 두려움'이에요. 내 존재가 받아들여지지 못한 아픔과 두려움에서 비롯된 문제들이죠. 나르시시스트는 겉으로 보기에는 자신이 가장 중요한 사람 같기에 다른 이들을 무시하고 독재하려고 드는 것처럼 보여요. 그저 이기적이고 답 안 나오는 사람들로 보이기 쉽죠.

하지만 무의식에서 살펴보면 말이 달라져요. '자기애성 성격장애'라고 불리지만 사실은 자기 자신을 조금도 사랑하지 않아서 생긴 현상이에요. '나라는 존재의 무능감과 열등감이 너무 커서 혐오하는 지경에 이르게 된 거예요. 사실 그 누구에게도 사랑받지 못하고 버려질까 봐 긴장된 채로 벌벌 떨고 있는 게 나르시시스트의 실체죠. 자신을 있는 그대로 사랑할 수 없고 너무나 혐오해요. 그래서 강하고, 있어 보이고, 잘나 보이는 두꺼운 가면을 사용하지 않고는 생존할 수 없게 된 거예요. 타인이 자신으로 인해 얼마나 괴로운지에 대해서 살펴보거나 공감할 수 없을 지경까지 가게 된 거예요.

우리나라에 특히 나르시시스트 엄마가 많은 대표적인 이유 두 가지 중 하나는 급성장으로 인해 과열된 서열주의예요. 경쟁을 부추기고 공동체 의식을 강조한 결과로 이렇게 성장할 수 있기도 했지만 우울증, 불안증, 공황 장애, 자해 중독 등의 정신질환이라는 부작용을 낳았죠. 자살률이 높은 수준을 유지하는 것도 같은 맥락의 부작용 중 하나예요.

다른 하나는 남아 선호 문화예요. 아들을 원하는 집에서 딸로 태어난, '엄마'라 불리는 여성들이 많아요. 자신의 존재를 인정받은 게 아니라 쓸모없는 짐짝 취급을 받은 것이죠. 또한 남자 형제와 차별을 받았기 때문에 자신의 존재를 수치스럽다고 여기게 돼요. 여자란 이유로 사랑받지 못했으니까요. 그러니 자신의 존재를 외부(타인)로부터 확인받고 싶어해서 우월성에 집착하게 돼요. 혹은 외할머니 쪽이 그랬을 수 있고요. 그러면 엄마에게 대물림되고 딸인 '나'도 영향을 받죠. 시어머니 중 나르시시스트가 많은 이유도 이와 같아요. 자신의 존재가 있는 그대로 사랑받는 대접을 받았다면 존재의 열등감과 무능감으로 인한 애정결핍이 생기지도, 병적으로 타인을 통제하거나 조종하려 들지도 않고, 우월성이라는 가짜 가면을 내세우며 이기적으로 살아갈 필요도 없어요.

나르시시스트에 대한 여러 가지 원인과 해결책에 대한 정보가 많지만, 영성(무의식) 차원에서 보자면 그 역시도 그저 상처받은, 사랑이 필요한 한 존재일 뿐이에요. 하지만 이러한 사실을 받아들이는 건, 나르시시스트로 인해 상처받은 '내 마음'을 먼저 푼 후에 가능해요. 억지로 받아들이면 독이 되지요. 또한 상처가 너무 크다면 더욱 자신의 상처에만 집중해야 해요.

F 님은 몇 주 동안 엄마에 대한 감정을 풀어내면서, 잊고 있던 어린 시절들이 떠올라서 너무 괴로웠다고 해요. 자신을 트로피나 인형쯤으로 여기는 것 같은 엄마, 오로지 자신에게 보상해주길 기대하는 엄마에 대한 기억 때문에 몇 주는 악몽에 시달릴 지경이었죠.

그리고 F 님은 엄마를 보지 않고 살겠다고 선언했어요. 이 지긋지긋한 고리를 끊어내야겠다며 이직 준비도 했고요. 그렇게 이사도 하고, 이직 준비를 하며 계속 감정을 마주해나갔죠. 앞에서도 언급했지만, 엄마와 관계를 맺는 것이 너무 괴로울 때는 정면으로 마주하지 말고 물리적으로 떨어져서 해소하는 시간을 가지는 것도 좋아요.

자기 수용 기록 中

엄마가 그렇게 이기적으로 살면 남들이 엄마 싫어하는 거 몰라? 정말 그것까지도 모르는 수준인 거야? 그건 엄마한테 배우지 못한 나도 알겠는데 엄마는 왜 그것도 모르는 사람이 되어버린 거야? 이해할 수가 없어.

엄마 인생은 가짜야. 그저 잘나 보이기 위해 껍데기만 화려하게 치장한 가짜. 속은 텅텅 빈 가짜야. 그저 요란한 빈 수레일 뿐인 삶이야. 엄마는 지금도 곁에 아무도 없지만 앞으로는 더 없을 거야. 엄마가 죽으면 아무도 슬퍼하지 않을 거야. 나조차도 엄마가 죽으면 슬프지 않을 거야. 오히려 속이 너무나 시원할 거라고!

엄마는 인생 헛살았어. 그렇게 살아서 뭐가 남았어? 가족들을 그렇게 괴롭게 만들고 주변인들까지 엄마를 떠나게 만드니까 좋아? 엄마를 잘 모르는 사람들이나 엄마를 대단하고 좋은 사람이라고 생각하지, 정작 엄마를 알게 되면 하나같이 욕하고 떠나는 이유가 뭐겠어? 다 엄마가 만든 인생이야! 괴물 같은 엄마의 자식으로 태어난 게 너무너무 혐오스러워!

그냥 버리고 싶어. 넌 엄마도 아니야!

이렇게 하루 두 시간씩 매일 엄마에 대한 감정을 해소하던 F 님은 어느 날 이런 마음이 올라왔어요.

자기 수용 기록 中

나도 엄마가 있었으면 좋겠어. 날 따뜻하게 사랑해줄 엄마가 있었으면 했어. 날 자신의 물건인 것처럼 대하는 엄마 말고, 진짜 엄마 같은 엄마가 있었으면 했어.

나는 엄마의 사랑이 필요했어. 엄마한테 사랑받고 싶었어. 엄마한테 인정받지 못하고 비난받을 때마다 너무 괴롭고 힘들었어.

사랑받지 못해서 너무 아파. 학대만 받은 내 인생이 너무 비참해.
자유와 사랑이라고는 눈곱만큼도 허락되지 않았던 내 인생이 너
무 불쌍해. 너무 서러워. 나 너무 억울해. 이렇게 산 게 너무너무
억울해. 누가 보상해줄 거야?

내가 아프다고 하면 한심하게 바라보지 말고 제발 어디가 어떻
게 아픈지 좀 물어봐줘, 엄마….

나 사실은 엄마를 미워하고 싶지 않아. 엄마를 미워하고 혐오하
고 싶은 딸이 어디 있겠어? 나는 사실 엄마를 사랑하고 싶어. 너
무너무 사랑하고 싶어. 그리고 엄마한테 사랑받고 싶어. 평범하
게 사랑하고 평범하게 사랑받고 싶어.

엄마에 대한 사랑이 단 하나도 남아 있지 않다고 말했던 F 님은
감정 해소를 하다가 깊은 곳에 자리 잡고 있었던 '사랑하고 싶고,
사랑받고 싶은 엄마의 딸인 F의 마음'까지 닿게 되었어요. 그렇게
사랑받고 싶었으나 사랑받지 못했던 아픔과 엄마를 사랑하고 싶
지만 미워할 수밖에 없는 마음을 수용했죠. 그런 자신이 너무 수
치스럽기도 하고 불쌍하기도 한 마음이 올라왔어요. 엄마를 미워
하고 엄마를 지긋지긋하게 여기는 마음들을 수용하자, 사실은 엄

마가 너무나 필요했고 엄마로부터 보통의 사랑과 보살핌을 받고 싶었던 자신의 어린 시절이 떠올라서 너무나 괴로웠죠.

그렇게 자신의 마음을 계속 해소하다가 이런 마음이 불쑥 올라왔어요.

자기 수용 기록 中

아무도 날 사랑해주지 않을까 봐 너무 무섭다. 내가 두려워한다는 사실을 들킬까 봐 너무 무섭다.

"아무도? 이건 제 마음이란 생각이 들지 않았어요. 낯선 말이었거든요. 왠지 엄마의 마음 같다는 생각이 들었어요."

어떤 식으로든 감정 해소를 하다 보면, 자기도 모르게 나오는 말이나 생각이 있어요. 물론 자신의 무의식에 있기 때문에 나온 말이기도 하지만(만물이 전부 '나'이기에), 분리된 육체의 관점에서 보자면 자신의 마음이 아닌 상대방의 마음으로 말을 하게 되는 경우도 있는 것이죠. 무의식 정화가 될수록 나와 타인의 경계가 허물어져요. 무의식에서는 전부 다 '나'로 보기 때문이죠. 머리로는 도통 이해할 수 없지만 마음은 경험했기에 그냥 알게 되는 거예요. 내게 대물림된 '엄마의 마음'이라는 것을요.

"그 마음을 그대로 따라 들어가 떠오르는 대로 작성해보세요."

F 님은 눈을 감고 올라오는 느낌대로 말을 한 다음 녹음한 말을 글로 옮겼어요.

216

자기 수용 기록 中

잘나지 않으면 모두가 날 버릴 거야. 내가 약한 사람이란 걸 들키면 모두에게 무시당하게 될 거야.

아무도 날 돌봐주지 않을까 봐 두려워. 날 무시할까 봐 너무 두려워. 사는 게 너무 외롭고 무서워. 어떻게 해야 사랑받을 수 있는지 도저히 모르겠어.

죽을까 봐 너무 무서워. 아무 쓸모 없다고 갖다 버릴까 봐 너무 무서워.

날 죽이지 말아줘.

글에는 요약해서 옮길 수밖에 없지만, F 님은 거의 20주 이상을 매일 두 시간 이상 자신의 마음을 수용하는 데 시간을 썼어요. 그러자 단단한 껍질 이면에 숨겨져 있던 엄마의 진심이 보이게 된 것이죠. 사실은 자기 존재가 너무 하찮다고 여겨져서 버려질까 봐 발악해왔던 삶이란 걸 알게 된 거예요.

"엄마가 너무 불쌍해요. 엄마도 이런 아내, 이런 엄마가 되고 싶었던 게 아닐 텐데. 자기 자신도 스스로를 어떻게 해야 할지 모르겠는 상태란 걸 그냥 알겠어요. 그냥 애정결핍 늪에서 빠져나오지 못한 아이였다는 걸 알겠어요. 하지만 제게 쌓인 감정도 너무 많고 지쳐서 엄마가 이해된다고 바로 엄마와 소통하고 싶지는 않아요."

그렇게 F 님은 엄마를 포함하여 가족과 단절하고 집중해서 마음을 보는 시간을 가졌어요. 도저히 가족과 소통하면서는 마음을 볼 수 없었기 때문이죠. 엄마에 대한 미움이 올라오면 있는 그대로 풀고, 엄마를 사랑하고 엄마에게 사랑받고 싶은 마음이 올라오면 또 있는 그대로 풀고, 엄마가 너무나 불쌍해서 보듬어주고 싶다는 마음이 올라오면 있는 그대로 푸는 시간 동안 무의식 깊은 곳에서 서서히 치유가 일어났어요.

그러던 어느 날 F 님은 엄마의 어린 시절로 보이는 꿈을 꿨어요. 8남매 중 아무런 존재감이 없던 어린아이. 그 누구도 자신에게 관심 없는 상태에서 다수와 섞여 있어도 너무나 외로운 마음을 느꼈다고 해요. 낳지 않으려고 온갖 약을 먹었는데도 태어난 아이. 가족으로부터 사랑받지 못한 상처를 받아들이고 싶지 않아서 '난 사랑받고 자랐어! 우리 엄마 아빠는 날 너무나 사랑했어! 난 잘난 집안에서 태어났어! 내가 어떤 자식인데! 어떤 딸인데! 감히 내게!'라고 우기고 살 수밖에 없는 아이. 사실은 사랑받지 못했던, 아무런 관심도 받지 못했던, 아무런 영향력도 없었던, 안 낳으려다가 어쩔 수 없이 낳게 된 아이. 무시당할까 봐 두려워서 남을 무시해버리는, 자신이 사랑받지 못하고 영향력이 없다고 여겨지는 걸 도저히 참을 수 없는, 자신의 가치가 증명되지 못하는 순간을 절대로 견딜 수 없는, 너무나 사랑받고 싶은 한 아이.

"절대 엄마를 이해하고 싶지 않았는데, 그냥 이해가 돼버렸어요." F 님은 그렇게 엄마의 입장에서 올라오는 마음도 깊이 들어가 느끼고 받아들였어요.

자기 수용 기록 中

외롭다. 내가 잘나지 않으면 사랑받지 못할까 봐 너무 두렵다. 어떻게 해야 사랑받을 수 있는지 모르겠다. 내 통제를 벗어난 상황이 너무 불안하다. 내 불안을 들키고 싶지 않다. 내가 나약한 사람이란 걸 들키고 싶지 않다. 전부 다 내 뜻대로 해야 할 것 같다. 그렇지 않으면 사랑받는 것 같지가 않다. 나는 너무 괴롭다.

"엄마를 죽을 때까지 보고 싶지 않다고 생각했는데, 자기 수용을 계속하다 보니 제 마음이 풀렸어요. 제 마음이 풀리니 엄마의 마음이 그냥 이해된다는 게 너무 이상하고 어안이 벙벙하네요."

이후에도 F 님은 꾸준히 자신의 마음을 있는 그대로 받아들이는 자기 수용 작업을 했어요. 엄마에게 사랑받고 싶었던 나, 사랑받지 못해서 아팠던 나, 늘 통제당하고 비교당하고 속박당해서 답답하고 괴로웠던 나의 마음을 풀어주자 겉으로는 강해 보였지만 사실은 사랑받지 못할까 봐 웅크려 벌벌 떨고 있었던 엄마 마음의 실체를 볼 수 있게 되었죠. 머리로는 엄마를 이해하고 싶지 않다고 생각했지만, 이미 무의식에서는 몸의 경계를 넘어서서 엄마를 '나'로 인식하니 엄마의 무의식이 이해가 되어버린 거예요.

"이제 엄마가 나를 공격하는 사람이나 악마가 아니라, 애정결핍으로 절규하고 발악하는 아기로 보여요."

겉으로 보이는 육체로서의 '엄마', 나를 낳아준 역할로서의 '엄마'가 아니라 그 존재의 본질인 마음, 너무나 사랑받고 싶어서 절규하고 발악하는 아기 같은 마음이 보인 거예요. 무의식이 정화될수록, 표면으로 드러난 모습이 아닌 마음의 눈으로 모든 걸 볼수 있게 되거든요.

이 자기 수용 과정에서 F 님은 엄마가 쓰러졌다거나 병원에 입원했다는 소식에도 병문안을 가지 않았어요. 예전 같았으면 달려갔겠지만, '내 말을 듣지 않으면 자살하겠다'며 자신을 협박하던 엄마에 대한 기억에 지쳐 있었어요. 엄마에게 버림받아서 아픈 마음뿐만 아니라 엄마를 버리고 싶었던 자신의 마음도 수용하고 있는 시기라, 자신을 지키는 것이 무엇보다 중요했어요.

그런데 이렇게 엄마를 '절규하는 아기'로 볼 수 있게 되자 엄마가 보고 싶어졌다고 해요.

"진짜 평생 안 보고 살려고 했는데, 엄마가 보고 싶네요."

오랜만에 본가를 찾은 F 님은 깜짝 놀랐다고 해요. 예전처럼 온갖 비난을 하는 엄마인데도, '삐져서 어리광 부리는 아이'로 보였다는 거예요. 그리고 엄마도 뭔가 달랐어요. F 님이 배고프다고 말하니까 예전처럼 따귀와 등짝을 때리고 꺼지라며 쫓아낼 줄 알았던 엄마는 부엌에서 F 님의 저녁을 차려줬대요.

1년의 시간이 지난 지금은 F 님의 엄마도 F 님도 많이 달라졌어요. 겉으로 보기에 드라마틱한 변화는 없지만 마음이 변했고, 변한 마음을 비추는 현실이 변했어요. F 님은 자신의 마음을 억누르지도, 끌려가 쏟아내지도 않고, 그대로 지켜보고 수용할 수 있는 힘이 점점 커졌어요. 자기 수용을 한 시간보다 안 하고 살아온 세월이 더 길기 때문에, 이따금씩 현실이 보여주는 감정에 속아버리기도 했지만요. F 님의 엄마도 예전처럼 바로 독설을 퍼붓는 게 아니라 조금씩 조심하는 게 보인다고 해요. 예전에는 이빨 100개를 드러내는 호랑이 같았다면, 지금은 이빨이 우수수수 빠지고 있는 호랑이 같달까요? F 님이 꿈꾸던 평범하고 다정한 모녀 모드는 아니지만, 혐오하고 밀어내느라 고통스러운 모녀 사이는 아니란 거죠.

그리고 가끔씩 본가에 가면 엄마의 어린 시절 이야기를 해준다고 해요. 원래는 사랑받고 자란 잘난 나의 인생에 대해 떠들었던 엄마였는데, 이제는 사실 어떤 게 괴롭고 슬펐는지를 얘기한다고 해요. 그리고 한번은, "그깟 대학이 뭐라고 내가 미쳐서 너 맹장 수술할 때도 말을 그렇게 해버렸네"라고 말씀하셨다고 해요. 절대 자신을 돌아보고 뉘우치는 분이 아니었는데 말이죠. 사과를 받은 건 아니지만 후회가 느껴진 것 그리고 저렇게 말을 해준 것 자체로도 F 님은 엄청난 발전이라며 위안을 얻었답니다.

자기 수용 후 F 님의 소감

마음 수용하면서 절대 이해하기 싫었고 이해할 수 없었던 엄마가 이해될 줄은 상상도 못 했어요. 엄마를 이해하는 것까지는 제 계획에 없었거든요. 무엇보다 지긋지긋한 엄마의 집착, 구속, 이기심으로 인한 괴로움에서 해방되어 기쁘고, 또 생각지도 못하게 엄마를 이해할 수 있게 되어서, 그리고 엄마가 조금씩 변하는 게 느껴져서 편해요. 사람 안 바뀐다고 누가 그러던가요? 내 무의식이 변하면 엄마도 변해요. 현실이 무의식의 거울이란 말은, 반드시 직접 경험해봐야만 알 수 있는 진리 같아요.

F 님의 자기 수용 팁

엄마가 바뀔 것이란 기대 대신 자신의 마음에만 집중해보세요. 그럼 다른 모든 것들은 알아서 따라오더라고요. 그리고, 충분히 미워하세요. 어정쩡하게 미워하면 안 미워하느니만 못해요. 제대로 미워하고 제대로 혐오하고 제대로 분노하는 시간을 가지세요. 억눌러둔 감정을 꺼내야 상처를 치유하는 시간으로도 넘어가고, 또 모든 게 이해되는 확장으로도 넘어가는 것 같아요.

미니 미션

나르시시스트 성향이 짙은 엄마를 두었다면

(사례에 공감하는 분들을 위한 미션입니다.)

1. 나르시시스트 같은 엄마를 떠올리며 올라오는 생각/감정을 솔직하게 써보세요.

2. 현재 자신에게 필요한 것은 무엇인가요? 나의 필요를 충족해주기 위해 해야 할 일 목록을 써보세요.

3. 엄마와 거리를 두길 원하나요? 혹은 지금 거리를 두고 있나요?

4. 엄마에게 듣고 싶었던 말, 받고 싶었던 행동이 있나요? 그 목록을 쭉 써보고, 엄마에게 받고 싶었던 마음을 자신에게 주는 연습을 해주세요.

지금껏 꺼내지 못했던 엄마에 대한 나의 이야기

1. 나-인생-엄마를 떠올렸을 때 가장 불편하거나 두려운 것은 무엇인가요? 쓴 내용을 큰 소리로 읽어보세요.

2. 어떤 생각, 감정이 올라오나요? 나를 공격하는 말이 있지는 않나요? 무엇이든 솔직하게 써보세요.

   (예시: 네가 할 줄 아는 게 뭐냐 / 누가 널 사랑하냐 / 나는 이래야 한다 / 이러면 안 된다 등)

3. 엄마한테 가장 듣고 싶었던 말이나 받고 싶었던 마음/행동은 무엇인가요?

4. 1~3에 쓴 내용을 바탕으로 엄마에게 '보내지 않을 편지'를 최대한 솔직하게 써보세요.

5. 4까지 활동을 마친 자기 자신에게 어떤 말을 해주고 싶은지 써보세요.

지금껏 알지 못했던 엄마의 이야기

이 미션은 어느 정도 감정 수용과 치유가 된 후, 엄마의 마음을 살펴볼 여유가 있을 때 진행해주세요.

1. 엄마의 어린 시절에 대해서 알고 있나요?(엄마의 반복되는 두려움과 관념의 원인 찾아보기)

2. 엄마는 외갓집에서 충분히 사랑받은 아이였나요?

3. 엄마는 아빠한테 충분히 사랑받은 여자였나요?

4. 엄마는 자식한테 충분히 인정받은 엄마였나요?

5. 엄마를 '아이'라고 봤을 때 그 아이는 무엇을 가장 원하고 무엇을 가장 두려워하나요?

6. 엄마가 억누른 내면아이가 '나'라면, 엄마는 무엇이 두려워서 나를 통해 보여지는 자신의 모습을 거부하는 것일까요?

Part 3

엄마의 자기 수용 여정

1 뚱뚱하고 소심한 딸이 너무 답답해요

M 님은 딸이 자기 관리를 하지 않는 것이 걱정이었어요. 먹는 양이 많은 것 같지도 않은데 고도 비만이었죠. 그래서 딸이 밥이든 간식이든 무언가를 먹을 때마다 너무 화가 나고 한심해서 짜증이 난다고 했어요. 그리고 딸은 소심한 성격이라 사람들과 잘 어울리지 못했어요. 늘 주눅이 들어 있다 보니 친구도 별로 없고, 직장에서도 조용히 지내며 살았어요.

M 님은 어릴 때부터 철저히 자기 관리를 해왔고, 무엇이든 열심히 해왔으며, 항상 당당하게 살아왔기 때문에 자신과 조금도 닮지 않은 딸을 이해할 수가 없었어요. 더군다나 남편 역시 M 님과 비슷한 성격이라 자신들과 다른 딸을 보면 답답함을 느꼈어요.

"M 님의 딸이 살이 찌고 소심하면 무슨 일이 생기나요?"

"무슨 일이 생기긴요? 사람들이 얼마나 무시하겠어요. 한심하게 볼 거고요."

우리가 당연하다고 여기는 것 중에는 당연하지 않은 게 훨씬 많을 때도 있어요. 누구나 자신의 관념대로 세상을 바라보기 때문이죠. 자신의 관념을 세상에 투영하여 세상 역시도 같은 관념을 갖고 있을 것이란 오해가 발생해요. 실제로 살이 찌고 소심한 M 님의 딸을 사람들이 무시하고 한심하게 보는 게 아니란 뜻이에요. '세상 사람들은 그래'라는 정의도 본인의 관념을 투사한 결과로 나온 개인적인 정의예요. M 님이 '살찌고 소심하면 사람들에게서 버려질 것이라는 두려움'을 갖고 있기 때문에, 살찌고 소심한 딸을 볼 때마다 그 두려움이 올라오는 것이지요. 그걸 눈치채지 못하니 그저 불편하게 느끼며 딸을 탓하는 겁니다.

"그래서 어떻게 하셨어요?"

"저는 어릴 때부터 우리 딸아이를 이렇게 교육했어요. 여자는 날씬해야 한다, 관리를 잘해야 한다, 그러지 않으면 시집가기 힘들다, 요즘 시대에 자기 관리는 필수다, 목소리는 당당하게 내야 한다, 자기주장을 할 수 있어야 한다 등등. 그런데 어찌 된 일인지 시간이 갈수록 딸은 아예 반대 모습만 보이니 답답해 미칠 지경이에요."

"딸은 어떤 반응인가요?"

"어릴 때는 제 말을 잘 듣는 것 같았는데, 성인이 되고부터는 스트레스받을까 봐 그냥 가끔씩, 타이르듯이 상냥하게 얘기해요. 아무리 짜증이 나도 참아요. 그런데 날이 갈수록 더 심해져요."

이 책을 읽는 당신이 꼭 기억해주길 바라는 게 있다면 바로 이거예요. '현실'은 겉으로 드러난 행동에 반응하지 않아요. 겉으로 드러나지 않은 '무의식'에 반응해요. M 님 입장에서야 타이르듯 상냥하게 대했다고 생각하지만, 딸은 그런 엄마(M 님)의 행동에 반응하는 게 아니에요. 드러나지 않은 M 님의 무의식에 반응하게 돼 있어요.

"제가 볼 때는 살찌고 소심한 딸을 무시하는 건, 이 세상이 아니라 엄마인 M 님이세요."

"제가요? 제 눈에는 우리 딸이 얼마나 예쁜데요. 세상에서 제일 예쁜 아이예요. 다만 세상에 나갔을 때 무시당하고 한심한 사람 취급을 당할까 봐, 그게 걱정될 뿐이에요."

이 부분 때문에 상담할 때 공기가 팽팽해질 때도 많답니다. 일부러 그러는 게 아니에요. 정말로 몰라서 인정하기 힘든 거예요. 자신은 딸을 예뻐하기만 하는데, 자신이 아닌 이 세상이 딸을 무시할까 봐 염려된다고 착각하는 거죠. 세상이란 자신의 무의식인데 말이에요.

"딸을 사랑하는 M 님이 있다면, 딸을 미워하는 M 님도 있어요. 사랑과 미움은 하나이기 때문에 반대의 마음은 같은 에너지로 공존하죠. 우주의 균형은 그런 식으로 이루어져 있어요. 둘 중 하나에 치우쳤을 때 반드시 그 반대의 에너지를 인정할 수밖에 없도록 현실이 창조돼요. 지금 따님을 사랑한다고 주장하고 걱정된다고 하지만, 딸에 대한 미움과 한심함 등은 인정하기 힘들어하세요. 따님을 향한 공격성을 인정해야, 따님이 어떤 M 님의 마음을 보여주는 것인지 알게 돼 감정을 풀어내실 수 있어요. 일상에서 딸에 대한 솔직한 마음을 들여다보고, 관찰하고 기록해보세요."

엄마의 경우, 갈등 상황에 있는 딸은 엄마의 내면아이가 물질화된 것으로 이해하면 돼요. 자신이 수용하지 않은 모습을 딸이 고스란히 보여주는 것이죠. 그래서 불편한 거예요. 자신이 '좋다'라고 생각한 모습을 보여주면 편하게 느끼고, '싫다'라고 생각한 모습을 보여주면 불편해서 저항하는 게 에고의 특징이에요. 그러니 상대가 불편하다면, 내가 '싫다'라고 생각하는 내 모습을 보여주기 때문에 불편한 거예요.

"며칠 동안 딸을 지켜봤는데, 울화통이 터져서 참을 수가 없었어요. 롤 케이크를 집어 먹는데 너무 돼지 같고 꼴 보기 싫고, 제가 다니는 헬스장을 같이 가지 않겠냐고 물었더니 '싫어!' 하면서 방으로 휙 들어가더군요. 뒤뚱거리는 뒷모습이 너무 하마 같고…. 어쩌다 저런 딸이 태어났는지 너무 싫더라고요. 헬스장을 갔는데, 젊고 날씬한 아가씨들이 있었어요. 어찌나 보기 좋던지. 우리 딸도 저렇게 관리를 해야 할 텐데…. 이런 생각이 자꾸 들어서 괴로웠어요.

한번은 주말에 밥을 먹다가, 요즘 회사 사람들이랑 어떻게 지내냐고 했더니 '그냥 그래'라고 답했어요. 그래서 '주말인데 친구는 안 만나?' 이러니까 '귀찮아. 친구 별로 없어' 하고 말하는데 심장이 쿵 했어요. 어쩌려고 저러는지…. 남편은 한마디도 안 하더니, 방에 들어가서는 한숨을 푹 쉬더라고요. '쟤 저래서 시집이나 가겠냐' 하는데 제가 너무 눈치가 보이더라니까요? 제가 얼마나 노력하고 있는지 해명해야 할 것 같았어요. 남편은 이미 제가 얼마나 마음 졸이며 노력하는지 알고 있지만요. 하나밖에 없는 딸이 저렇게 된 게 제 탓 같아서 죄책감도 올라와서 괴로웠어요."

M 님의 말 속에서 다양한 무의식을 찾을 수 있어요. 첫째, 딸의 외모에 대해 걱정을 가장한 공격성이 올라온다. 겉으로는 딸을 위하는 것 같고 딸을 걱정하는 것 같지만, 누구보다 딸의 외모와 성격이 불만이고, 공격성을 띠고 있어요. 자신의 마음을 관찰하고 기록하기 시작하면, 평소보다 섬세하게 자신의 솔직한 마음을 대면할 수 있어요.

둘째, 딸에 대해서 남편의 눈치를 보고 있다. 이 부분에서 M 님 내면에 '남자한테 인정받지 못할까 봐 두려운 마음'이 깔려 있다는 걸 알 수 있어요.

셋째, 죄책감. 딸의 외모와 성격이 나쁜 것이라고 규정한 다음, 그게 자기 탓인 것처럼 죄책감을 느껴요. 죄책감도 자기 공격의 다른 모습이에요. 실제로 딸이 문제가 있어서 죄책감을 갖는 경우보다, 자신의 관념에 따라 상황을 판단한 다음에 스스로 죄책감이란 감옥으로 들어가는 경우도 많아요.

이후 M 님은 딸에 대한 자신의 마음을 솔직하게 들여다보고 기록한 후에, 소리 내며 해소하는 연습을 했어요.

자기 수용 기록 中

너무 꼴 보기 싫다. 돼지 같다. 어떻게 저런 딸이 나올 수 있는 거야? 나도 안 닮고, 남편도 안 닮아서 도무지 이해가 안 된다. 차라리 딸이 바뀐 거라면 더 설득력이 있을 것 같다.

차라리 이 집에서 나가! 돈 벌어서 나가! 보고 있으면 속 터져서 미칠 것 같으니까 차라리 나가!

그만 좀 처먹어. 보기 싫어 죽겠으니까 제발 그만 좀 처먹어! 거울을 봐. 그게 목구멍으로 넘어가니?

외모도 안 가꾸고, 성격도 저렇게 소심하면 누가 좋아해? 나 같아도 안 좋아하겠다. 사람들이 본인을 안 좋아할까 봐 눈치 보고 소심하게 구는 걸 보고 있으면 답답해서 미치겠다. '네가 그러니까 사람들이 안 좋아하지!' 하고 소리를 지르고 싶다.

어디 가서 딸을 보여주기 창피하다. 발랄하고 날씬하고 예쁜 딸을 갖고 싶다. 사람들한테 내 딸을 보여주면, 엄마인 내가 교육을 잘못했다고 비난할까 봐 너무 무섭다.

이제 곧 결혼 적령기인데 딸이 결혼을 하지 못할까 봐 너무 두렵다. 결혼은커녕 연애도 못 할까 봐 너무 두렵다. 아무도 우리 딸을 사랑하지 않을까 봐 너무 두렵다.

M 님은 이렇게 참고 있던 자신의 마음을 전부 터뜨리고 나니 큰 두려움이 올라왔어요. '엄마란 사람이 딸을 이렇게까지 공격하고 미워해도 되는 건가?'라는 마음이 올라왔기 때문이죠. 하지만 시간이 지날수록 M 님은 자신의 진짜 '마음'이 무엇인지 알게 되었어요. 바로 '두려움'이었어요.

내가 불편하다면, 우주에는 '불편한 나'가 존재하고 있어요. 그리고 '나를 불편하게 만드는 나'도 존재하게 되죠. 우리는 내가 날 공격하기 때문에 불편하고, 두렵고, 불안하고, 걱정된다는 것을 알아야 해요. 그러니 내가 나에게 뭐라고 공격하고, 시비 걸고, 협박하고 있길래 불편함을 느끼는 것인지를 찾아야 해요.

M 님의 경우, 내면에 '여자로서 사랑받지 못하는 것에 대한 두려움'이 있었어요. 그 두려움이 인지는 됐지만 수용은 되지 않은 상태였죠. 늘 자기 관리를 하고 있었기 때문에 자신에게는 저런 두려움이 없을 거라고 생각할 수 있지만, 이런 두려움은 본능의 영역이에요. 정도의 차이만 있을 뿐 누구에게나 있죠. 그런데 딸이 M 님의 무의식에 있는 이 두려움을 자꾸 보여주니까 겁이 났던 거예요. 그러니 자기 수용을 위해서는 딸이 아닌, 딸이 보여주는 M 님의 무의식으로 들어가야 했어요.

"이제 인정할 수 있을 거예요. 딸에 대한 미움과 공격성을요. 딸은 M 님의 내면을 보여주는 거울 역할이에요. 그 이상도 이하도 아니에요. 다시 질문해볼게요. M 님의 딸이 저대로 가다간 어떤 일이 일어날지, 가장 두려운 상황이 무엇인지 떠올려보세요."

"연애도 못 하고, 결혼도 못 하고, 그래서 남자한테 사랑도 받아보지 못하고 죽을까 봐 겁나요. 세상 사람들한테 손가락질당하고 무시당할까 봐…. 그리고 워낙 소심하니까, 사람들이 안 좋아할까 봐, 외로울까 봐 겁이 나요."

M 님은 연애결혼도 했고, 나름대로 행복한 삶을 살았다고 주장하는데 왜 저런 모습을 한 딸로 인해 괴로운 현실이 펼쳐진 것일까요? 저는 M 님의 어린 시절이 어땠는지 물어봤어요.

"M 님이 딸에게 느끼는 감정은 분명히 M 님이 어린 시절 가족에게서 느낀 감정이에요. 원가족에게서 느꼈지만 해소되지 않은 감정을 원가족이 아닌 사람들에게서 반복적으로 느끼도록 현실이 창조되는 것이 원리거든요. 외모와 소심한 성격, M 님, 그리고 M 님의 어린 시절에 관련하여 떠오르는 기억이 있나요?"

"생각해보니, 어릴 때 저희 언니가 통통했어요. 부모님은 자기 관리를 중요하게 생각하고, 남들 보는 눈에 예민한 분들이었어요. 그래서 언니를 너무 싫어했어요. 돼지 같다고, 동네 사람들 보기 창피하다고 하셨어요. 언니가 계속 구박을 받다 보니까 점점 성격이 소심해졌어요. 소심해져서 또 구박받는 악순환이 이어졌죠. 나중에 언니는 결국 우울증에 걸렸어요. 방에서 나오지도 않고요.

저는 어릴 때부터 공부든 외모든 혹독하게 관리를 했어요. 그래서 부모님은 언니보다 저를 훨씬 더 예뻐하셨어요. 어디 가서 제 자랑하는 것도 좋아하시고요. 전 제가 언니보다 사랑을 많이 받고 자랐기 때문에 결핍이 있다고 생각하진 않았어요. 저는 늘 좋은 사람들을 만나왔고, 남편도 잘 만나서 결혼했고, 하는 일도 다 잘 됐는데…. 이게 관련이 있을까요?"

M 님은 어린 시절 통통한 언니가 부모님으로부터 구박받는 상황을 보고 자랐어요. 그래서 자신은 구박당하고 싶지 않아서 철저하게 자기 관리를 한 것이죠. 이렇게까지 관리를 할 수 있었던 에너지는 어떤 에너지일까요? '부모님에게 버려질까 봐 두려운 마음'인 거예요. 뚱뚱하고 소심하면 부모님의 사랑을 받지 못하고, 수치스러운 존재 취급을 당할까 봐 무서우니까요.

겉으로 보기에는 그저 자기 관리 잘하는 사람처럼 보일 수 있지만, 무의식은 전혀 아니에요. 무의식은 오직 '버려질까 봐 두려운 마음'으로 가득 차 있어요. 그래서 '난 언니랑 달라!' 하며 두려움에 저항한 채로 살아온 것이죠. M 님의 언니 무의식에 '여자로서 사랑받지 못하는 아픔, 부모에게 버려진 아픔'이 있다면, 그걸 보고 자란 M 님의 무의식에는 '여자로서 사랑받지 못할까 봐 두려운 마음, 부모에게 버려질까 봐 두려운 마음'이 있는 거예요. 게다가 언니의 아픔은 전혀 이해하지 않고, 오로지 자신의 두려움에만 휩싸여 사랑받고 싶어했죠. 그 결과, 언니와는 다른 모습으로 부모님의 사랑을 독차지한 삶을 살아왔기에 '난 결핍이 없어'라고 주장하는 거예요. 언니의 모습이 자신이 버린 무의식의 모습인지 몰라서 발생한 일이에요. 이제는 그 버린 마음을 마주할 수밖에 없도록, 현실에서는 딸의 모습이 그렇게 나타난 거예요.

그래서 M 님에게 어린 시절의 기억과 두려움을 들여다보도록 안내했어요.

자기 수용 기록 中

엄마 아빠가 밥 먹는 언니를 보며 머리를 때리고 구박을 했다. 너무 무섭다. 살찌면 저렇게 사람 취급도 못 받을까 봐 너무 무섭다. 난 절대 부모님 눈에 거슬리는 짓을 안 할 것이다.

평생 구박을 당하고 살았던 언니가 어느 순간부터 성격이 바뀌었다. 원래 목소리도 크고 잘 웃는 언니였는데, 소심해지고 말수도 적어졌다. 그런 언니가 너무 한심하다. 그리고 나도 저렇게 될까 봐 너무 무섭다. 나는 절대 저렇게 되지 말아야지.

엄마 아빠, 언니 때리지 마요. 언니 구박하지 마요. 너무 미워하지 마. 언니가 뭘 잘못했어? 살찐 게 왜? 그거 가지고 이렇게까지 사람을 개무시를 한다고? 당신들이 그러고도 부모야? 부모 자격도 없어! 왜 언니를 죄인 취급하는 거야? 그렇게까지 할 필요는 없잖아!

하지만 너무 무서워서 아무 말도 못 하겠어. 나도 저런 취급을 받게 될까 봐 너무 무서워. 너무 무서워요. 살찌면 언니처럼 될까봐 너무 무서워. 소심하면 언니처럼 될까 봐 너무 무서워. 부모한테도 버림받고 사회에서도 버림받아서 불행하게 살게 될까 봐 너무 무서워. 평생 외롭게 살게 될까 봐 너무너무 무섭다.

우리 딸이 우리 언니같이 살까 봐 너무 무섭다. 그렇게 살 바에는 그냥 죽어버리는 게 나아!

M 님은 이렇게 자신도 몰랐던 감정들을 마주했어요. 존경한 다고 생각했던 부모님에 대한 적개심과 두려움이 얼마나 컸는지, 사실은 얼마나 언니가 안쓰러웠는지, 하지만 또 얼마나 언니를 무시했었는지, 무자비하게 공격을 당하는 언니를 보며 도와줄 수 없는 나약한 자신이 얼마나 처참했는지, 그리고 자신은 똑같은 일을 당하기 싫어서 지금까지 애써왔다는 게 얼마나 황망한지 등 을요.

그저 딸이 자기 관리를 잘하면 좋겠다고만 생각해서 시작한 감정 수용이었는데, 이 일을 통해 알게 된 것은 자신이 '버려지는 두려움'이라는 무의식에 따라 평생을 살아왔다는 사실이었어요. M 님의 딸이 M 님 내면의 이 모든 감정을 해소할 수 있는 기회를 준 거예요. 그래서 자기 수용을 하다 보면 마주하는 불편한 상황과 불편한 타인을 '선생님, 천사'라고 부르는 것이랍니다. 내면을 볼 수 있도록 인도해주는 역할을 하는 셈이니까요.

"이렇게 쏟아내고 나니까 언니에게 너무 많이 미안했어요. 얼 마나 제가 얄미웠을까요?"

언니한테 너무 미안하다. 얼마나 외로웠을까. 나라도 언니에게 괜찮냐고 물어봤어야 했다. 얼마나 한이 맺혔을까. 지금 생각해 보면 가정폭력이나 마찬가지인데, 얼마나 처참했을까. 그깟 살 찐 게 뭐라고 저렇게까지 폭력을 행사하는 엄마 아빠와 얄밉게 엄마 아빠의 사랑을 다 독차지하는 나를 보면서 언니는 얼마나 초라하고 외로웠을까. 생각할수록 미안해 죽겠다. 그땐 나도 너무 어렸고, 그저 부모님이 나는 사랑하니까 그걸로 됐다고만 생각했는데. 나는 진짜 못된 동생이었구나. 언니가 자신을 잃고 소심해질 수밖에 없는 환경이었어. 언니, 얼마나 외로웠어? 너무 미안해….

여전히 우리 딸이 계속 살찌고 소심한 모습으로 살아갈까 봐 겁난다. 그래서 사랑 한 번 받지도 못하고 세상으로부터 버려질까 봐 너무 무섭다. 외롭게 살다가 죽을까 봐, 내 언니처럼 살게 될까 봐 너무 무섭다. 너무너무 무섭다.

이런 식으로 M 님은 부모님과 언니, 딸에 대한 마음을 있는 그대로 마주해나갔어요. 화도 많이 내고, 울기도 많이 울고, 지쳐서 쉬어가는 날도 있었죠.

"참 신기해요. 알지도 못했던 감정들이고, 파면 팔수록 불편한 감정들인데 해소할수록 딸이 너무 예뻐 보이는 거예요. 이게 말

이 되나요? 처음 감정 해소를 시작할 때는 더 미워 보이고 눈에
거슬렸는데 해소하면 할수록 딸을 보는 게 편해요. 너무 귀엽고.
내가 머리가 어떻게 됐었나? 이렇게 예쁜 애를 두고 내가 무슨 짓
을 했던 거지? 이런 생각도 들더라니까요."

M 님이 '두려움의 눈'으로 딸을 바라볼 때는 '버려질까 봐 두려
운 마음'이 올라와서 괴로웠어요. 그래서 딸을 얼른 날씬하고 당
찬 성격으로 바꿔서 그 불편으로부터 해방되고 싶었던 것이죠.
하지만 두려움이 해소되자 두려움의 눈이 아닌 '사랑의 눈'으로
딸을 바라보게 된 거예요. 두려움과 사랑은 하나라서, 두려움이
풀려난 자리에는 사랑이 찾아오기 때문이죠. 그러니 똑같은 딸인
데도 다른 감정이 올라오는 거예요.

이후 M 님은 언니를 먼저 만났어요. 어린 시절 얘기를 꺼내며
처음으로 '언니 너무 힘들었을 것 같다. 그리고 얼마나 내가 얄미
웠겠냐. 미안하다'고 마음을 전했어요. 언니는 '지난 얘기는 왜 꺼
내냐'며 말을 돌리다가, 이제라도 내 마음을 이해받으니 고맙다며
울었다고 해요. M 님도 마음에 무언가가 사르르 녹는 느낌이 들
었어요.

그리고 딸을 볼 때도 불편함이 올라오면, 얼른 방으로 들어가
서 딸이 사랑받지 못할까 봐 두려운 마음, 외롭게 살까 봐 무서운
마음을 느껴줬어요. 그러면 감정이 풀려나가면서 다시 편해졌죠.

어느 날은 딸이 M 님에게 "요즘 엄마가 날 보는 눈빛이 다르다"
라고 말했다고 해요. 전에는 말은 다정하게 하지만 눈빛은 매섭

고 차가웠는데, 요즘은 아무 말 하지 않아도 따뜻하고 사랑하는 마음으로 쳐다보는 게 느껴진다고요. '두려움의 눈'으로 자신을 공격하는 게 아니라, '사랑의 눈'으로 자신을 바라보고 있다는 걸 M 님 딸의 무의식은 알고 있는 거예요. 그리고 딸은 최근에 자발적으로 수영을 다니기 시작했어요.

"따님이 수영 다녀서 살이 빠지면 좋을 것 같으세요?"

"솔직히 말하면 날씬해져서 예쁘게 다니면 좋죠. 젊은 나이인데. 하지만 예전과는 확실히 마음이 달라요. 그래도 좋고 아니어도 괜찮고, 이런 마음이에요. 예전에는 무조건 날씬해야만 사랑받을 수 있다고 믿었고, 그래서 딸이 사랑받지 못하고 살까 봐 너무 불안하고 불편했어요. 하지만 지금은 '그래, 관리하고 싶으면 해~ 쉬고 싶으면 쉬고~' 이런 편안함이 느껴져요. 마음이 자유로워요."

M 님에게도 변화가 생겼어요. 언제나 칼같이 지키던 식단 관리에서 자유로워진 거예요. 자기 자신에게 느슨해지니까 제대로 숨 쉬며 사는 기분이 든다고 해요. 그리고 늘 다양한 모임에 참석하고 이끄는 역할을 맡았는데 요즘에는 잘 나가지 않아요. 감정 해소를 하면서 자기 자신에 대해 알고 싶은 욕구가 생겼는데, 사실 M 님은 혼자 있는 시간을 좋아하는 사람이란 걸 알게 됐어요. 새롭게 나를 알게 되니 딸의 소심한 성격도 문제가 있는 것이 아니라 그저 하나의 모습이란 걸 저절로 받아들이게 되었죠. 그러니 문제 삼지 않게 되고, 자연스럽게 편안해진 거예요.

"문제가 있는 딸 때문에 괴로운 게 아니라, '풀리지 않은 내 마음'으로 딸을 바라보니 괴로웠던 거였어요. 이제는 홀가분해요"라는 말씀을 끝으로 상담은 종료됐어요.

풀리지 않은 내 마음은, 해소되지 않은 마음의 눈으로 창조된 현실을 바라보는 걸 뜻해요. 딸이 보여주는 자신의 두려움을 받아들여서 풀어주자, 딸을 바라보는 자신의 마음이 바뀌었고 덩달아 딸도 변하기 시작했어요.

모든 것은 사랑 아니면 두려움입니다. 자식을 보며 불편한 마음이 올라온다면 아직 찾지 못한 두려움이 건드려져서 불편한 거예요. 우리가 할 일은 우리 마음을 세심히 관찰해서 무엇을 두려워하는지 찾아 풀어내는 것입니다. 두려움을 바로 풀 수도 있지만, M 님처럼 미움이란 공격성을 억누르고 있는 케이스도 있어요. 이 경우에는 '좋은 엄마 콤플렉스'를 과감히 집어던지고 자식에 대한 미움과 공격성을 해소한 뒤에 두려움으로 들어가주면 돼요. 미움이라는 마음이 존재해서 괴로운 게 아니라, 미움이라는 존재를 인정하지 않는 저항으로 인해 괴로운 거니까요.

그래서 자기 수용은 그 저항을 풀어 인정하는 훈련이에요. 각자 이슈도 다르고 방법도 달라 보이지만 핵심은 하나예요. 현실에서 만나는 어떤 불편함이든 그 뿌리는 '사랑받지 못하고 버려질까 봐 두렵다'라는 사실이에요. 무엇으로 표현되든 모두 이 두려움의 다른 이름들일 뿐입니다. 그러니 마음이 불편할 때면 스스로에게 물어보세요. '무엇이 두렵니?'라고요.

자기 수용 이후 M 님의 소감

처음에는 딸 때문에 느낀 괴로움이 모두 제 마음이 창조한 것이라는 말을 도저히 인정할 수가 없었어요. 하지만 상담 시간이 지날수록 살이 찌는 건 '죄'라고 생각했던 제 마음을 보여주기 위해 딸이 살찐 모습으로 현실에 나타난 것이고, 그로 인해 제 마음이 어지러웠다는 걸 인정할 수밖에 없었습니다.

지금 저는 저 자신에게 느슨해졌고, 저희 언니와 제 딸도 많이 달라졌어요. 그들이 달라지길 원하지 않고 두려움을 받아들이자, 알아서들 자신들이 원하는 삶의 방향대로 가게 되더군요. 세상에서 가장 중요한 일이 자기 마음을 공부하는 일이라는 생각이 듭니다.

M 님의 자기 수용 팁

딸 때문에 마음이 괴로운 분들이 있다면 딸이 내 마음을 보여주는 존재라는 걸 인정하기가 몹시 힘들 거예요. 머리로는 이해가 되지만 마음은 굳게 닫힐지도 모르죠. 하지만 결국 그 사실을 인정하게 됐을 때 든 생각은, '어차피 인정하게 될 건데, 진작 할걸. 괜히 힘만 뺐네'였어요. (웃음) 힘 빼지 말고 그냥 빨리 인정하면 좋겠어요. 하지만 사람마다 다 때가 다르니까, 적용하고 싶은 마음이 들 때 적용해보면 좋겠어요.

미니 미션

자기 관리를 하지 않는 딸을 두었다면

(사례에 공감하는 분들을 위한 미션입니다.)

1. 자기 관리를 전혀 하지 않는 딸을 보며 떠오르는 생각/감정을 솔직하게 써보세요.

2. 자기 관리를 전혀 하지 않는 딸이 어떤 나의 두려움을 건드리는 것 같나요?

3. 딸을 통해 알게 된 두려움을 작성하고 소리 내서 읽어보세요.

(예시: 네가 관리를 안 하면 사람들이 무시할까 봐 두려워 등)

2 사고 치는 둘째 딸을 통해 만난 내 마음

　S 님은 30대가 되어서도 계속 사고를 치는 둘째 딸 때문에 힘들어했어요. 첫째 딸과 막내아들은 사고 한 번 친 적 없이 잘 컸고, 회사도 성실히 다니고 있어요. 하지만 둘째 딸은 10대 때는 불량 학생들과 어울려 사고 치고 다니는 바람에 학교에 불려 다니기 일쑤였고, 20대 때는 어떤 아르바이트를 하든 한 달도 버티지 못하고 그만둬버리고, 툭 하면 술을 먹고 들어와 집에서 행패를 부렸다고 해요. 어느 날 독립한다며 나가놓고, 웬 빚만 잔뜩 진 채 돌아와서 종일 컴퓨터 게임만 하고 있다며 답답해했어요. 가끔 아르바이트를 하기는 하지만, 하루살이처럼 그냥 바로 쓸 뿐 모으지도 않고 미래에 대한 대책도 전혀 없는 둘째 딸에게 화도 내보고, 쫓아내기도 하고, 대화도 해봤지만 아무것도 변하지 않아 답답한 마음에 마음공부를 시작한 경우였어요.

　모든 사례가 다 그런 것은 아니지만, 내담자 중 아들을 낳기 위해 계속 임신을 했던 경우가 매우 많아요. 자녀가 '딸-딸-아들' 혹은 '딸-딸-딸-아들'로 구성된 경우죠. 이때 중간에 있는 딸은 마치 '아들을 낳으려고 임신했는데 딸로 태어난 죄인' 취급을 받곤 해요. 앞에서도 언급했듯이, 태아는 모든 걸 무의식에 저장한 채로 태어납니다. 별것 아니라고 넘기는 일들이, 사실은 자신의 삶을 창조해나가고 있어요.

"자녀가 딸 둘에 아들 하나인 경우, 특히 아들이 막내인 경우에는 아들을 원했는데 둘째가 딸인 바람에 한 번 더 임신해서 아이를 낳는 경우들이 있어요. 물론 아닌 경우도 있지만 중요한 문제라서 확인이 필요해요. S 님은 어떤가요?"

"저도 그래요. 저희 때는 남존여비가 워낙 심해서 아들 못 낳는 여자가 사람 취급이나 받았는 줄 아세요? 딸 낳을까 봐 얼마나 무서웠는지 몰라요. 눈에 불을 켜고 '아들 아들' 하는 시어머니와 남편을 보면, 제가 딸이라도 낳으면 대역 죄인이 되는 기분이 들었다니까요. 저는 그게 너무 싫어서 아들을 낳을 때까지 계속 임신하려고 했었어요."

남존여비, 남아 선호 사상이 낳은 부작용이 이거예요. 특정 성별을 바라는 마음이 있을 수 있죠. 하지만 '꼭 아들이어야만 해!'라는 마음이었는데 태아가 딸이라면 어떻게 될까요? 태아는 자궁에서 계속 두려움을 느끼다가 태어나요. 혹여나 자신이 딸인 걸 들키면 죽임을 당할까 봐, 미움을 받을까 봐 자신의 존재를 들키고 싶어하지 않죠. 이건 성인이 된 후에 자기 자신을 드러내기 싫어하는 모습으로 나타나기도 해요. 사실은 싫은 게 아니라 두려운 거예요. (반대 성별도 마찬가지예요.)

보편적인 상황이라 여기며 가볍게 넘길 수도 있지만, 남존여비로 벌어진 수많은 일들은 정말 마음 아픈 역사예요. 아이를 낳고 보니 원하는 성별이 아니라서 버려진 경우도 많고, 굶어 죽으라고 내버려뒀는데 살아남아서 어쩔 수 없이 키우게 된 경우도 많아요. 심지어 배 속 아이가 원하는 성별이 아니란 이유로 유산하려고 이상한 약을 먹거나 언덕을 구르기까지 했다는 케이스도 상담하다 보면 아주 흔하게 접하는 이야기입니다. 이런 사례가 너무나 많아서 제게는 더 이상 충격적이지 않고 익숙해진 것 자체가 비통할 정도죠.

아들을 원했는데 딸로 태어난 아이는, 부모가 원하는 아이로 태어나지 못했다는 죄책감과 자신의 존재를 열등하고 무능하다고 여기는 아픔 속에서 살아가요. 가치 입증에 시달리고 남자를 이기려고 애쓰거나, 여성인 자신을 부정하기도 하지요. 아예 반대로 무기력해지거나 우울감을 갖고 태어나기도 해요. 물론 '아들을 원했는데 딸로 태어났다는 이유'만으로 모두 힘든 현실을 겪지는 않아요. 그럼에도 사랑으로 키워졌으면 다른 인생을 살기도 하지요. 하지만 가정 안에서 차별이 존재했을 경우, 태아 때부터 가져온 두려움이 증폭된 그대로 현실을 살아가게 되는 거예요.

"그렇죠. 딸 낳으면 '대도 못 잇는 계집을 낳았다'라는 말을 아무렇지도 않게 했던 세대니까요. 그래서 자신이 여성이라는 열등감과 저항 때문에 괴로움을 호소하는 사람들도 많아요. 그런데 S

님은 둘째 딸과 막내아들을 차별했다는 말을 듣진 않으셨나요?"

보통 "자녀를 차별했나요?"라고 물으면 대부분 아니라고 해요. 본인이 기억하는 대로 얘기하니까요. 그래서 이런 경우에는 그런 말을 듣지 않았냐고 물어봐요. 당신이 동의하든 아니든 살면서 들어본 적이 없냐고 묻는 이유는, 당사자는 인식하지 못하더라도 주변에서는 어떤 경험을 했는지 알 수 있기 때문이에요.

"저는 차별하지 않았어요. 똑같이 대했죠. 하지만 둘째 딸이 자꾸 사고를 치니까 혼낼 수밖에 없었던 거고요. 차별한다는 말은 들었어요. 첫째도, 둘째도, 막내도 그러더라고요. 둘째 딸과 막내 아들 차별을 너무 심하게 한다고요. 그런데 저는 동의할 수가 없어요. 전 다 똑같이 대했어요."

"동의할 수 없으면, 상담 진행이 어렵습니다. 나는 아니라고 하지만, 함께 살고 있는 사람들이 그렇게 느낀다고 하는데 '혹시 그랬나?' 하고 돌아보는 게 아니라 '난 동의할 수 없고, 둘째 딸이 문제다'라고 하는 건 나만 옳다는 고집이에요. 딸들도 그렇지만, 엄마의 입장에서 오시는 분들도 그래요. 자신을 돌아보지 않고 자꾸 딸이 문제라고 하고 딸을 바꾸려고 하죠. 자신을 돌아보지 않고 인정하지 않으면 아무것도 바뀌지 않아요. 시간 낭비일 뿐이에요. 나쁜 엄마가 되는 것 같아서 부정하고 싶겠지만, 부정한다고 해서 달라지는 건 없어요. 진짜 이 문제가 해결되길 바란다면 말이죠. S 님, 어떻게 하시겠어요?"

S 님은 한참을 고민한 끝에 결국 자신이 차별한 것 같다고 인

정했어요. 아들을 원하는 집에서 아들이 태어나줬으니 더 예뻐할 수밖에 없었다고 했죠. 경제적으로 넉넉했던 게 아니라서 아이도 둘만 낳고 싶었는데, 둘째가 딸인 바람에 한 번 더 임신한 것이라서 버겁고 둘째가 미웠다는 사실도 털어놨어요.

"일단 S 님의 솔직한 마음을 먼저 대면하는 게 가장 중요해요. 둘째 딸에 대한 마음을 건드릴 예시 멘트를 드릴 테니 읽어보시고 이후에 올라오는 감정에 머물면서 어떤 생각이 떠오르면 작성해보세요." (아래 제시한 자기 수용 기록에는 제가 드린 멘트와 S 님의 기록이 섞여 있습니다.)

자기 수용 기록 中

맨날 사고만 치고 아무 도움도 안 되는 너 때문에 내가 미치겠어. 이젠 다 컸는데 왜 10대 때랑 변한 게 하나도 없니? 네 언니랑 동생은 저렇게 자기 앞가림 잘하면서 사는데 너는 도대체 왜 그러고 살아?

내 나이가 몇인데 언제까지 네 뒷바라지를 해야 해? 그냥 혼자서 알아서 좀 잘 살아줘. 제발 독립해. 제발 나가. 하고 있는 짓 보고 있으면 쥐어박고 싶어. 한심하고 속 터져.

왜 너 같은 딸이 나한테 온 거야? 나는 너 낳고 싶지 않았어! 네가 너무 미워. 네가 내 딸인 게 너무 싫어. 너무 싫어서 그냥 없어져버렸으면 좋겠어. 나 힘들게 하지 말고, 나한테 뭐 바라지도 말고, 그냥 사라졌으면 좋겠어!

네가 우리 식구인 게 너무 창피해. 네가 내 딸인 게 너무 수치스럽고 싫어. 너 같은 딸 원한 적 없어!

딸 원한 적 없어! 아들! 아들이 최고야! 왜 딸이 태어나고 지랄이야. 왜 네가 태어나고 지랄이냐고! 내 몸도 힘들고, 돈도 시간도 써야 하고, 힘들어 죽겠어. 왜 눈치 없이 태어나고 지랄이야! 그냥 나가 죽어버려!

감정 수용을 하다 보면 자신도 모르게 튀어나오는 말이 있어요. S 님은 반복적으로 '없어졌으면 좋겠다, 죽어버렸으면 좋겠다'라는 말이 나와서 깜짝 놀랐대요. 밉고, 꼴 보기 싫었던 건 맞지만 사라지길 원했던 적은 없었던 것 같은데 자기 수용을 하다 보니 딸이 사라지길 바라는 마음이 너무나 컸음을 알게 된 거예요.

그리고 감정들을 작성한 뒤 소리를 지르며 말할 때는 이명도 들리고, 머리가 아프고, 헛구역질이 계속 나왔다고 해요. 모두 감정 해소 과정에서 흔히 나오는 몸 반응이에요. 그러나 만약 신체의 특정 부위가 견딜 수 없이 아프다면 병원에 가보는 것도 좋습니다. 감정 해소를 하다 보면 감각이 점점 살아나요. 그래서 원래 아팠는데 눈치채지 못했던 곳이 예민하게 느껴지는 경우도 있어요. 그리고 감정 해소 후에는 충분한 휴식을 가지고, 어느 정도 해소되어 활력이 생긴다면 체력을 기르고 몸을 많이 움직이는 게 감정 해소 및 몸 반응을 버티는 데 도움이 됩니다.

저는 S 님이 느끼는 감정은 분명 결혼 전 가정, 원가족에서 느꼈을 감정일 거라고 말했어요. 혹시 집안에서 성차별이 있지는 않았는지, 딸이라서 구박당한 적은 없는지 찾아보길 권했죠.

"왜 없었겠어요. 그 시절에는 다 그러고 살았어요. 저는 딱 중간에 끼어 있어서 아무 존재감도 없는 딸이었죠. 있어도 그만, 없어도 그만인 자식. 늘 오빠랑 남동생의 하녀처럼 살았지만, 그땐 다 그러고 살아서 저는 불만 없었어요."

표면의식에서는 '다 그러고 살아서 불만 없었다'라고 생각하지만 무의식은 그렇지 않아요. 무의식은 시대를 읽을 줄 몰라요. 문화가 어떤지도 모르죠. 그건 어디까지나 표면의식의 영역이에요. 무의식은 언제나 자기 자신으로서 부모에게 받아들여지길 원하고, 사랑받길 원해요. 사랑받지 못하고, 존재감이 없는데 아무 감정도 들지 않을 수가 없어요. 감정을 인지하고 수용하는 방법을 배우지 못해서 묻어놨을 뿐이에요.

"딸이라고 하녀 취급을 받으셨을 때 어떻게 대처하셨어요?"

"그냥 참았죠. 참는 것 말고는 할 줄 아는 게 없으니까요."

지금 지구는 대물림된 감정을 해소하는 시기, 카르마 청산의 시기에 들어와 있어요. 그동안은 계속 카르마를 쌓았다면, 이제는 푸는 시기예요. 그래서 돈, 권력 등이 전부인 줄 알고 그것을 얻기 위해 노력했던 시대에서 자신의 마음(무의식)으로 시선을 돌리는 욕구가 사회적으로 드러나는 현상이 확산되고 있는 거예요. '더는 참지 않는' 방향으로 가고 있는 거죠.

이 시기의 영향으로, S 님이 그동안 참기만 하느라 풀지 못했던 감정이 둘째 딸의 모습으로 창조된 거라고 볼 수 있어요. S 님은 S 님 엄마의 마음을 재경험하고, S 님의 딸은 S 님의 마음을 재경험함으로써 감정을 해소할 기회를 얻는 거예요.

저는 S 님께 어린 시절로 돌아가서 어린 S가 겪었던 마음에 집중해볼 것을 권했어요. 둘째 딸의 지금 모습은 그때 풀리지 않은 마음으로 창조된 것이니까요. S 님은 처음에는 '모르겠다'로 일관했지만, 계속 무의식을 대면하자 억눌린 마음이 터져 나왔어요.

자기 수용 기록 中

억울하다, 억울해. 내가 왜 오빠랑 동생 뒷바라지를 해야 하는데? 나도 공부하고 싶어! 내가 하녀야? 왜 하나부터 열까지 나한테 시키는데?

딸로 태어난 게 너무 억울하다. 너무 싫다. 나도 아들로 태어났으면 이런 취급 안 받으면서 살 수 있었을 텐데. 나도 사랑받고, 대접받으면서 살았을 텐데. 내 존재가 너무 하찮고 쓸모없는 사람이 된 것 같아서 초라하다.

오빠랑 동생 말고 나도 좀 봐줘. 나도 사랑받고 싶어. 나도 관심받고 싶어. 왜 같은 자식인데 쟤네는 그냥 존재하는 것만으로도 자랑스럽게 여기고, 사랑하고 인정해주면서, 나한테는 그런 사랑을 주지 않는 거야? 너무 억울해. 너무 서러워.

왜 저 멍청한 새끼들을 학교에 보내주는데? 그럼 난? 공부도 내가 더 잘하고 머리도 내가 훨씬 더 좋은데 나를 학교에 보내줘야지!

엄마 아빠는 내가 없어져도 상관없지? 내가 죽어버려도 상관없지? 나야 어떻게 되든 말든 오빠랑 동생만 잘 살면 그만이지?

사랑받지 못하고 살아서 너무 서럽고 마음이 힘들다. 나도 좀 사랑해줬으면 좋겠어. 나도 똑같은 자식인데….

감정은 댐과 같아요. 수문이 열리면 주체할 수 없이 쏟아지죠. 한 번 무의식의 뚜껑이 열리니까 오랫동안 억눌린 S 님의 마음이 계속 쏟아져 나왔어요. 너무 힘들어서 잠시 쉬는 시간을 갖기도 했어요.
"옛날에는 저만 그렇게 살았던 게 아니라 딸로 태어난 집 분위기는 거의 비슷하니까 이상한 줄도 몰랐어요. 제 안에 한이 이렇게까지 크게 맺혀 있는 줄도 몰랐어요."
그리고 S 님과 저는 둘째 딸에 대한 이야기를 다시 시작했어요.

"나를 불편하게 만드는 상대가 바로 '나'라는 걸 마음으로 인정하기 전까지는 아무것도 달라지지 않아요. 마음공부를 하면서 많이 헤매는 이유가 바로 이 부분을 간과하기 때문이에요. 둘째 딸과 S 님 중 누가 옳은지 그른지 따지자는 게 아니에요. 둘째 딸에 대한 분노와 원망도 당연히 수용해줘야 하지만, 둘째 딸이 S 님의 무의식을 보여준다는 것도 인정해야 변화가 일어나요. 어떠세요?"

"제가 차별받았던 게 괜찮은 줄 알았는데 그렇지 않았다는 걸 확인하고 나니까, 우리 딸도 마음이 힘들었겠다 싶어요. 한 가지 이해가 안 되는 점은, 저는 그래도 참고 착한 딸로 컸는데 우리 둘째 딸은 왜 저렇게 사고를 치는 걸까요?"

'사랑받지 못하고 차별당했지만 참은 나'는, '절대 참고 싶지 않은 나'에 기대어 존재해요. 극과 극의 '나'가 하나로 존재하고 있는데, S 님은 전자에 치우쳤기에 S 님의 딸은 후자에 치우친 모습으로 창조된 것이죠. 사실 S 님은 참지 않고 사고도 치며 '사랑받지 못한 아픔'을 표출하고 싶었는데 참았던 거예요. 그 반대 극을 바로 딸이 참지 않고 다양한 사고를 치면서 보여주는 거예요. 'S야, 너 이러고 싶었잖아? 차별당했을 때 이렇게 난리를 치고 싶었잖아? 네가 얼마나 아프고 억울했는지 부모 속 썩이면서라도 어필하고 싶었잖아. 왜 인정 안 해? 내가 너야.' S 님의 무의식은 딸을 통해 이런 말을 하고 싶었던 거예요.

저는 S 님에게 부모님이 자신에게 어떤 말을 해주길 바라는지 물어봤어요.

부모님에게 듣고 싶었던 말: 우리 딸이 최고야. 네가 우리 가족이라서 행복해. 너를 정말 많이 사랑해. 그동안 차별해서 너무 미안해. 우리 딸 너무 속상했지? 늦게라도 사과하고 싶어. 미안해. 학교 가고 싶었는데 여자란 이유로 오빠랑 동생한테 양보해야 해서 억울하고 서러웠지? 얼마나 한이 맺혔을까. 너는 참 똑똑했는데. 엄마 아빠가 지금이라도 우리 딸 많이 사랑해줄게. 엄마 아빠가 잘못했어. 정말 미안해. 그리고 우리 딸 제일 사랑해. 너는 우리 집 귀한 공주야, 공주.

"S 님의 둘째 딸도 그 말을 S 님한테 듣고 싶을 거예요."

S 님은 한참을 울었어요. 그리고 이렇게 인정했어요. "우리 둘째 딸이 저였네요"라고요.

내가 아니라고 버린 마음은 무의식에 전부 다 저장돼요. 그리고 타인과 상황이라는 '현실'로 재창조돼 내 눈앞에 나타나서 나를 불편하게 만듭니다. 싫어서 버린 마음인데 자꾸 현실로 창조되어 나에게 보여지니까요. 하지만 그 버린 마음이 '나'라는 걸 받아들이고 나면 이 괴로움으로부터 자유로워지기 시작하는데, 이때 어떤 식으로든 현실이 풀려나가요.

S 님은 컴퓨터 게임을 하던 둘째 딸에게 "게임 끝나면 엄마랑 산책하러 나가자"라고 말을 건넸어요. 그리고 함께 산책하며 딸의 손을 꼭 붙잡고 이렇게 얘기했어요. "우리 딸, 살면서 너무 서

운했지? 엄마가, 아들을 낳지 못하면 구박받을까 봐 너무 무서워서 임신할 때마다 아들을 원했어. 첫째는 그래도 첫째라 예뻤는데 둘째인 널 가졌을 때는 실망이 컸어. 너는 너무 어릴 때라 기억하지 못하겠지만 아마 배 속에서부터 많이 서운했을 거야. 그리고 사랑받지 못할까 봐 너무 두려웠을 거야. 그런데 태어나서도 엄마가 막내랑 너를 자꾸 차별해서 얼마나 비참하고 마음이 아팠겠니. 엄마가 미안해. 엄마도 여자란 이유로 집에서 차별을 받아놓고선, 너에게 똑같이 했다는 걸 최근에서야 알게 됐어. 엄마가 많이 반성할게. 우리 딸 서운한 거 풀리도록 엄마가 많이 신경 쓸게. 엄마한텐 우리 둘째도 똑같이 소중한 자식이야. 엄마가 많이 사랑해." 갑작스러운 엄마의 말에 둘째 딸은 당황했지만, 그동안의 서러움이 올라왔는지 펑펑 울었다고 해요.

그리고 그 이후로도 S 님은 둘째 딸이 보여주는 자신의 마음에 집중하며 꾸준히 수용 작업을 이어갔어요. 둘째 딸이 한순간에 변하지는 않았지만, 상관없이 S 님은 계속 자신의 마음을 수용해나갔죠. 미처 주지 못했던 사랑을 채워준다는 생각으로 둘째 딸과 데이트도 많이 했다고 해요.

그러던 어느 날, 아침에 일어나니 둘째 딸이 보이지 않았어요. 핸드폰을 보니 딸에게 문자가 와 있었어요. '빚 갚아야 하니까 일자리 구했어. 오늘부터 출근이야! 나도 그동안 속 썩인 거 미안하고 사랑해, 엄마! 사과해준 거 고마워.'

자기 수용 이후 S 님의 소감

제게 사랑받지 못한 아픔으로 사고를 치고 다녔던 둘째 딸의 모습이 사실은 부모님에게 사랑받지 못해서 아프지만 꾹 참았던 저였다는 것, 그리고 사실 저도 사고를 치고 몸부림을 쳐서라도 제 아픔을 드러내고 싶었다는 걸 알게 됐을 때의 충격을 잊을 수 없습니다. 이제는 둘째가 딸로 안 보이고 저로 보여요. 딸의 모습으로 나타난 저를 평생 껴안아주려고 합니다. 우리 둘째가 아니었으면 평생 풀지 못했을 마음입니다. 천사가 따로 없습니다.

S 님의 자기 수용 팁

안내해주신 대로 했던 거라 팁이라고 할 게 없습니다. 그래도 종일 생각해봤는데, '내 기억이 틀렸을 수도 있다. 내 믿음이 틀렸을 수도 있다'는 걸 알고 있었더라면 조금 덜 저항하고 더 빨리 정화할 수 있었지 않았을까 하는 작은 아쉬움이 남습니다. 이제 자기 수용을 시작한다면, 자신의 기억과 믿음을 의심해보는 게 감정을 해소하는 데 많은 도움이 되리라는 말씀을 드리고 싶네요.

사고를 치는 딸을 두었다면

(사례에 공감하는 분들을 위한 미션입니다.)

1. 사고를 치는 무의식적 이유는 자신이 버려졌다고 생각하기 때문입니다. 딸은 왜 자신이 사랑받지 못하고 버려졌다고 생각할까요?

2. 내 안의 사랑받지 못한 아픔이 딸로 나타났다면, 내 안에는 어떤 아픔이 있을까요?

3. 딸을 향한 마음은 내가 버린 내 내면아이를 향한 마음과 같습니다. 내가 버린 마음에게 어떤 말을 하고 싶나요?

3 갖고 싶은 마음도 마음일 뿐이야

O 님은 딸이 자기밖에 몰라서 너무 얄미웠어요. 동시에 딸을 얄미워하는 자신이 한심하게 느껴졌죠. O 님은 가난한 어린 시절을 보냈기 때문에 눈치껏 갖고 싶어도 아닌 척하며 집안 분위기를 살피며 참고 살았어요. 맞벌이를 하는 부모님 때문에 동생들을 돌보는 것도 O 님의 몫이었죠.

어른이 되어 가정을 꾸린 후에도 경제적으로 힘든 상황인데, 첫째 딸은 전혀 눈치를 보지 않고 이거 해달라 저거 해달라 요청했어요. 갖고 싶은 것과 하고 싶은 것을 당당하게 말했죠. 남편과 맞벌이를 하고 있어 동생을 봐줬으면 좋겠는데 큰딸은 '동생을 돌보는 건 부모님이 할 일이지 내가 할 일이 아니다'라며 거절하고 친구들과 놀러 나갔어요. 그런데 첫째 딸이 기가 너무 세서, 혼내지는 못하고 매번 쩔쩔매기만 했어요.

"딸이 무언가를 갖고 싶다고 했는데, 경제적 사정이 어려우면 어떻게 말씀하세요?"

"미안하니까 '나중에 사주면 안 될까?'라고 얘기해요. 그러면 딸은 '싫어. 지금 갖고 싶어!'라고 하죠. 전혀 집안 사정을 고려하지 않아요. 그러면 카드 긁어서 사주죠."

"왜 무리해서 사주시는 거예요? 너무 사주고 싶지만 지금은 사정이 어려우니 다음에 사준다고 하시면 되잖아요."

"그러면 밥도 안 먹고, 기분 나쁜 티를 팍팍 내서 집 분위기가 엉망이 돼요. 얼른 사주고 치워야 해요. 저는 전혀 안 그랬어요. 부모님 마음 아플까 봐 갖고 싶어도 꾹 참고 살았는데…. 같은 장녀인데 어쩜 저랑 이렇게 다른지 모르겠어요."

O 님의 억눌린 무의식 중 하나는 '갖고 싶은 마음'이에요. '갖고 싶은 마음'이 있는데, 아닌 척한 것이죠. 물론 집이 가난하니까 분위기 파악을 하느라 착한 딸들은 사달란 말을 안 해요. 사줄 수 없는 부모님의 마음을 아프게 하고 싶지 않으니까요. 그렇게 '갖고 싶은 마음'은 꾹 억눌리게 되죠.

그럼 억눌린 마음은 어디로 갈까요? 무의식에 저장되어서 현실로 창조돼요. '갖고 싶은 마음'을 인정할 때까지 다양한 현실이 펼쳐지는 거예요. O 님의 딸처럼 '무조건 가질 거야!'라고 하는 가족이나 지인이 창조돼서 '이거 네가 버린 내면아이야' 하고 보여주기도 하고, 갖고 싶은 게 있어도 말하지 못하는 상황이 반복해서 창조되거나(돈 없는 남자를 만나거나 집이 계속 가난해지거나), 갖고 싶은 걸 말했을 때 주변인에게 비난을 받는 상황이 창조되기도 해요. 스스로 '갖고 싶은 마음'을 공격하기 때문에, 공격받는 현실이 펼처지는 것이죠. 그런데 O 님의 경우에는 '갖고 싶은 마음'을 스스로 공격하며 살았기 때문에, 딸이 '갖고 싶은 마음'을 드러내면 눈치 없고 얄밉다며 마음으로 공격하는 거예요.

사실 O 님의 딸이 보여주는 마음은 O 님이 억누른 마음이에요. 딸이 '갖고 싶은 나'를 보여주는 역할을 맡은 것이거든요. 그리고 나중에 사주겠다 혹은 안 된다는 말을 하지 못하는 건, 괜한 언쟁을 피하고 싶어서도 있지만, 사줄 수 없는 형편이라고 말함으로써 가난을 인정하기 싫기 때문이에요. 가난을 인정해야 가난으로부터 해방되는데 말이죠.

추가로, O 님은 동생들을 돌봤지만 돌보기 싫었을 때가 많았다고 해요. 하지만 부모님이 힘들까 봐 친구들이랑 놀고 싶은 것도 참고, 쉬고 싶은 것도 참고, 아픈 날도 다 괜찮은 척 참아가며 동생들을 돌봤어요. 그러니 동생을 좀 돌봐달라고 해도 딱 잘라 거절하는 딸이 나타난 거죠. 사실은 거절하고 싶었던 O 님의 마음을 딸이 보여주는 거예요.

이쯤에서 이런 의문이 들 수 있어요. '그러면 O 님의 부모님이 형편이 어려운데도 끝까지 갖고 싶은 걸 고집해서 부모님을 힘들게 했어야 맞느냐? 당장 동생들을 돌봐줄 사람이 없는데, 그러면 나 몰라라 하고 친구들 만나러 갔어야 맞느냐?'라는 의문이요.

행동이 중요한 게 아니에요. 마음이 중요한 거예요. 부모님이 사주든 아니든 갖고 싶은 마음을 인정하고 표현했어야 해요. 그러면 갖고 싶은 마음이 인정되기 때문에 부모님이 경제적으로 풍요로워지면서 갖게 되든, 다른 경로로 갖게 되든 '갖는 나'가 되는 삶을 살게 돼요. 부모님이 마음 아플까 봐, 힘들까 봐 참았지만 무의식 차원에서 보자면 원하는 걸 말하지 않고 부모님께 의지하지 않음으로써 '내가 원하는 걸 사줄 수 없는 무능한 부모'로 계속 만든 것이죠.

동생들을 책임지기 싫은 마음도 마찬가지예요. 책임지기 싫은 마음을 인정하면, 책임지고 싶은 마음도 인정되기 때문에 책임지고 싶을 때 지고, 아니다 싶을 때는 책임지지 않아도 되는 방향으로 현실이 창조돼요. 이래서 참 마음을 모르면 여러모로 너무 힘들어요. 알았는데 일어난 일이 아니라, 정말 몰라서 이렇게 된 것이니까요.

우리는 내 무의식 속 마음 에너지로 모든 걸 창조해요. 현실이 너무 진짜처럼 세팅되어 있어서 계속 속아 넘어갈 뿐이죠.

"일단 O 님이 딸에 대한 마음을 있는 그대로 직면하는 게 중요해요."

자기 수용 기록 中

딸이 너무 얄밉다. 너는 눈치가 없니? 네 아빠랑 내가 돈 때문에 맨날 싸우고 한숨 쉬는 소리가 네 방에는 안 들리니? 집안 사정 뻔히 알면서 어떻게 그렇게 너는 뭘 갖고 싶다거나 하고 싶다는 말을 당당하게 잘하니? 엄마 아빠가 힘들까 봐 걱정 안 돼? 제발 좀 닥치고 가만히 있어. 너같이 배려 없고 눈치 없는 자식한테는 아무것도 안 해주고 싶어. 너 같은 딸을 둔 내가 죄인이야!

동생 좀 돌봐. 네가 집에서 하는 게 뭐가 있어? 이렇게 아무 도움도 안 되는 주제에 뭐가 늘 그렇게 당당하고 할 말이 많아? 널 보고 있으면 너무 짜증 나고 구역질이 나. 사랑받을 짓을 해야 사랑을 해주지, 하나도 사랑스럽지 않고 도움도 안 되는데 내가 널 왜 키워야 하는지 모르겠다.

갖다 버리고 싶다. 내 눈앞에 나타나지 않았으면 좋겠다. 버리고 싶다. 너무 버리고 싶다. 이런 딸 원한 적 없어. 이런 자식은 필요 없어!

O 님은 이런 식으로 딸에 대한 미움을 솔직하게 인정했어요. 그러고는 제게 물었죠.

"그런데 왜 딸이 무섭다는 생각이 들죠? 지금까지는 피곤하니까 그냥 해준다고 생각하고 말았는데 감정 수용을 하면 할수록 딸을 무서워한다는 걸 알았어요. 이유는 모르겠어요."

"O 님이 가장 두려워하는 걸 보여주니까요."

O 님은 딸이 무섭다고 했는데, 사실 딸이 무서운 게 아니라 딸이 보여주는 자신의 무의식이 무서운 거예요. 엄마 아빠 사정 같은 거 생각하기 싫고 그냥 갖고 싶은 걸 밀어붙이고 싶었던 마음,

동생들이야 어찌 되든 말든 한 번쯤은 그냥 내팽개치고 친구들이랑 놀러 나가고 싶었던 O 님의 마음을 딸이 보여주니까, 그 마음이 자꾸 건드려지니 무서운 것이지요.

궁극적으로는, 무언가를 갖고 싶어서 사달라고 하거나 동생들을 돌보기 싫다고 하면 부모님에게 버려질까 봐 두려운 마음인 거예요. 그 두려움이 딸을 통해서 올라오니까 무서운 거죠. O 님 안에 있는 마음이지만, 드러냈다가는 버려질까 봐 너무 무서워서 감춰둔 마음이 딸을 통해 건드려지니까 딸을 볼 때마다 불편한 거였어요.

"O 님의 딸은, O 님의 내면아이가 현실에서 물질화된 거예요. O 님은 딸을 통해서 무의식을 정화할 기회를 얻은 것이죠. O 님이 어린 시절에 느꼈던 마음을 들여다보는 것도 중요해요. 어린 시절의 O 님이 어땠는지, 마음이 어땠는지 떠올려보세요. 가장 솔직한 마음을 대면해보세요."

자기 수용 기록 ㊥

나는 그냥 참는 아이. 참는 것 말고는 할 줄 아는 게 없는 아이. 하기 싫어도 하기 싫다고 말 못 하고, 하고 싶어도 하고 싶다고 말 못 하고, 갖고 싶어도 갖고 싶다고 말하지 못하는 아이. 책임지기 싫어도 책임지기 싫다고 말하지 못해서 책임지는 아이. 아파도 아프다고 말 못 하는 아이. 괜찮은 척하는 아이.

"제가 왜 몸에 병이 날 수밖에 없는지 이제 알겠네요. 이토록 다 참고 살았으니 몸에 병이 날 수밖에요."

O 님은 그동안 몸이 많이 아팠어요. 다양한 병을 앓고 있어서 병원도 여러 군데 다니며 치료받았지만, 대부분 이상이 없다거나 원인을 모르겠다는 답변만 돌아와서 막막해했죠. 감정 에너지는 몸에 저장되는데, 해소되지 못하고 막혀 있으면 다양한 질병을 일으켜요. 이때, 병원에서 찾아내는 경우도 있지만 그러지 못하는 경우도 많죠. 마음의 문제로 인한 몸 반응이니, 병원에서 찾아낼 수 없는 사례도 많은 거예요. 그래서 원인을 찾지 못하는 경우에는 정신과를 추천하는 병원도 많다고 해요.

"그때의 O 님으로 돌아가서 하고 싶은 말을 실컷 해보세요."

자기 수용 기록 中

동생들 돌보기 싫어. 너무 귀찮아. 나도 친구들이랑 나가서 놀고 싶어! 동생을 돌보는 건 엄마 아빠가 해야지 왜 내가 해야 해? 내가 얘네 부모야? 나는 그냥 언니이자 누나일 뿐이야. 나도 똑같은 자식이란 말이야! 나한테 동생들 돌보는 책임을 전가해야 할 정도로 경제력이 없으면 도대체 자식을 왜 이렇게 많이 낳은 거야? 대책도 없고 답도 없고, 나보고 어쩌란 거야! 왜 내가 엄마 아빠를 이해해야 해? 엄마 아빠가 나를 이해해야지. 왜 어린 내가 어른인 엄마 아빠를 이해해야 하냐고! 그게 말이 돼?

엄마 아빠 고생하는 걸 보면 난 아무 말도 할 수 없었어. 갖고 싶은 걸 절대 말할 수 없었어. 그러면 천하의 나쁜 딸이 되는 것 같으니까. 사줄 수 없는 형편이라 엄마 아빠가 마음 아플까 봐 한마디도 못 했어. 사실 갖고 싶은 게 얼마나 많았는데. 엄마 아빠한테 생일 선물 받는 친구들 보면서 얼마나 부러웠는 줄 알아? 나는 생일 때 선물은커녕 과자 한 조각 받아본 적도 없어. 나중에는 내 생일이 언제인지 기억도 안 났어. 생일 선물 받고 축하받는 친구들이 너무너무 부러웠어! 나 하고 싶은 거 많아! 갖고 싶은 거 많아! 때려서라도, 죽여서라도 다 뺏고 싶어. 그 정도로 갖고 싶어! 너무 갖고 싶어서 미쳐버릴 것 같아. 그냥 다 나한테 줬으면 좋겠어. 다 가지고 싶어!

갖고 싶어하면 버려질까 봐 두렵다. 눈치 없고 분위기 파악도 못 하고 부모님을 힘들게 하는 사람이라고 할까 봐 두렵다. 내가 갖고 싶어하면 엄마 아빠가 마음이 힘들어질까 봐 너무 무섭다. 동생들을 책임지지 않으면 나 때문에 부모님이 힘들어질까 봐 두렵다. 동생들을 책임지기 싫다고 하면 나한테 실망할까 봐 두렵다. 그래서 결국 버려질까 봐 너무 무섭다.

"제가 얼마나 참고 살았는지 알겠어요. 글 쓸 때도 손이 벌벌 떨리고, 소리 내서 말하려고 하니까 목이 조이는 것처럼 느껴졌어요. 마치 말하지 말라는 듯이 뭔가 제 목을 막는 느낌이요. 그래서 이왕 시작한 거 제대로 하고 싶어서 그래도 계속 소리 지르며 해소했어요."

그룹 수업을 진행할 때, 소리 내서 읽으면 그만인데 그걸 하지 못하는 사람들이 있어요. 왜 못할까요? 두려움이 막기 때문이에요. 감정이 터져 나오면 그때부터 에고가 죽어나가기 때문에, 그게 무서워서 보이지 않는 손이 입을 틀어막는 것이죠. 그래서 저는 억지로라도 끄집어낼 수 있게 가이드해요. 혼자 자기 수용을 하는데 도저히 입으로 뱉지 못하겠고 집중이 안 되면 전부 '저항'으로 인지하고, 의도적으로 몰입해야 감정이 해소돼요.

그 후에 O 님은, 그때의 O 님의 마음을 이해해주는 내면아이 치유 시간을 가졌어요.

자기 수용 기록 中

병든 게, 참고 살아서 너무 마음이 아프다고 표현한 거였구나. 그걸 여태 몰라 병원만 돌아다녔네. 그냥 다 그러고 사는 줄 알았지, 내 마음 같은 건 하나도 중요하지 않다 여기면서 살았어. 하고 싶은 것도 많고, 갖고 싶은 것도 많고, 또 하기 싫은 것도 많았는데 너무 다 참으면서 살았어, 그렇지? 너무 억울하고, 너무 서럽고 화났지. 그걸 몰랐어. 내가 몰라줬네. 아무도 가르쳐준 적 없었어. 그래서 어떻게 해야 맞는 것인지 알 수가 없었어. 그저 그래야 하니까 그런 줄 알고 살았던 세월이 너무 야속하네.

나 자신에게 너무 미안해. 많이 억울했지? 책임지기 싫은데 자꾸 책임져야 하니까 다 갖다 버리고 도망치고 싶을 때도 많았지? 하고 싶은 거 다 하는 친구들이 너무 부러웠지? 친구들을 부러워한다는 걸 부모님이 알면 마음 아플까 봐 그 마음도 숨기면서 살았지? O야, 참고 사느라 너무너무 고생했다. 미안하다. 이제야 너를 봐줘서 미안하다. 내 인생에서 가장 중요한 게 넌데, 나는 너 빼고 다 중요하게 여기며 살았구나. 내가 지은 죄는 다른 게 아니라 널 버린 거였구나. 너무 미안하다. 이제부터라도 내가 마음 다 알아줄게.

이런 식으로 O 님은 자신의 마음을 계속 수용해나갔어요. 두 달 정도는 몸이 더 힘들고 아팠어요. 몸에 쌓인 감정 에너지가 나가기 시작하니 아플 수밖에 없어요. 그리고 석 달이 지난 후부터는, 병원에서 원인을 알 수 없다던 다양한 증상들이 조금씩 줄어들기 시작했어요.

"이상하게 요즘 딸이 뭘 갖고 싶단 말을 잘 안 해요. 원래는 하루에도 수십 번씩, 이게 갖고 싶고 저게 갖고 싶다며 저를 못살게 굴던 아이였는데 요새는 통 말이 없네요. 어제 오랜만에 뭘 갖고 싶다고 하는데, 제가 '그거 이미 있지 않아? 갖고 싶은 마음은 이해하지만 지금 형편에, 똑같은 건 무리해서 사줄 수 없어'라고 했더니 수긍을 하더라고요. 원래라면 난리를 쳤을 텐데….

그리고 제가 제 안에 있던, 갖고 싶은 마음을 계속 허용해서 그런지 여기저기서 제가 사려고 했던 것들이 선물로 들어와요. 요즘 손님도 계속 많아져서 매출도 올라가고 있고요. 지난달에는 매출이 평소보다 세 배로 올라서 제가 갖고 싶었던 옷도 샀어요. 늘 갖고 싶어도 참았는데, 제가 저에게 선물해주게 되더라고요. 그리고 전 더 이상 딸에게 동생 좀 돌보라고 요구하지 않아요. 그런데 요즘에 동생이랑도 잘 놀더라고요. 그리고 보니까 막내가 보살핌이 필요한 만큼 어리지도 않은데, 제 강박이었던 것 같아요. 요즘 상황은 제가 겪고 있지만 거짓말 같아요. 경험하면서도 믿을 수 없는 변화예요. 왜 마음이 전부라고 하는지 알겠어요."

이후에 O 님은 딸이랑 대화를 나누다가 O 님의 어린 시절 이야기를 들려줬대요.

"엄마는 어릴 때부터 갖고 싶어도 부모님 힘들까 봐 말하지 못했고, 동생들 안 돌보고 친구들이랑 놀고 싶어도 참았어. 사실 이것뿐만 아니라 살면서 모든 면에서 하기 싫어도 해왔고, 갖고 싶어도 꾹 참으면서 살았지. 엄마는 이렇게 살지 않으면 미움받을 거라 생각했는데, 너는 그러지 않아서 솔직히 처음엔 너무 얄미웠어. 엄마랑 너무 다르니까. 그런데 딸이 그렇게 해준 덕분에, 엄마가 어릴 때부터 풀지 못하고 쌓여 있던 마음을 수용할 수 있게 되었어. 고마워."

딸은 이렇게 말했어요. "엄마 어릴 때 엄청 힘들었겠다! 엄마는 아기였는데! 외할아버지랑 외할머니는 어른이었는데! 엄마도 나처럼 갖고 싶은 건 갖고 싶다고 말하고, 하기 싫은 건 하기 싫다고 말해! 갖게 될지 아닐지 모르지만 갖고 싶은 마음은 그냥 마음이 잖아! 하기 싫어도 해야만 하는 일이 있지만, 하기 싫은 것도 그냥 마음일 뿐이잖아! 그런데 엄마 나 요즘 갖고 싶은 게 별로 없다? 엄마도 느끼지? 동생도 귀찮기만 했는데 요샌 걔랑 노는 게 재밌어."

O 님은 딸 덕분에 놓치고 있던 마음을 알 수 있게 됐어요. O 님이 무의식을 정화해서 현실 변화를 일으킬 수 있도록 딸이 O 님의 내면아이를 보여주는 역할을 해준 것이죠. O 님 내면의 '받고 싶은 마음과 책임지기 싫은 마음'을 인정하니, 더 이상 딸이 보여줄 이유가 사라진 것이고요.

억눌린 마음이 펼쳐낸 고통스러운 현실은, 그 마음을 받아들여주면 알아서 풀리게 돼 있어요. 그런데 마음공부를 하는 많은 사람들이 현실을 바꾸고 싶다는 집착으로 마음을 이용하려고 하기 때문에 변화가 더디거나 잘 안 풀리는 거예요. 현실 변화에 집착하는 것에서 맴돌지 말고, 집착할 수밖에 없는 '나의 불편한 마음'에 초점을 맞춰서 수용 작업을 하다 보면 어느덧 달라진 마음과 현실을 누리게 될 거예요.

자기 수용 이후 O 님의 소감

딸이 너무 얄밉고 보기 싫었는데, 이젠 그렇지 않다는 게 가장 큰 변화 중 하나예요. 딸이 제 마음을 보여주는 존재라는 걸 경험을 통해 알게 되니까 모든 모습이 다 귀여워 보여요.

저 자신도 많이 변했어요. 이젠 갖고 싶고 하고 싶은 게 있으면 참지 않아요. 제가 할 수 있는 범위 안에서 물건을 사고 뭔가를 배우는 데 돈과 시간을 많이 쓰고 있어요. 누구의 허락도 필요 없더라고요. 저만 제게 허락해주면 되는 거였어요. 건강도 좋아졌어요. 심한 저체중이었는데, 그렇게 안 찌던 살이 6킬로그램이나 쪘답니다. 딸이 절 괴롭히러 온 마귀인 줄 알았는데, 절 살리러 온 아기 천사였네요. 모든 것에 고맙습니다.

O 님의 자기 수용 팁

저는 제가 제 마음 이해해줄 때 가장 많이 풀린 것 같아요. 누군가 제게, 'O야, 너 많이 서러웠지? 힘들었지? 얼마나 속상했니, 얼마나 아팠니' 이렇게 해주길 정말 오랫동안 기다렸나 봐요. 하지만 이 말은 제가 저 자신에게 해줘야만 했던 거였어요. 그때 제 마음의 온도가 몇 도는 올라간 느낌이 확 들었어요. 여러분도 자기 자신에게, 오랫동안 듣고 싶었던 이해와 위로의 말을 꼭 해주세요.

미니 미션

이기적인 딸의 모습에 괴롭다면

(사례에 공감하는 분들을 위한 미션입니다.)

1. 딸의 이기적인 모습과, 이런 딸에 대한 솔직한 생각과 감정을 써보세요.

2. 이기적인 딸의 모습은 내가 저항하고 억누른 내 무의식입니다. 나는 왜 내 안의 이기심을 억누르고 있나요? 무엇이 두렵나요? 내 안의 이기심을 솔직하게 인정해보세요.

(예시: 나는 사실 ___하게 살고 싶다. 나도 솔직히 딸처럼 ___하고 싶다.)

3. 딸이 보여주는 이기적인 모습은 바로 내 모습입니다. 내가 이기적이면 ___할까 봐 억누른 모습을 딸이 보여주고 있습니다.

이 말에 동의하시나요? 동의가 되면 넘어가고, 동의가 되지 않으면 자기 수용 단계를 따라 하며 내 안에 어떤 두려움이 있는지 살펴보고, 마주해보세요.

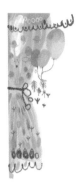

4 남자에게 버려진 마음을 공유하는
엄마와 딸

A 님은 딸이 3년 전, 마지막 남자친구와 헤어진 후 A 님과 전혀 소통하지 않으려 해서 답답했어요. 딸은 자신이 '루저'라며, 매번 연애에 실패해서 괴로우니 앞으로는 연애도 결혼도 하지 않을 거니까 자기에게 아무 질문도 하지 말라고 했어요. 그리고 일을 다녀오면 바로 방으로 들어가서 문을 닫고는 나오지 않았죠. A 님은 딸이 저러는 이유가 이별로 인한 충격이 지금까지 지속되고 있기 때문이라고 생각했어요. 하지만 정말 A 님의 딸이 A 님과 소통하지 않으려는 이유가 과연 남자친구와의 이별이기만 할까요?

모녀 갈등에서 흔하게 보이는 현상 중 하나는 각자 자신의 마음만 오래 기억한다는 거예요. 예를 들어, 엄마가 걱정되는 마음에 딸에게 '너 그래서 시집이나 가겠냐?'라고 잔소리를 했다고 해봅시다. 엄마는 자신이 한 말은 쉽게 잊거나 가볍게 여기고 그 순간에 가졌던 '딸이 걱정되는 마음'만 기억해요. 하지만 딸은 엄마의 걱정이 아닌 '그래서 시집이나 가겠냐'라는 발언을 기억하며 상처가 점점 깊어지죠. 딸도 마찬가지입니다. 속상한 마음에 엄마를 향해 '그러게 누가 낳아달래?'라며 비수를 꽂죠. 딸은 자신의 '속상한 마음'을 더 오랫동안 기억하지만 엄마는 딸이 한 말을 심장에 담고 살아가요.

저는 A 님에게 딸의 행동에는 분명 다른 이유들도 있을 거라고 얘기했어요. 그러면서 딸과 어떤 일이 있었는지를 돌아보길 권했지요. 다음 상담에서 만난 A 님은 이렇게 말했어요.

"걱정되는 마음에 한소리 했던 것들이 쌓였던 모양이에요."

A 님은 딸이 만났던 남자들은 모두 이상했다고 했어요. 딸을 무시하고 막 대하는 남자들만 만났고, 결국 끝도 좋지 않았죠. 그래서 속상한 마음에 딸에게 이렇게 말했대요. "너는 만나는 남자마다 왜 그 모양이니? 혹시 너한테 문제가 있는 건 아니고? 그래서 어디 결혼은 할 수 있겠어?" 그 후로 딸의 태도는 냉랭해졌어요.

"걱정되고 속상한 마음은 알겠지만, 당사자인 딸의 마음은 전혀 헤아리지 않으셨어요. 이상한 남자를 만나고 싶은 여자가 어디 있겠어요. 만나 보니 그런 사람이라 가장 속상한 건 본인일 거예요. 그런데 위로해주거나 마음이 어떤지 물어보는 게 아니라, 대뜸 '너는 만나는 남자마다 왜 그 모양이니? 너한테 문제가 있는 건 아니고?'라고 해버리면, 안 그래도 상처받은 딸에게 더 깊은 상처를 주게 되지요."

"그래서 제가 괜히 미안하니까 회사 앞에 데리러도 가봤는데 차에 타지도 않고, 옷도 사줬는데 받지도 않고 저래요."

어색하고, 힘들고, 서툴더라도 사과는 사과로 해야 해요. 화해의 제스처로 어물쩍 넘어가려고 하면 이처럼 마음의 문을 아예 닫아버릴 수 있으니까요.

"그건 딸의 입장에서는 '어른인 내가 화해의 손길을 내밀 테니 너는 날 이해하고 받아들이라'는 강요로 느껴질 수도 있어요. 상처받은 딸의 '마음'이 가장 중요한 것인데 말이에요."

자신의 마음을 바르게 이해할 수 있어야, 상대방의 마음도 바르게 이해할 수 있어요. 마음이 어떤지 스스로에게 물어볼 수 있어야, 상대방 마음 또한 어떤지 물어볼 수 있는 것이죠. 이 경우뿐만 아니라, A 님은 딸에게 '도대체 어쩌려고 그러냐', '너는 이제 틀려먹었다' 같은 말을 종종 했다고 해요. 그러니 딸은 더욱 마음의 문을 닫을 수밖에 없었던 거죠.

이렇게 보면 A 님이 마치 잘못한 것처럼 보이지만 우리네 삶은 무 자르듯 딱 잘라서 떨어지지 않아요. 분명 A 님도 A 님만의 입장이 있었을 거예요. 개인의 몇십 년 되는 서사의 단면만 보고 판단하는 건 무리가 있으니까요. A 님은 어떤 마음으로, 어떤 삶을 살아왔을까요?

"딸이 네 살 때, 남편이 다른 여자가 생긴 게 걸렸어요. 바람인 거죠. 하지만 당시에는 혼자서 딸을 키우는 게 막막해서 이혼은 절대 안 된다고 했어요. 지금까지 살고 있지만, 사랑은 없어요. 그냥 같이 사는 거예요. 부부로서 존재하지 않고 부모로만 존재하고 있죠. 그래서 지금까지 저는 제 딸만 보고 살았어요. 그런데 결혼을 할 나이가 됐는데도, 매번 이상한 남자들만 만나고 헤어지는 걸 보니까 걱정이 됐어요. 그런데 제가 말 몇 마디 그렇게 했다고, 3년 넘게 저랑 말 안 하니까 저도 너무 힘들어요.

그러고 보니 똑같네요. 남편이 바람났다고 친정엄마에게 말했을 때, 엄마가 '혹시 네가 뭐 잘못한 거 아니냐'고 말한 적이 있거든요. 시어머니도 '남자들은 한 번씩 그런다. 그냥 넘어가라. 네가 잘하면 바람을 피웠겠냐'라고 하셨고요. 그래서 그냥 그 이후로 이렇게 살고 있어요."

딸로 나타난 A 님의 내면아이의 정체는 무엇일까요? 남자한테 버려진 아픔과 엄마한테 버려진 아픔, 즉 여자로서 사랑받지 못한 아픔과 딸로서 사랑받지 못한 아픔이죠. A 님 내면에, 남편이 바람을 피웠을 때 여자로서 사랑받지 못한 아픔과 남편에게 버려진 아픔이 생겼는데 그 아픔이 풀리지 않았고, 덩달아 엄마 역시도 '네가 잘못한 거 아니냐'라고 함으로써 상처가 가중된 채로 무의식에 남게 된 거예요. 그 무의식 속 마음을 알아주지 않으니, 그 마음이 현실에서 딸로 나타나 보여주게 된 거죠. 그런데 A 님도 딸에게, 본인이 엄마한테 들은 대로 똑같이 말해버린 거예요. A 님은 딸에게 왜 그렇게 말할 수밖에 없었을까요?

소름 끼칠 정도로 딸과 엄마가 똑같은 운명대로 사는 걸 경험해본 적이 있을 거예요. 대물림된 무의식으로 창조되는 현실을 살아가기 때문이에요. 절대 부모에게 받은 상처를 자식에게 대물림하지 않겠다고 다짐해도, 자기 수용을 통한 무의식의 변화가 없으면 자기도 모르게 같은 상처를 물려주게 돼요.

A 님과 같은 케이스가 아니더라도 딸과 소통이 단절된 상황에 놓여 있다면, 딸이 어떤 나의 마음을 대신해서 보여주고 있는 것인지 과거를 떠올려서 찾아보세요. 내가 버린 나의 내면아이가 다시 나를 버리는 모습으로 나타난 게, 나와 소통을 원하지 않는 '딸'이에요.

"그럼 제가 어떻게 해야 할까요?"

"우선 A 님이 자신의 마음을 수용해야 딸의 마음도 완전히 받아들여지게 될 거예요. 그러니 남편에 대한 마음과 당시 엄마, 시어머니에 대한 마음을 솔직하게 작성해서 소리 내서 읽어보세요."

자기 수용 기록 中

마음 잘 안 여는 내가, 겨우 마음 열어 만난 게 당신인데 어떻게 처자식을 두고 바람을 피울 수가 있어? 바람을 피운 걸 걸렸으면 싹싹 빌거나 다신 안 그러겠다고 약속을 해야지, 어떻게 그렇게 당당할 수가 있어? 내가 알던 사람이 맞는지 의심되고 내가 얼마나 배신감에 치를 떨었는지 알아? 애가 겨우 네 살인데, 어떻게 한 여자의 남편이고 한 아이의 아빠가 된 사람이 그런 짓을 할 수가 있냐고! 그냥 죽어버려. 평생 못 잊어. 너 때문에 내 인생이 망한 거야. 당신은 나도 버리고 딸도 버린 거야. 가정을 버린 거야. 절대 용서 안 해. 나는 당신 좋아서 같이 살고 있는 줄 알아? 우리 딸 나처럼 아빠 없는 자식으로 키우기 싫어서 절대 이혼만큼은 안 하고 버텼던 거야. 이제 딸도 다 컸으니까, 시집가면 당신이랑 당장 이혼할 거야. 너 같은 놈이랑 결혼한 내가 미친년이야. 내 인생이 너무 아까워. 너랑 산 모든 세월이 너무 아까워. 시간을 돌려서 당신을 버리고 싶어. 당신을 갈기갈기 찢어서 죽여버리고 싶어. 눈치 없게 왜 아직까지 살아 있고 난리야. 그냥 죽어버려!

딸이, 남편이 바람 피워서 속상해서 울고불고 하소연을 하는데 내가 잘못한 게 아니냔 말이 엄마가 된 사람으로서 할 말이야? 어떻게 바람 난 사람이 아니라 배신당한 사람한테서 이유를 찾을 수가 있어? 엄마는 늘 그런 식이었어. 내가 힘들어하고 상처받고 돌아오면 내 마음이 어떤지가 아니라, 그냥 내가 잘못이 있고 문제가 있어서 이런 일을 당한다는 식이었어. 나는 그때 남편한테서도 버려지고 친정엄마한테서도 버려진 여자가 된 거야. 내 인생이 너무 서러워. 내 마음은 도대체 누가 이해해줘? 엄마만큼은 나한테 그러면 안 되는 거잖아!

시어머니, 당신도 여자면서 어떻게 그렇게 말해? 어떻게 같은 여자면서, 남자들은 다 그런다는 소리가 나와? 옛날 사람이니까, 어른이니까 하면서 참았는데, 생각해보니 어이가 없네. 당신 남편이 바람 피워도 남자들은 다 한 번씩 그러는 거니까 그냥 아무

일도 없었던 것처럼 넘어갈 수 있어? 당신 사위가 바람 피워서 딸이 고통받아도 똑같은 말을 할 거야? 당신이 사람이야? 왜 나 보고 억지로 참으라고 해? 당신 아들이 잘못한 거잖아. 당신 아들을 잡아야지. 왜 나한테 그러냐고!

남편이 또 바람 피울까 봐 너무 불안하다. 또 나를 버릴까 봐 무섭다. 나를 배신하고 다른 여자랑 놀고 있을까 봐 너무 불안하고, 이렇게 불안해하는 게 처참하다.

이렇게 쓴 마음을 소리 지르며 반복해 쏟아내던 A 님은 온몸에 기운이 빠지고 머리가 터질 것처럼 아팠다고 했어요. 감정이 해소되는 과정은 시원하기도 하지만, 많이 억눌렀을수록 몸에서 강한 반응이 와서 많이 힘들 수 있어요. 지금은 친정엄마도, 시어머니도 몇 년 전에 이미 돌아가셨기에 따질 수조차 없어 너무 억울하다며 A 님은 한참을 울었어요.

무의식에는 생사가 없어요. 그러니 당사자에게 직접 표현해야만 풀리는 게 아니에요. 참아온 마음을 자각하여 받아들이고 해소하면 마음은 풀려나요. 죽은 자도, 산 자도, 내 무의식을 비추는 하나의 장면일 뿐이기 때문이죠.

그리고 A 님은 딸이 예전에 이런 말을 했다고 해요. 아빠 같은 사람 만날까 봐 무섭다, 남자친구에 대한 질투와 의심이 심하다, 남자친구가 마음이 변해서 떠날까 봐 무섭다, 남자친구한테 애교를 부리거나 사랑받고 싶다는 표현을 전혀 못하겠다고요.

A 님에게서 해소되지 않은 무의식이 딸과 함께 그대로 공명하고 있지요? A 님은 아빠 없이 자란 아픔이 있어요. 그래서 남자에게 사랑받고 싶지만 버려질까 봐 두려운 마음도 있고, 그 마음이 풀리지 않으니 자신을 배신한 남편이 창조되었으며(이 부분은 받아들일 수 있는 분들만 받아들이세요. 억지로 받아들이면 영성 폭력이 됩니다), 비슷한 두려움을 가진 딸이 창조된 것이죠. 그래서 딸이 계속 연애에 실패하고, 버려졌던 거예요.

그리고 자신이 엄마로부터 상처받은 대로, 딸에게 주게 된 것이죠. 이걸 무의식 차원에서 보면, '나에게 마음의 문을 닫은 내 내면아이'가 물질화되어 딸과 소통이 단절된 현실로 나타난 것이고요. 동시에 사실은 너무 상처받아서 엄마와 아무 대화를 하고 싶지 않았던 A 님의 마음을 딸이 재창조해서 보여주는 것이기도 해요.

A 님은 과거의 상처에 대해 반복해서 감정을 해소하는 동시에 자신의 마음을 이해하는 시간을 가졌어요.

자기 수용 기록 中

A야, 넌 아빠 없이 자라서 아빠처럼 든든한 남자를 늘 원했지. 아빠의 빈자리는 너무 컸으니까. 그 빈자리를 채워줄 것이라 믿었던 남편이 바람이 나니 인생이 다 끝난 것처럼 눈앞이 노래졌지? 하지만 혼자 아이를 키울 자신이 없어 막막했던 네가, 마지막 끈

붙잡는 심정으로 엄마한테 털어놓았는데 위로는커녕 네 잘못 없는지 물어서 크게 상처받았지? 남편의 바람으로 우리 사이가 안 좋다는 걸 알게 된 시어머니 역시도 그냥 넘어가라고 하니까 너무 비참하고 다 죽여버리고 싶은 마음이 들었지? 하지만 아빠 없이 자라는 서러움이 뭔지 아니까, 딸에게만큼은 너처럼 아빠 없이 자라는 삶을 주고 싶지 않아서 참고 살았지? 다시 돌아가도 난 똑같은 선택을 할 거야. 이혼만큼은 절대 안 할 거야. 난 네 선택을 존중한다.

씩씩하게 살아왔지만 속은 얼마나 곪아왔니. 새까맣게 탄 속을 붙잡고 오랜 세월 버텨오느라 고생했다. 한 여자로서 존중받고 사랑받고 싶었을 뿐이었는데. 따뜻하게 보호받고 싶었을 뿐이었는데. 너무 힘들었지? 너무 속상했지? 이제야 내가 알아주는구나. 너무 늦게 알아버렸구나.

비행 시 문제 상황이 발생했을 때, 보호자 먼저 산소마스크를 착용한 다음 아이에게 산소마스크를 씌우라고 안내하잖아요. 모녀 관계도 마찬가지예요. 엄마의 마음이 치유되어야 그 자리에 딸이 들어올 수 있어요. 자신의 마음이 치유되면, 공명했던 상대방 마음을 이해할 여유 공간이 생기는 거죠.

"딸에게 사과를 해야겠어요. 그리고 제가 왜 그랬는지도 말을 해야겠어요."

A 님은 상담 초반에는 잘못했다는 건 알겠지만 직접 사과를 하

는 게 자존심이 상하고 억울한 마음이 있어서 내키지 않는다고 얘기했어요. 머리로는 동의할 수 있지만 마음이 열리지 않았기 때문이었죠. 자기 수용을 통해 감정이 해소되고 무의식이 정화되면 딸이 내 마음을 보여주기 위한 거울 역할을 해주었다는 사실을 머리가 아닌 마음으로 알게 돼요. 자신의 상처를 먼저 들여다보고 치유가 되고 나니, 딸의 마음이 이해가 되고 사과를 하고 싶은 마음이 생긴 것이죠. 딸의 무의식이 곧 자신의 무의식이니까요.

A 님은 딸에게 사과를 하기 전, 딸에 대한 자신의 '진짜 마음'을 직면했어요.

자기 수용 기록 中

딸이 나 때문에 제대로 된 남자를 만나지 못하는 게 아닐까 싶어서 걱정된다. 딸이 나처럼 살게 될까 봐 너무 불안하다. 제대로 된 남자를 만나지 못하고 마음고생하면서 살게 될까 봐 너무 무섭다. 딸이 남자한테 상처받고 헤어져서 좌절할 때마다, 전부 다 내 탓 같다. 내 남편이 좋은 사람이었다면, 그걸 보고 자란 내 딸은 좋은 남자를 만나지 않았을까? 아빠 같은 남자 만나고 싶다는 말을 하지 않았을까? 그냥 전부 다 내 탓 같아서 말이 괜히 모나게 엇나간다. 내 마음은 그게 아닌데. 사실은 너무 두렵고 죄책감이 올라오는 것인데.

본심은 딸을 비꼬고 비아냥대면서, 상처 난 딸의 가슴에 소금을 뿌리고 싶은 게 결코 아니었어요. 바람 피운 남편에 대한 배신 감으로 사는 자신의 팔자를 딸이 닮을까 봐 겁이 났던 거예요. 좋은 남자를 만나지 못할까 봐 불안했던 것이죠. 그리고 딸이 남자한테 상처받고 집으로 돌아올 때마다 '남자한테 버려진, 사랑받고 싶은 여자의 아픔'인 자신의 과거가 떠올라서 무의식적으로 공격했던 거예요. 아픔을 수용할 수 없으니 비난하는 방향을 택한 거죠. A 님의 엄마가 그랬던 것처럼요.

A 님은 딸에게 얘기 나누고 싶다고 말을 걸었지만, 딸은 방문을 닫고 나오지 않았다고 해요. 그래서 A 님은 편지를 써서 딸의 책상 위에 올려뒀어요.

편지 내용 중 일부

외할머니가 엄마에게 상처를 준 대로 너에게 그대로 상처를 줬던 것 같아서 미안하다. 엄마도 외할머니한테 상처받은 것에 대해서 사과를 받아본 적도 없고 해본 적도 없으니 미안하단 말이 입에서 잘 떨어져 나오지 않았다. 사과가 너무 늦어서 많이 미안하다. 엄마 참 부족하지? 안 그래도 속상했을 우리 딸 마음에 엄마가 더 모진 말들로 상처를 줘버렸네. 정말 미안해. 마음 깊이 반성하고 돌아보고 있어. 아무도 너의 마음을 이해해주지 않아서 얼마나 외로웠을지…. 엄마도 그거 때문에 평생을 외로웠으면서, 이 외로움을 보듬는 방법을 몰라 딸까지 외롭게 만들어버리는 정말 못나고 부족한 엄마가 되어버렸구나. 배운 적 없어서 못 했다는 변명은 하지 않으마. 억지로 이해해달라고도 하지 않을게. 다만, 엄마가 엄마의 잘못을 인정하고 있으니 마음을 풀어 줬으면 좋겠어.

네가 보고 자란 엄마 아빠의 삶이 너무 불행해 보여서, 그 영향으로 네가 제대로 된 남자를 만나지 못하고 매번 상처를 받는 건 아닌가 싶어서 죄책감이 들고 불안했어. 그래서 네게 괜히 공격적인 말들을 한 것 같다. 너랑 대화를 안 한 지 3년이 넘어가니, 엄마는 너무나 슬프다. 하지만 네가 마음의 문을 닫았다는 건 그만큼 상처가 너무 깊다는 뜻이겠지. 엄마가 기다릴 테니 용서를 해줬으면 좋겠어. 우리 딸이 너무 그리워.

그러고도 몇 달이 지났지만 딸의 태도는 달라지지 않았어요. 하지만 계절이 바뀐 후, A 님의 딸이 먼저 얘기 좀 하자고 하더니 울면서 자신의 마음을 털어놓았다고 해요. 좋은 남자랑 연애하고 결혼해서, 엄마 마음의 짐 좀 덜어주고 싶은데 계속 잘 안 되니까 너무 기가 죽어 있었다고. 그런데 엄마한테 그런 말까지 들으니 세상으로부터 완전히 버려진 기분이 들었고, 자신이 너무 못나게 느껴져서 아무 말도 하고 싶지 않았다고요. 하지만 A 님의 편지를 읽고, A 님의 지난 삶들을 생각해보니 시간이 지날수록 엄마인 A 님이 이해가 되어 마음이 녹았다고 해요. 그렇게 모녀의 갈등은 해소되기 시작했어요.

그리고 A 님은 이혼을 할 생각으로 남편과도 대화를 나눴어요. 남편은 당시 남자로서 인정받는 느낌을 전혀 받지 못해서 잠시 한눈을 팔았던 것이라며, 진심으로 용서를 구했다고 해요. 그동안 남편이 사과해도 그저 모면을 위한 겉치레로 보였는데 이번에는 진심이 느껴졌어요. 그리고 A 님도 그 당시, 겉으로는 남편에게 의존하는 척했지만 자신보다 능력이 부족한 남편을 은근히 무시하고 있었던 점을 인정하게 됐죠. 그래서 남편이 기가 죽었을 테고, 자신을 멋있게 보며 남자로 인정해주는 여자에게 마음이 혹했을 거라고요. 남편이 이해되니 용서하고 말고 할 것 없이, 마음이 풀렸다고 해요. 결국 자신에게 남자로서 인정받고 싶었던 남자가 결핍을 느꼈던 것이었으니까요. 그렇게 기대도 하지 않았던 남편과의 관계까지 회복되기 시작했다고 해요.

물론, 비슷한 케이스의 내담자 중에는 이혼을 선택하는 사람들도 많아요. 이혼을 하고 안 하고가 중요한 게 아니에요. 무의식 정화의 결과로 상대가 바뀌는 데는 두 가지 경우가 있어요. 하나는 A 님처럼 상대방에 대한 내 마음과 나에 대한 상대방의 태도가 바뀌는 거예요. 다른 경우는 이혼 후 아예 새로운 사람을 만나게 돼요. 이혼을 하든, 하지 않든 가장 중요한 점은 '내 마음이 풀려서 자유로워졌는가', 이것 하나뿐이에요.

요즘 A 님은 딸과 함께 마음공부를 하고 있어요. 많이 변한 A 님의 모습을 보고 딸이 먼저 관심을 보였다고 해요. 두 사람은 함께 '사랑받고 싶은 마음', '남자에게 버려질까 봐 두려운 마음'을 풀어나가고 있답니다.

자기 수용 이후 A 님의 소감

그저 소통이 단절된 딸과 관계를 회복하고 싶었을 뿐이었어요. 함께 사는데 대화가 없으니 너무 불편했거든요. 어떻게 다가가면 좋을지 같은 소통법이나 행동 스킬을 배울 수 있을 줄 알았는데, 본질은 제 마음을 봐야 했던 거였어요. 전혀 상상도 못 할 만큼 크고 많은 마음들이, 제가 봐주기를 오랫동안 기다리며 웅크리고 있었어요. 저는 제 아픔을 참 오랫동안 외면하고 방치해온 사람이었더군요. 자기 수용은 너무나 낯설고 힘든 작업이었지만, 제 인생을 완전히 뒤집어놓았어요. 내 마음을 그대로 보여주는 우리 딸이 아니었으면 이런 변화는 불가능했을 거예요. 딸과의 관계도 중요하지만, 그 자체가 곧 나와 내 마음의 관계가 어떤지를 거울처럼 비춰서 보여주는 것이더라고요. 이 점을 잘 기억하며 나아가보세요.

A 님의 자기 수용 팁

솔직함. 솔직할수록 무의식 정화가 잘 되는 것 같습니다. 자존심 지키느라고 그리고 너무 수치스러워서 인정하지 못했던 마음을 그냥 솔직하게 꺼내려고 노력할수록 해소가 많이 되지 않을까요? 저는 그랬습니다만, 제가 정답은 아닙니다.

미니 미션

딸과 소통하는 일이 어렵다면

(사례에 공감하는 분들을 위한 미션입니다.)

1. 소통하지 않으려는 딸을 보며 드는 생각과 감정을 솔직하게 써보세요.

2. 이대로 딸과 소통을 할 수 없다면 어떤 일이 생길까 봐 두려운지 써보세요.

3. 소통하지 않으려는 딸은 내 안의 소통하지 않으려는 내면아이, 내가 버린 마음을 보여주는 거예요. 나는 어떤 마음을 버렸나요? 그 마음을 버린 이유는 무엇인가요? 지금 올라오는 생각/감정/기억을 있는 그대로 써보세요.

4. 어린 시절을 떠올려보세요. 내 안에 올라오는 감정들을 억누른 순간들이 많을 거예요. 그리고 그 많은 감정을 모른 척하고 살아왔습니다. 외면받은 감정은 내게 토라졌고, 그 토라진 모습이 딸로 연출된 거예요. 그 아이에게 어떤 말을 해주고 싶나요?

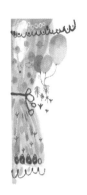

5 유능한 엄마와 무능한 딸

P 님은 너무나 가난했던 시절을 딛고 자수성가를 한 분이에요. '공부 아니면 죽음'이라는 생각으로 주린 배를 붙잡고 공부를 했죠. P 님의 부모님은 공부 잘하는 딸을 지원해줄 형편도 되지 않았거니와, "여자가 그냥 일이나 하지 무슨 공부냐"라며 핀잔을 줬다고 해요. 아무런 정신적, 물질적 지원도 받지 못한 채 서러움 속에서 공부했지만 성공한 케이스죠. 가난했던 시절을 떠올리면 아직도 뼈가 시린 것 같은 느낌이 든다고 해요.

그런데 고등학생인 외동딸은 모든 지원을 다 해주겠다고 하는데도 전부 다 거절했어요. P 님은 어떤 지원도 받지 못했는데, 딸은 해준다고 해도 거절하니 배가 불렀구나 싶고 속이 터졌어요. 딱히 하고 싶은 것도 없고, 대학교도 갈 생각이 없다며 핸드폰만 붙잡고 있는 딸은 최대 골칫덩이였어요. 딸은 초등학생 때까지는 P 님이 짜놓은 계획대로 움직여줬지만, 중학생이 되고 나서부터는 꿈쩍도 하지 않았어요. 집에 돌아오면 소파에 누워 있다가 밥만 먹고 계속 핸드폰을 보다가 잠드는 딸을 보면서, '이럴 줄 알았으면 차라리 애를 낳지 말았어야 했다'는 생각까지 들고, 터져 나오는 분노를 참을 수 없게 되자 상담을 신청했어요. P 님의 딸은 P 님의 어떤 무의식을 보여주고 있는 걸까요?

"딸을 보면 어떤 마음이 올라오는지 솔직하게 말씀해주세요."

"미쳐버릴 것 같아요. 중학생 때는 잠시 저러다 말겠지 했는데 전혀 아니에요. 지금 고3이에요. 그런데 아무 생각이 없어요. 초등학생 때는 제법 공부를 열심히 했어요. 말도 잘 듣고. 그런데 지금은 아예 말이 안 통해요. 대학교도 안 간다고 하니까 정말 머리끄덩이를 잡고 너 죽고 나 죽자 하고 싶어요. 딸이 정신 차리고 공부할 수만 있다면 제 영혼을 팔고 싶은 심정이에요. 제가 마음공부를 시작한 이유도 딸을 바꾸기 위해서예요."

딸을 바꾸고 싶은 마음은 이해하지만 안내자인 저는 어디까지나 그 '마음'만 수용해줄 수 있어요. 상담의 목적과 결과는 딸의 변화가 아니라, 딸에 대한 P 님의 '무의식 변화'니까요. 이 부분을 짚은 뒤, 상담을 이어나갔어요.

"딸이 대학에 안 가고 지금처럼 살면 어떻게 될까 봐 걱정되는 거예요?"

"그냥 사회의 패배자로 살겠죠. 아무리 부모가 지원을 해준다고 해도, 본인이 의지가 있어야 지원받은 것을 써먹든 유지하든 할 수가 있는데. 지원해주겠다고 해도 전부 다 싫다고 해버리니…."

"사회의 패배자가 되면 어떻게 되는데요?"

"자기 밥벌이도 못 하면 망해서 거지같이 살겠죠. 사람들한테 무시당하면서요. 끼리끼리 만나는데 대학도 안 가겠다고 하고, 열정도 없고, 하고 싶은 것도 없다고 하는 애를 누가 좋아하겠어요? 친구도, 남자친구도 못 만날 거예요. 패배한 삶이 되는 거죠. 그래서 구질구질 굽신거리면서 살겠죠. 진짜로 거지처럼요."

"딸이 그렇게 살면 어떻게 되는데요?"

P 님은 오랫동안 생각에 잠겼어요. 제가 계속 '그러면 어떻게 되느냐'라고 물어보는 이유는, 두려워하는 것의 실체가 무엇인지 파악하기 위함이에요. 우린 그저 배운 대로, 세뇌된 대로, 입력된 대로 쉽게 믿고 두려워해요. 때로는 자신이 무엇을 두려워하는지조차 파악하지 못한 채로 두려워하죠.

"그러게요. 그냥 저는 제 딸이 똑똑하고 당당하고 행복하게 살았으면 좋겠는데 그렇게 살지 못할까 봐 두려워요. 그리고 만약 그렇게 되면 딸을 누군가에게 보여주기 너무 창피할 것 같아요. 저보고 딸 잘못 키운 엄마라고 할까 봐 무섭네요."

"누가요?"

"친정 식구들, 시댁, 그리고 세상 사람들이요."

'남들이 이렇게 볼까 봐, 말할까 봐, 생각할까 봐 두렵다'라고 하는 것은 전부 다 자기 관념의 투사예요. P 님 역시 자신의 관념을 투사해서 타인을 '공격하는 자'로 만들고 있죠. 실제로 딸이 P 님이 두려워하는 삶을 살게 되었다고 가정해도, 그런 딸을 가장 한심하게 보고 무시하는 건 다른 사람들이 아니라 P 님 자신이에요. 자신이 딸을 그렇게 보기 때문에, 다른 사람들도 딸을 그렇게 볼 거라 판단해서 두려워하는 것이죠. 타인의 시선을 과하게 신경 써서 인생의 족쇄로 만드는 사람일수록 자기 공격성이 높은 거예요.

P 님은 '딸'의 역할로 나타난 현실이 P 님의 어떤 내면아이를 거울처럼 보여주는지를 찾기 전에, 딸에 대한 솔직한 마음을 대면하는 시간을 가졌어요. 딸에 대한 분노, 걱정, 두려움, 불안함, 바라는 것 뭐든 좋으니 생각나는 대로 쏟아내라고 했죠.

자기 수용 기록 中

네 엄마(P 님)가 어떻게 살았는 줄 알아? 네가 지금 받는 모든 혜택과 지원이 당연한 거라고 생각해? 내가 얼마나 피눈물 흘리면서 여기까지 왔는데. 얼마나 악착같이 노력해서 여기까지 온 건데! 감히 너 따위가 날 개망신 주려고 해? 나는 아무리 간절히 바라도 절대 누릴 수 없었던 것들을, 너한테는 이렇게까지 지원해주겠다는데 아무리 배가 불러도 유분수지. 네가 학생이면 당연히 공부를 해야지. 아님 네가 도대체 뭘 할 수 있는데? 이유 없이 사랑받으려고 하지 마. 공부를 잘하든 네가 원하는 걸 열심히 하든, 사랑받을 이유를 가져와야 사랑해줄 거 아니야!

내 자식이라는 게 믿기지 않는다. 너무 한심하고 답답하다. 하나밖에 없는 외동딸이 저 꼴이니까 살맛이 안 난다. 쟤 때문에 내 인생이 너무 불행하다. 어떨 때는 차라리 죽어버렸으면 좋겠다. 친정엄마 만날 때도 시어머니 만날 때도 면이 안 선다. 너무 창피하다. 내 배에서 어쩌다 저런 딸이 나온 걸까? 내가 한 것이라고는 열심히 산 것밖에 없는데 전생에 무슨 죄를 지어서 이런 벌을 받고 있을까, 나는?

열심히 공부하는 애들 보면 너무 예쁘고 기특해서 내 딸이랑 바꾸고 싶다. 루저, 패배자, 한심한 년, 아주 짝에도 쓸모없는 년, 무능한 년은 내 딸로 인정하기 싫다.

엄마 아빠가 다 지원해준다고 하잖아. 원하는 거 있으면 특기 살릴 수 있게 다 밀어준다는데 왜 너는 아무 생각도 없이 사는 거야? 곧 성인인데 도대체 어쩌려고 그렇게까지 생각 없이 살아가는 거야, 도대체!

그리고 P 님은 소파에 누워 있는 딸을 보면 몽둥이로 패고 싶은 충동이 계속 올라왔어요. 이러다 정말 딸을 죽일 수도 있다는 생각이 들어 스스로 두려워졌죠. 이유가 무엇일까요? 풀리지 않은 '공격성' 때문이에요. 과연 딸에 대한 공격성일까요? 겉으로 보면 그렇죠. 하지만 이건 딸에 대한 공격성이 아니라, 딸이 보여주는 P 님의 '무의식'에 대한 공격성이에요. 자기 자신을 향한 공격성이, 자신으로 동일시하는 딸을 보면서 나오는 것이죠. 우선 P 님은 딸에 대한 공격성을 계속 끄집어내서 수용하는 시간을 가졌어요.

자기 수용 기록 中

그냥 죽어버려, 이 쓸모없는 년아! 그렇게 아무 생각 없이 벌레같이 살기만 할 거면 그냥 죽어버려. 다 필요 없어. 너 같은 딸 필요없어. 차라리 네 아빠랑 단둘이 사는 게 훨씬 나아!

네가 없어져버렸으면 좋겠어. 네가 내 딸이라는 게 정말 끔찍하게 싫고 창피해! 너 같은 자식이 나올 줄 알았으면 절대로 임신하지 않았어! 널 낳은 걸 너무너무 후회해! 너한테 쏟았던 시간과 돈이 너무너무 아까워! 이 무능한 년! 아무짝에도 쓸모없는 버러지 같은 년! 그렇게 살다가 사람들한테 개무시나 당하고 거지처럼 살아 봐, 어디! 진작에 엄마 말 들을걸 하고 두고두고 후회하게 될 거야. 그땐 이미 늦었어!

그리고 P 님에게 무엇이 두려운지 직면하라고 안내했어요. 내 담자마다 다르지만, 한 번에 직면할 수 있는 사람이 있는 반면, 평소에 마음을 알아차리는 연습이 돼 있지 않아 막혀버리는 사람도 있어요. 그럴 때는 가장 두려운 상황을 계속 상상해보라고 해요. 가장 피하고 싶고, 절대 마주하기 싫은, 너무 두려운 상황이 어떤 것인지 계속 생각해서 무의식 깊숙이 묻혀 있던 두려움이 밖으로 나올 수 있게 작업해요.

자기 수용 기록 中

대학을 안 가면, 사람들이 나보고 하나밖에 없는 딸 대학교도 못 보낸 엄마라고 욕할까 봐 무섭다. 평생 뒷바라지해줘야 할까 봐 너무 무섭다. 사람들이 딸 뭐하냐고 물으면 할 말이 없을까 봐 무섭다. 다른 사람들이 자식 자랑할 때 나는 아무 말도 못 하고 초라함을 느껴야 할까 봐 무섭다. 내가 열심히 살아봤자 딸이 저렇게 무능하니까 결국 내 인생은 실패한 거라고 할까 봐 무섭다.

내 딸이 저렇게 살다가 거지가 될까 봐 무섭다. 무식하고 무능해서 사람들한테 개무시 당하면서 살까 봐 무섭다. 그 누구에게도 사랑받지 못할까 봐 무섭다. 한심한 존재로 살다가 매일같이 굴욕감 느끼게 될까 봐 무섭다. 우리가 아무리 재산을 물려준다고 해도 멍청하게 다 뺏겨버릴까 봐 무섭다. 그래서 눈치 보면서, 굽신대면서 살게 될까 봐 무섭다. 사람들이 비난할까 봐 무섭다. 수치스러운 존재로 살게 될까 봐 너무 무섭다.

P 님의 이 두려움은 누군가의 엄마가 된 P 님의 감정이 아니라 결혼 전 원가족에게서 느꼈던 감정이에요. 이 감정이 풀리지 않고 남아서 현재의 괴로움을 반복해서 창조하고 있는 거죠. 이제 그

과거의 감정이 자길 풀어달라고 딸을 통해서 고개를 든 거예요.

'가난, 수치심, 무시, 무능' 등의 키워드를 힌트 삼아서 P 님에게 어린 시절 떠오르는 게 있는지 물어봤어요. 분명 지금 딸을 보며 느끼는 공격성과 두려움은 전부 어린 시절에 경험한 감정이 재창조된 것이니까요. 그러자 P 님은 몸에 열이 오르고 어지럽다며, 그냥 딸과 자신의 문제만 해결하고 싶지 어린 시절은 입 밖으로 꺼내고 싶지 않다고 말했어요.

현재 시점의 상황과 고민들의 원인은 현상만 봤을 때는 단순하고 명확해 보이지만, 사실 지나간 기억 속 깊은 아픔으로 인한 것인 경우가 상당히 많아요. 오랜 세월 동안 외면하고 있었던 자신의 마음을 깊이 들여다보는 작업은, 그래서 결코 쉽다고 말할 수 없죠.

마주하기 싫은 감정을 다시 마주할 때 올라오는 저항 역시 자기 수용 작업을 힘들게 하는 주요 요인이에요. 저항은 누구나 다 겪는 것이지만, 그 에너지의 크기는 사람마다 달라요. P 님처럼 저항이 너무 심한 경우에는 마음을 들여다보려고만 해도 온몸에서 거부하는 반응이 올라와요. 집중력 저하, 다양한 몸 통증, 불편함, 마음공부 영상을 보거나 글을 읽어도 금방 잊어버리고 이해가 안 되는 경우, 졸림, 피로감, 자꾸 딴생각이 나는 것 등이 모두 저항(거부 반응)이에요. 자기 수용 과정을 통해 마음과 현실이 변화한 일을 경험한 적이 있다면, 그냥 힘들 것을 감내하고 직면하길 권해요. 하지만 처음 시작하는 경우라면, 잠시 쉬었다가 진행해도 괜찮아요. P 님도 휴식 시간을 가진 후에 다시 상담을 진행했어요.

"P 님, 마음의 준비가 되었나요? 어린 시절에 대해 말씀해주세요."

"어릴 때 저는 좁은 반지하에 살았어요. 그 작은 방에 다섯 식구가 살았죠. 따뜻한 물도 잘 안 나오고 벌레가 득실대는 집이었어요. 어릴 때야 잘 몰랐는데, 친구들 집에 놀러 가기 시작하면서 우리 집이 다른 집과 다르다는 걸 알았죠. 엄마 아빠는 종일 일하셨지만 늘 돈이 없었어요."

쫓겨나지 않으려고 집주인 눈치를 보던 부모님의 모습, 아버지가 사업 실패 후 사기까지 당해서 빚쟁이들이 집으로 찾아왔던 기억이 P 님에게는 너무나 선명한 기억으로 남아 있었어요. 빚쟁이들의 눈을 피해 숨죽인 채 숨어 있었던 기억은 정말 끔찍하다고 했죠. 부모님은 얼른 취직해서 돈을 벌라고 했지만, 당시 P 님의 판단으로는 당장 취직해봤자 밑 빠진 독에 물 붓는 꼴이었어요. 그래서 죽기 살기로 공부했어요. 가난으로 인한 굴욕감, 수치심, 모욕감, 결핍에서 벗어날 수 있는 방법은 오직 좋은 대학교, 좋은 회사에 취직하는 거라고 생각했죠.

P 님은 어지간하면 1등을 놓치지 않았지만, 늘 부모님의 지원 아래 유리하게 공부하는 친구들 사이에서 상대적 박탈감을 느꼈다고 해요. 대학에 가서는 더 큰 격차를 느꼈죠. P 님은 집에서도 공부하려고 하면 "쓸데없는 짓 한다, 개천에서는 용 나지 않는다"

는 말을 들었어요. 당장 돈이 없어 죽겠는데 왜 자꾸 공부를 하겠다고 하냐며, P 님의 책을 찢어버린 적도 있다고 해요.

아무도 자신을 응원해주지 않는 환경에서도 공부를 포기하지 않았던 P 님은 원하는 대학교에 갈 수 있었고, 사회에 나와서도 피나는 노력 끝에 자기 사업을 운영할 수 있게 됐어요. 그런데 자신과는 너무 다른 딸을 보고 있자니 미칠 노릇이었던 거예요.

"P 님께 공부는, 유일한 동아줄이었던 거네요."

"지원을 못 해주면 그냥 내버려두기라도 하지, 가난한 주제에 자식 가슴에 대못 박는 부모 밑에서 이렇게까지 공부하는 건 경험해본 적 없는 사람은 절대 몰라요. 이 서러움이 얼마나 아픈지."

그리고 P 님은, 몇 달 동안 어린 시절에 풀지 못했던 감정을 수용하는 시간을 가졌어요.

자기 수용 기록 中

거지 같은 집이 너무 싫다. 자식한테 해줄 수 있는 게 하나도 없으면서 도대체 왜 자식을 낳은 걸까? 해줄 수 있는 게 없으면 응원이라도 해주지, 어떻게 공부 좀 해보겠다는 딸한테 그렇게 모멸감을 줄 수가 있을까? 해도 해도 너무한다. 엄마 아빠가 너무 한심하고 밉고 싫다.

부모님에게 정신적, 물질적 지원과 응원을 받으면서 공부하는 친구들이 부럽다. 따뜻한 집에서 사는 친구들이 부럽다. 지하가 아니라 지상에서 사는 친구들이 부럽다. 걱정 없이 공부하는 친구들이 부럽다. 마음껏 공부할 수 있는 사람들이 너무 부럽다.

차라리 집이 불에 타버렸으면 좋겠다. 다 같이 죽는 게 꼭 비극일까? 차라리 죽으면 편할지도 모른다. 내가 뭘 누리겠다고 이 모든 걸 감내하며 살아가야 하는 걸까? 언제 쫓겨날지 몰라서 집주인한테 저렇게 굽신거리는 엄마 아빠를 보는 것도, 빚쟁이들이 찾아오는 것도, 집에 아무도 없는 척 숨죽이고 숨어 있는 것도, 돈 때문에 싸우는 걸 보는 것도, 돈 얘기 하면서 항상 인상 찌푸리고 한숨 쉬는 것도, 좁아터진 방에 다섯이 구겨져 사는 것도 전부 다 지긋지긋하고 숨 막힌다. 너무 싫다. 이 가난이 너무 싫다.

공부 아니면 답이 없다. 공부 아니면 죽음이다. 내 유일한 탈출구는 공부야. 그러니까 아무도 방해하지 마, 입 다 찢어버리기 전에. 나한테 시비 걸지 마. 그딴 식으로 쳐다보지 마. 나보고 대학 가지 말고 바로 일하라고 소리 지르지 마. 내가 왜 공부하는데? 엄마 아빠처럼 살기 싫어서 공부하는 내가 엄마 아빠 말을 왜 들어야 하는데!

엄마 아빠가 틀렸어! 지금 날 봐. 내가 그때 엄마 아빠 말대로 공부 안 하고 바로 일했으면 절대 못 누렸을 인생이야! 당신들이 너무 한심해!

모든 공격성은 아픔에서 시작돼요. 학대받은 유기견이 고통스러운 기억으로 공격적인 성향을 보이는 모습을 떠올리면 이해하기 쉬울 거예요. 당시의 P 님의 이런 공격성과 울부짖음 역시도 '아픔'에 의한 것이죠. 그래서 저는 P 님에게 올라오는 공격적인 마음을 충분히 푼 뒤에, 아픔으로 들어가도록 가이드했어요. 이때도 P 님은 올라오는 저항으로 굉장히 힘들어했어요. 하지만 결국 자신의 더 깊은 아픔을 마주할 수 있었죠.

자기 수용 기록 中

엄마 아빠가 집주인 눈치 볼 때, 집주인이 돈 없으면 빨리 나가라고 경고했을 때, 내가 아무것도 할 수 없어서 너무 마음이 아프다. 우리 엄마 아빠가 돈이 없다는 이유로 이렇게 자식들 보는 앞에서 다른 사람한테 굽신대는 게 너무 굴욕적이고 비참하다. 내가 힘이 있다면, 내가 돈이 많다면, 우리 엄마 아빠가 이런 일을 안 당해도 됐을 텐데. 아무 도움도 되지 못하는 게 너무 아프다. 진짜 길바닥에 나앉게 될까 봐 너무 무섭다.

빚쟁이들이 우릴 죽일까 봐 너무 무섭다. 내가 소음에 예민한 이유가 이때부터인 것 같다. 돈 때문에 이런 일을 당한다는 게 너무 치욕스럽다. 돈 때문에 우리 가족이 정말로 잘못될까 봐 너무 무섭다.

우리 집이 가난하고 반지하에 산다는 게 소문났다. 비웃으며 "너희 집 거지라며?" 하고 말하던 친구 얼굴이 잊히지가 않는다. 맞는 말이라 대꾸도 못 했다. 나는 튀고 싶었던 게 아니라, 열심히 공부해서 이 지긋지긋한 가난에서 탈출하고 싶었을 뿐인데. 공부를 잘하다 보니 원하지 않는 관심이 날 괴롭힌다. 온 세상이 날 비웃는 것 같다. 절대 넌 가난에서 탈출하지 못할 거라고 공격하는 것 같다. 아무도 내 편은 없다. 너무 서럽다. 내 편이 필요하다. 이렇게 무시당하는 게 너무 수치스럽다.

엄마가 아파서 일주일간 일어나지 못했다. 제발 병원에 가라고 소리 지르는 내게 엄마는 주전자를 던졌다. 병원 갈 돈 없으니 조용히 하라고 했다. 엄마가 잘못될까 봐 무섭다. 엄마가 죽을까 봐 무섭다. 무능한 아빠가 원망스럽다. 가난한 집구석이 너무 싫다. 가난해서 너무 아프고, 치욕스럽다. 가난이 너무 무섭다. 그래, 난 가난이 너무너무 무섭다. 가난은 모든 것을 앗아간다. 건강도, 행복도, 희망도, 전부 다.

저는 가난해서 느꼈던 아픔을 온전히 만날 수 있도록 P 님에게 몇 가지 멘트를 드렸어요. 그리고 이 멘트를 큰 소리로 반복해서 읽으면서 올라오는 감정과 느낌을 온전히 느끼는 세션을 진행했어요. 만일 가난에 대한 아픔이 있다면, 아래 문구들을 감정 수용 멘트로 활용해도 무방합니다.

· 가난한 내가 너무 아프다.

· 가난해서 너무 서럽다.

· 가난이 너무 무섭다. 돈이 너무 무섭다.

· 돈이 없어서 무시당한 게 너무 치욕스럽다. 돈 없어서 또 무시당할까 봐 무섭다.

· 가난한 걸 들킬까 봐 너무 무섭다.

· 아파도 돈 없으면 죽을까 봐 너무 무섭다. 돈이 없으면 살릴 수 없을까 봐 너무 무섭다.

· 돈 때문에 사람답게 살지 못하는 게 너무 수치스럽다. 돈 없으면 사람답게 살지 못한다.

절규하듯 멘트를 읽으며 여러 번 울음을 토해내는 시간을 가진 뒤, 저는 P 님이 가지고 있는 아픔과 관념에 관해 설명했어요.

"어릴 때 했던 경험으로 P 님은 '가난과 무능함은 무시당하는 것, 치욕스러운 것, 죽음으로부터 보호받을 수 없는 것'이라는 관념을 갖게 됐어요. 그리고 '가난에서 탈출하는 유일한 방법은 공부뿐'이라는 관념도요. 공부를 하지 않는 딸을 볼 때마다 느꼈던 감정은 한심함이 아니라 '죽음의 공포'예요. 그래서 두렵고 더욱 예민하게 반응한 거예요.

P 님은 공부로 가난에서 탈출하여 자수성가까지 할 수 있었기 때문에 믿음 체계가 견고해요. 그래서 공부를 하지 않는 딸을 보면, 표면의식으로는 '거지가 될 일은 없다'는 걸 알고 있지만, 무

의식에서는 '다시 가난해지고 무시당할까 봐 두려운 마음'이 계속 올라오는 거예요."

그리고 이 수용되지 못한, 가난에 대한 두려움이 어떤 현실을 창조했는지 설명했어요.

"P 님의 딸은 두 가지를 보여주는 역할이에요. 첫째로, 공부를 하지 않음으로써 P 님이 가장 두려워하는 걸 보여주고 있어요. P 님이 풀어내지 못한 가난의 아픔, 무능에 대한 두려움 등을 해소할 수 있는 기회가 찾아온 거예요.

둘째, P 님은 '공부를 해야만 가난에서 탈출할 수 있다'는 마음에만 집착하며 살아왔어요. 하지만 이원성의 원리에 따르면, 그 반대의 마음도 공존하고 있는 것이 사실이에요. 바로 '공부 안 하고 싶어. 그냥 아무 생각 없이 살고 싶어'라는 마음이에요. 지금 딸의 모습은 P 님이 집착했던 마음이 아니라, 저항해서 무의식에 억눌린 마음이 현실에서 재창조된 거예요. '이 모습도 너니까 받아들이라'는 메시지를 전하고 있는 거죠."

"말이 돼요? 저 모습이 저라고요? 저는 단 한 번도 열심히 살지 않은 적이 없어요. 부모님 때문에 어쩔 수 없이 가난했던 시절 외에는, 학생으로서도 사회인으로서도 단 한 번도 무능했던 적이 없어요. 게을렀던 적도 없고, 생각이 없었던 적도 없어요. 그런데 딸이 어떻게 저예요?"

앞에서 우리는 현실이 창조되는 원리에 대해 살펴봤어요. 현실은 내면의 100퍼센트 반영이라는 점과 우주는 상대적인 두 가지

성질이 정확한 균형을 이루며 매 순간 창조되고 있다는 점을 이해해야, 당면한 문제를 제대로 이해하고 받아들일 수 있어요.

P 님은 가난으로 인해 힘들었던 기억 때문에 '공부하는 나', 즉 '유능'만 자신이라고 인정해왔어요. 그 집착이 컸기에 자수성가를 이룰 수 있었지만, 무의식의 세계는 또 달라요. 그 사람이 물질세계에서 무엇을 이뤘는지와 무의식에 의한 현실 창조는 아무 상관이 없어요(아무 탈 없이 자수성가한 사람들은 자신이 인지하고 있든 아니든 마음을 계속 수용했던 경우예요). P 님은 '무능한 나, 게으른 나'의 모습은 자신이 아니라고 저항하고 억눌렀어요. 무능하고 게으르면 가난에서 벗어날 수 없다는 두려움 때문이었죠. P 님이 버린 마음을 보여주기 위해 P 님이 보기엔 너무나 '무능한 딸'이 현실에서 창조된 거예요. 달리 풀이하자면, P 님의 딸은 아무 문제가 없어요. 다만 P 님이 저항하고 있는 두려움의 눈으로 딸을 바라보니 딸이 너무 심각한 문제를 가지고 있는 것 같아 보여 괴로운 것이죠.

저는 P 님에게 아무리 괴롭더라도 딸을 지켜보며 올라오는 마음을 수용하는 데만 집중해볼 것을 권했어요. 죽이고 싶은 마음, 두려움, 뭐가 올라오든 감정에 휩쓸려 딸에게 소리 지르는 대신 마음에 초점을 맞춰서 계속 감정을 수용하는 데만 집중해서 해소하라고 했죠. (모든 케이스에 똑같은 가이드를 드리는 건 아니에요. 너무 참는 분들한테는 갈등 상황이 생겨도 좋으니 두렵더라도 할 말 하라고 합니다.)

P 님은 구토 증상까지 보이며 힘들어했지만, 딸에 대한 자신의 마음과 가난했던 시절 자신의 아픔을 꾸준히 해소해나갔어요. 그

리고 자신의 마음을 이해하고 알아주는 치유의 시간을 가졌지요.

자기 수용 기록 中

(너, 나 전부 P 님이에요.)

집주인 아줌마가 툭하면 나가라고 했을 때마다 정말 길거리로 쫓겨날까 봐 얼마나 무서웠니. 빚쟁이들이 찾아올 때마다 숨죽이며 숨어 있을 때 얼마나 두렵고 비참했니. 친구들이 가난하다고 놀릴 때 얼마나 수치스러웠니. 아파도 돈이 없어서 병원에 못가는 부모님을 보면서 얼마나 억장이 무너졌니. 가난에서 탈출하는 길이 오직 공부밖에 없어서 밥도 못 먹고 잠도 제대로 못 자며 코피 흘리며 공부하는 네게, 비아냥대는 부모님의 말에 얼마나 속상했니. 얼마나 아팠니. 얼마나 외로웠니. 아무도 널 이해해주지 않아서 얼마나 마음이 힘들었니. 나까지도 네 마음을 볼 줄몰라서 내게서도 방치된 마음은 얼마나 오랫동안 아팠던 거니.

딸이 네가 저항하고 있는 무의식을 보여주기 때문에 괴롭다는 것을 처음에는 너무나 받아들이기 힘들었지? 그런데 마음을 마주할수록 인정할 수밖에 없게 됐어. "내 친구들도 다 이러고 살아, 엄마!"라는 딸의 말에 세상이 무너지는 것 같았지만, 사실 진작에 알고 있었는지도 몰라. 딸은 큰 문제가 없다는 걸. 유치원생 때부터 내가 너무 강박적으로 공부하라고 강요해서 질려버린 딸이 대학에 가지 않겠다고 선언한 것도, 문제는 딸이 아니라 내 마음에 있었다는 것도 어렴풋이 알고는 있었지만 너무 두려워서 모른 척했던 것 같아.

힘겹게 덮어뒀지만 사실 여전히 존재하는, 봐주지 못한 마음을 딸이 보여주고 있던 거였어. 사실은 아무 생각 없이 살고 싶었던 나, 부모님 보호 아래에 아무 걱정 없이 살고 싶었던 나를 말이야. 부모님 지원받으면서 공부하는 친구들이 부러웠지만, 굳이 목숨 걸고 공부하지 않아도 삶에 아무 지장이 없어 보이는 친구들도 부러웠어. 너무 부럽지만 나와 다른 삶이라 여기며 아닌 척했어. 난 절대 누릴 수 없는 것이었으니까. 다른 사람은 몰라도 나는 알아. 네가 얼마나 치욕스럽고, 무섭고, 아픈 시간을 견뎌왔는지. 그래서 이렇게 할 수밖에 없다는 걸 너무 잘 알고 있어. 난 널 이해해.

네 아픔이 너무 크기 때문에 한순간에 변할 수는 없을 거야. 아무 것도 재촉하지 않을게. 네가 느낀 결핍 속에서 아팠던 모든 시간을 알아줄 거야. 계속해서 안아줄 거야. 너무 힘들었지? 너무 비참했지? 고생했어, P야. 네가 행복했으면 좋겠어. 불안 속에서 벌벌 떨며 강박적인 스트레스를 받는 삶이 아니라, 이제 정말로 행복했으면 좋겠어. 마음 편하게 살았으면 좋겠어.

몇 달 뒤, P 님의 삶에 변화가 찾아왔어요.

"소파에 앉아서 TV를 시청하는 딸을 봤어요. 원래 같으면 죽이고 싶은 마음이 올라왔을 텐데, 별생각이 안 들었어요. 한번은 딸 옆에 앉아서 '저게 뭔데? 재밌어?' 하고 같이 봤어요. 한 번에 볼 수 있는 드라마라서, 8화까지 계속 같이 봤지요. 재밌더라고요. 딸도, 남편도 엄청 놀란 눈치였어요. 저는 퇴근하고 집에 와서도 뭘 하든 항상 자기계발에 도움이 되는 일을 하지, 소파에 앉아서 TV를 보는 일은 한 번도 없었거든요."

그리고 P 님은 시간 낭비라고 여겼지만 사실은 해보고 싶었던 원데이 클래스나 취미 활동을 하기 시작했어요. 아무런 가치 입증을 하지 않아도 되는 것들이요.

부모님과의 관계도 좋아졌어요. 부모님에 대한 원망과 서러움을 많이 풀고 나니까, 저절로 부모님의 입장이 이해가 된 거예요. 상담 초반에 "사실 부모님은 공부하는 P 님에게 화가 났던 게 아니라 공부하는 딸에게 아무것도 지원해줄 수 없어서, 부모로서 너무 자격이 없다고 느껴져 자기 자신들에게 화가 나신 거예요. 수용하다 보면 알게 될 거예요"라고 설명해도 전혀 받아들이지 않았어요. 하지만 자신의 마음을 수용해나가자 부모님의 마음이 이해가 됐다고 했어요. 머리가 아닌 가슴으로 말이죠. 무의식 영역에서는 '타인'이 없기에, 자신의 마음이 수용되고 나면 타인의 마음도 자연스럽게 수용하게 돼요. 다 '나'라고 인식하게 되니까요.

P 님은 부모님이 부모로서 너무 염치없고 미안해서 화를 낼 수밖에 없었다는 게 느껴져서 너무 마음이 아팠어요. 많이 울면서 오랜 세월 쌓아둔 마음을 풀어간 결과, 그동안 보지 않고 지내던 부모님을 만나서 관계를 회복하기 시작했다고 해요.

그리고 딸의 마음을 헤아릴 수 있었어요. 그동안 P 님의 두려움과 강박으로 인해 여섯 살부터 비교당하고 공부 스트레스를 받았던 딸. 딸의 관심사나 마음에는 전혀 관심을 갖지 않았기에 딸이 얼마나 외로웠을지 짐작되어 너무나 미안했어요. 분명 낳았을 때는 그저 존재해주는 것만으로도 감사했는데 말이에요. 딸의 외로움이 느껴진 날 이후로 P 님은 공부 소리는 일절 하지 않고 그저 딸과 보내는 시간을 늘리고 딸의 마음과 관심사에 대해 질문하는 시간을 많이 갖기 시작했죠. 그러던 어느 날 딸이 P 님에게 이런 문자를 보냈다고 해요.

나는 평생 엄마의 딸이 아니라 액세서리 같은 기분이 들었어. 엄마 마음에 들어야만 사랑받을 수 있고, 엄마 옆에 있을 수 있는 존재 같았어. 그게 너무 불만이기도 했고, 두렵기도 했어. 난 엄마를 만족시켜주고 싶은 마음도 컸는데, 반대로 정말 아무것도 안 하고 싶은 마음도 컸어. 자꾸 맞으니까 반항심이 올라오고 모든 걸 포기하고 싶었던 것 같아. 그래서 일부러 엄마가 싫어하는 빈둥대고 게으른 행동을 한 것 같기도 해. 자꾸 반항하고 싶으니까. 엄마가 어떻게 살았는지 뻔히 알고도 엄마가 싫어하는 짓만 골라 했던 거 미안해.
요즘은 내가 엄마의 액세서리가 아니라 엄마의 딸이 된 것 같아. 엄마가 기준을 세워놓고 나를 좋아하거나 싫어하는 게 아니라 그냥 엄마 딸로서 대해주는 게 느껴져. 엄마랑 마트에 가고, 같이 산책하고, TV 보고, 이런저런 수다를 떠는 요즘이 꿈만 같아. 친구들이 자기 엄마랑 그러는 거 보면 속으로 되게 부러웠거든. 이 현실이 꿈이라면 깨고 싶지 않을 정도로 행복해. 고마워.

그리고 딸은 스무 살이 되면 해외여행을 가고 싶다고 했어요. 이왕 떠나는 거 여행 작가가 되고 싶다는 뜻도 내비쳤어요. P 님은 원하는 건 다 해보라고 지지해줬고요. 얼마 지나지 않아 딸은 스스로 영어 공부를 시작했어요. "외국에 나가면 말은 통해야 하지 않겠어?"라면서요. P 님도 그런 딸의 모습을 보고, 화가 나거나 마음이 조급해지지 않았다고 해요.

결과만 보자면 P 님은 상담 목적을 이루지 못했어요. 딸이 공부를 열심히 하는 현실은 나타나지 않았으니까요. 하지만 P 님은 '공부 열심히 하는 딸이 되길 바라는 소망' 이면에 숨어 있는 자신의 아픔을 만나고 풀어냈어요. 그로써 P 님은 딸을 더 이상 자신의 왜곡된 관념과 두려움의 눈으로 바라보는 게 아니라 있는 그대로 바라볼 수 있게 됐어요. 부모님에 대한 원망이 풀려 사이가 회복되고, 오랜 한이 풀려 마음이 치유되고, 마음과 삶에 여유가 생기고, 가정 분위기가 화목해진 건 덤이고요.

이 우주라는 거대한 현실 거울은 오직 무의식을 비춰서 보여줍니다. 그러니 원하는 건 반드시 이루어지게 돼 있어요. 에고의 결핍으로 인해 원하는 것이 아닌, 내면에서 진정으로 원하는 것이 이루어지죠. 표면의식과 무의식의 괴리가 좁혀질수록 자신과 타인을 이해하고, 바라는 것을 창조하기가 쉬워져요. 이게 바로 자신의 마음을 공부해야 하는 이유, 마음공부의 존재 이유입니다.

자기 수용 이후 P 님의 소감

딸을 바꾸고 싶어서 자기 수용을 시작했는데 제가 바뀌어버렸네요. 제가 만든 지옥 같은 새장에서 나올 수 있어서 감사합니다. 그리고 저만 옳다는 아집이 많이 사라지고 있습니다. 최근에 딸과 많이 친해져서 대화를 자주 하는데요. 시대가 정말 많이 달라졌더라고요. 제가 왜 우물 안에 갇혀서 딸에게 제 뜻만 강요했는지 창피한 마음도 들었습니다. 딸이 보기엔 제가 얼마나 꽉 막히고 촌스러웠을까요? (웃음)

P 님의 자기 수용 팁

제 주변에는 자녀들이 열심히 공부해서 성공하길 바라는 엄마들이 많아요. 스스로 통제가 안 될 정도로 불안과 집착이 얼마나 심한지 알아요. 얼마나 가슴이 타고 괴로운지도 알고요. 너무 이해가 되기 때문에 마음이 아픕니다. 여기에는 대한민국의 사교육 시스템과 경쟁 사회의 문화적인 영향도 무시할 수 없어요. 모두의 책임입니다.

다만, 결론적으로는 우리 모두 자식이 행복하길 바라는 거잖아요? 본질은 사랑이에요. 사랑하니까 내 자식이 행복했으면 좋겠는데, 많은 부모들이 그 방법을 공부에 집착하는 데서 찾고 있어요. 아이가 태어났을 때 어떤 마음으로 바라봤는지 계속 떠올려 봅시다. 자기 자신과 아이에게 마음이 어떤지 자주 물어봐줍시다. 너무 늦지 않게요. 전 그거면 되는 것 같아요.

미니 미션

딸이 공부를 못해 답답하다면

(사례에 공감하는 분들을 위한 미션입니다.)

1. 공부를 못하는 딸을 보면 어떤 생각/감정이 떠오르는지 작성해 보세요.

2. 딸이 공부를 못하면 어떤 일이 발생할까 봐 두려운지 작성해보 세요.

3. 공부 못하는 딸이 불편한 '나'와, 나의 어린 시절은 연결돼 있어 요. 무엇이 두렵나요? 그 두려움은 사실인가요? (세상 사람들 중 예외 가 없나요?) 올라오는 두려움을 써보고 소리 내어 읽어보세요.

4. '유능하지 않으면 버려질 것 같은 내 안의 두려움을 딸에게 투영 해서 강요하고 있다'는 말에 동의가 되나요? 유능하지 않으면 버려 질 것 같은 마음을 써서 소리 내어 읽어보세요(예시: 무시당할 것 같다,

아무도 사랑해주지 않을 것 같다 등). 그리고 올라오는 감정을 가만히

느껴보세요.

6 절대 떨어지지 않으려는 딸이
보여주는 내 마음

N 님은 딸이 두 명인데, 막내딸이 지나치게 의존적이라 버거워했어요. 막내딸은 어릴 때부터 N 님과 조금도 떨어지지 않으려고 했어요. 화장실이라도 가면 경기를 일으켰죠. 조금 더 크면 괜찮을 거라 생각했지만, 오히려 크면 클수록 집착은 더 심해졌어요. 친구들이랑 어울리려고 하지도 않고, 오직 N 님만 찾았죠. 중고등학생이 돼서는 괜찮아지나 싶었는데 N 님이 집에 조금이라도 늦게 들어오는 날이면 받을 때까지 전화를 했어요. 마음 편히 외출도 할 수 없는 지경이 되자 탈모까지 올 정도로 스트레스를 받았어요.

딸은 대학을 졸업하고 나서 전혀 독립할 생각이 없었어요. 방을 구해준다고 해도 싫다 하고, 연애도 결혼도 관심 없다며, 평생 엄마랑 붙어 있을 거라고 했어요. 그리고 아르바이트도 힘들어서 못 하겠다며 늘 일주일도 안 가서 그만두고, N 님과 N 님 남편의 카드를 번갈아 쓰면서 생활했죠.

더는 두고 볼 수 없어서 아무 지원도 해주지 않을 테니, 알아서 독립하라고 강경한 태도를 보이기도 했어요. 하지만 몇 날 며칠 울면서 꽁해 있는 딸을 보면 안쓰러워서 다시 용돈을 주게 됐지요. 문제가 너무 심각한 것 같아 딸에게 상담을 권해보기도 했어요. 그때마다 딸은 "날 미친 사람 취급하는 거야? 엄마나 가!" 하며 밥도 거부하고 시위를 했어요.

모든 타인이 내 무의식을 비추는 역할을 한다는 것은 진실이에요. 하지만 타인이 나의 어떤 무의식을 비추는지 찾느라 자신의 감정을 수용하는 걸 놓치는 실수를 많이 하기도 해요. 자기 수용의 기본 태도는 감정을 억누르지 않고 받아들이는 거예요. 그러면서 이 상황이 내 어떤 무의식의 창조인지 알아차려야 해요.

"N 님의 딸은 N 님의 무의식을 그대로 보여주고 있어요. 하지만 지금은 이것을 이해하기 전에 N 님의 마음을 있는 그대로 이해하고 수용하는 게 먼저예요. 딸에 대해 느끼는 마음을 솔직하게 글로 써서 소리 내어 읽어보세요. 그리고 그때 올라오는 감정에 있는 그대로 머물러보세요."

자기 수용 기록 中

이날 이때까지 나 없으면 못 사는 애처럼 구니까 앞으로 딸이 어떻게 살아가게 될지 걱정된다. 껍데기만 어른이고 여전히 두 살짜리 아이같이 구는 딸을 보고 있으면 숨이 막힌다.

부족한 것 없이 사랑도 듬뿍 주면서 키웠는데 도대체 무슨 결핍 때문에 이렇게까지 난리를 치는 거야? 답답하고 짜증 나서 미치 겠어. 너 때문에 나는 평생 육아에서 못 벗어나는 것 같아. 내가 왜 너 때문에 탈모까지 생겨야 하는 건데? 너무 지쳐.

사랑한다면서 나한테 애교부리고 달라붙지만 너무 징그럽다. 속 이 메스껍다. 어릴 때야 귀여웠지 다 커서도 저러니까 날 잡아먹 으려는 귀신같이 보인다. 이건 사랑이 아니라 집착이다. 너무나 숨 막힌다. 온 가족이 아무리 노력해도 막내딸 하나 바꾸지 못한다.

제발 나한테서 좀 떨어져! 네 인생을 살아! 언제까지 날 이렇게 힘들게 할 거야? 거머리처럼 들러붙지 좀 마! 그냥 갖다 버리고 싶어! 제발 그만 좀 징징대고 그만 좀 들러붙어! 네가 나이가 몇 인데 이러고 있어! 제발 떨어져! 나한테서 좀 떨어지란 말이야!

이렇게 N 님은 딸에 대한 솔직한 감정을 일차적으로 풀어내는 연습을 했어요. 자기 수용을 통해서 N 님이 가장 이루고자 하는 바는 무엇일까요?

"자유롭고 싶어요. 딸의 집착에서 벗어나고 싶어요."

표면의식으로 드러난 N 님의 소망은 집착이 심한 딸로부터 자 유롭고 싶은 거예요. 하지만 무의식 차원에서 보면 어떻게 풀이 할 수 있을까요? N 님의 무의식에 저장된, 나의 집착하는 마음으로부터 자유롭고 싶은 거예요. 하지만 우리는 내가 어떤 마음을 무의식에 버렸는지 인지하지 못한 채 살아가는 경우가 많아요. 버린 감정을 마주하지 않으려고 억누르고, 버리고, 외면하고, 없는 척하는 저항에 익숙해 있으니까요. 우리가 아무리 저항해도 무의식에 억눌린 마음은 현실로 창조되고, 그 현실을 경험하며 우리는 괴로움을 느껴요. 자기 수용은 버림받고 억눌린 마음의 정체를 찾아가는 여정이기도 해요. 어린 시절과 지난 과거를 돌아보는 작업은 그래서 꼭 필요하답니다.

저는 N 님에게 딸에 대해 느끼는 마음과 관련해서 생각나는 어린 시절의 기억이 있는지 살펴보길 권했어요. 그리고 막내딸을 임신했을 때의 마음 상태가 어땠는지도요.

N 님은 두 가지 기억을 떠올렸어요. 첫 번째로, N 님 역시도 막내딸인데 N 님이 태어나면서부터 경제적으로 힘들어져서 부모님이 맞벌이를 하게 되었다고 해요. 그래서 N 님은 태어난 지 얼마 되지 않은 시점부터 초등학생 때까지 친척 집에 맡겨졌다고 했죠. 그리고 N 님의 엄마는 N 님이 일곱 살 때 돌아가셨어요. 하지만 그 빈자리를 아버지, 친척 어른들, 언니, 오빠들이 잘 채워 줘서 전혀 결핍을 느끼지 않았대요. 두 번째는, N 님은 몸이 너무 약한 편이라서 둘째는 원하지 않았대요. 그런데 갑작스럽게 둘째가 생겼고, N 님과 N 님 남편은 두 아이를 키우기는 힘들 것 같아서 임신중절을 고려했었다고 해요. 하지만 첫째가 동생을 너무나 원해서 마음을 바꾸었어요.

N 님은 엄마의 빈자리를 다른 가족들이 채워줘서 결핍을 전혀 느끼지 못하고 살았다고 했지만, 만일 무의식에서도 같은 마음이었다면 집착하는 딸은 창조되지 않았을 거예요. N 님이 전혀 인지하지도 못하는 '마음'이 무의식에 저장돼 있는 것이죠.

아주 어릴 때부터 엄마랑 떨어져 살았던 기억, 그리고 엄마의 죽음. 이때 N 님의 무의식에는 '엄마가 없는(버림받은) 아픔, 엄마에게 사랑받고 싶지만 받지 못하는 아픔, 엄마에 대한 그리움'이 저장됐어요. 차라리 그때 울고불고 엄마를 찾고, 그리워하며 자신의 마음을 있는 그대로 표현했다면 그 마음(에너지)이 집착으로 넘어가지 않았을 수도 있어요. 그런데 N 님은 '날 보살펴주는 사람이 많으니까!' 하며 엄마에 대한 마음을 전부 다 억눌렀어요. 그 결과로 억눌린 마음은 집착이 되었고, 그 집착조차도 알아차리지 못하니 집착하는 마음은 '집착하는 딸'로 물질화되어 N 님의 눈앞에 나타난 거예요.

어릴 때 부모님 품에서 크지 못하고 남의 집에 맡겨졌다거나 부모님이 일찍 돌아가셨다고 해서 모두에게 똑같은 현실이 창조되는 건 아니에요. 그 일을 겪었을 때의 자신의 마음을 수용했느냐 하지 않았느냐에 따라 다른 현실이 펼쳐지죠. 마음이 수용되지 못했다면 그 마음은 정말 다양한 모습으로 물질화되어 현실로 드러나요. 내가 특정한 사람이나 일 등 다른 대상에게 집착하는 현실, 스토커에게 시달리는 현실, 사람들에게 버려질까 봐 매 순간 눈치 보며 사는 현실 등으로 창조되기도 하죠.

그리고 태아는 근원에 가장 가까운 존재인 동시에 부모의 무의식을 모두 물려받은 존재예요. 임신 사실을 알았을 때 부모님이 자신의 존재를 기뻐한 게 아니라 임신중절을 고려했던 기억은 태아에게 '죽음'의 기억으로 저장돼요. 그러니 막내의 집착은 '사랑받기 위한 집착'이기도 하지만 '죽임당하고 싶지 않은 발악'이기도 한 거예요. 태어난 이후에 성장하는 과정에서 이 감정이 계속 수용되지 못하면, 이것 역시도 여러 모습의 현실로 나타날 수 있어요. 부모에게 버려지지 않으려고 끝없이 자신의 가치를 증명하려고 애쓰는 현실, 어릴 때부터 무기력증과 우울증으로 힘들어하는 현실, 외부 소음에 예민하고 늘 불안해하는 현실, 사람들에게서 버려지거나 소외되는 삶을 사는 현실 등 다양해요.

모든 자기 수용의 여정이 그러하듯, N 님에게도 억눌리고 버려진 어린 시절의 마음을 마주하는 시간이 필요했어요. 저는 다시 그때 기억으로 돌아가서 엄마가 너무 보고 싶었고, 엄마가 필요하다며 울부짖고 싶었던 N 님의 마음을 다시 만나주자고 했어요.

N 님이 가장 먼저 만난 건, 자신의 결핍을 마주하지 않으려는 저항이었어요.

자기 수용 기록 中

난 엄마에 대한 기억이 별로 없어. 엄마한테 사랑받은 기억도 없어. 그런데 어떻게 엄마가 그리울 수가 있단 말이야? 가족들이 날 얼마나 많이 사랑해주고 예뻐해줬다고!

저항하는 마음 역시도 너무 아픈 마음을 있는 그대로 느끼는 것이 두려워서 저항하는 것이니 받아들여줘야 해요. 여기서 '사랑받고 자랐다는 기억이 진짜일 수도 있잖아?'라는 의문이 들 수 있어요. 만약 그런 경우라면, 사랑과 돌봄에 관한 결핍이나 집착을 보여주는 현실이 펼쳐지지 않는 삶을 살고 있을 거예요. 현실은 무의식을 보여주고 있으니까요.

한동안 저항의 시간을 보낸 뒤 N 님은 점점 더 깊은 자신의 내면을 마주하기 시작했어요. 지금까지 알던 자신의 기억, 감정과 다르더라도 괜찮으니 다 마주해보자고 했죠.

자기 수용 기록 中

나는 운이 좋았다. 언니, 이모와 고모, 할머니 등 언제나 엄마의 빈자리를 채워주는 사람이 있었다. 그게 고마웠다. 그런 가족들이 날 안쓰러운 눈으로 쳐다볼 때면 마음이 안 좋았다. 그래서 어릴 때부터 씩씩한 척을 해온 것 같다. 솔직히 말하면 엄마가 있는 친구들이 항상 부러웠다. 친구들이 엄마 얘기를 꺼낼 때마다 어떤 표정으로 있어야 할지 몰라서 그냥 어색하게 웃기만 했었다. 비 오는 날, 엄마가 데리러 오는 친구들을 보면 너무 부러웠다. 사실 나는 엄마가 필요했다, 지금도. 엄마가 필요하지 않았던 적이 단 한 순간도 없었다. 모든 가족이 엄마의 빈자리를 채워주려고 애썼지만, 엄마의 빈자리를 채워줄 수가 없었다. 맞아. 나는 엄마가 너무너무 보고 싶다.

엄마, 나를 두고 왜 그렇게 빨리 간 거야. 왜 추억도 별로 남겨두지 않은 채 그렇게 일찍 갔어. 그때 나는 죽음이 뭔지 몰라서 울지도 못했는데. 엄마, 보고 싶어. 너무너무 보고 싶어. 나도 엄마 필요해. 엄마한테 사랑받고 싶고, 엄마랑 놀고 싶어. 나도 엄마한테 사랑받고 싶어. 나도… 엄마가 있었는데.

죽고 싶다. 엄마를 만나고 싶고, 같이 있고 싶다. 그래서 한평생 몸이 약했던 걸지도 모르겠다. 이렇게 죽고 싶은데 그 마음을 안 봐줬으니까. 엄마 다시 데려와. 우리 엄마 내 옆으로 데려오란 말이야!

"엄마란 단어를 입 밖으로 꺼내본 적은 처음이에요." N 님은 이렇게 말했어요. 그리고 자신이 죽어서라도 만나고 싶을 만큼 엄마를 그리워하고 있었다는 것도 처음 알게 됐다고 했죠. 한 번 건드려진 마음은 마치 꺼내주길 기다렸던 것처럼 끊임없이 쏟아져 나왔어요. 그리고 딸에 대한 마음도 알게 됐어요.
"몸이 아파서 감당이 안 될 것 같아서 막내를 지우려고 했다고 생각했어요. 그런데 자기 수용을 하다 보니 알게 된 게 있어요. 그때 몸이 가장 안 좋았을 때라서, 아이를 낳아도 몇 년 키우지 못하고 엄마처럼 죽을까 봐 두려웠던 마음이 크게 있었더라고요."
자기 수용을 하다 보면 스스로 인지했던 것과는 다른 것들을 알게 돼요. 내가 내 '마음'을 만나러 걸어 들어가니, 내 '마음'도 나를 만나러 걸어오는 거예요. 단순히 몸이 약해서 아이를 지우려고 했던 게 아닌, 자신이 겪었던 아픔을 딸도 겪게 하니 차라리 안 낳고 싶다는 마음이었던 것이죠. 당시 N 님은 자신에게 이런 아픔이 저장돼 있는 줄 몰랐기 때문에 단순히 '내 몸이 아파서'라고만 생각한 거고요. 이렇게 자기 수용을 하면 할수록 몰랐던 사실과 기억들을 점점 더 많이 만나게 되면서 자기 자신을 잘 알아가게 됩니다.

자기 수용 기록 中

엄마가 미안해. 난 네가 아무것도 모를 줄 알았어. 너는 아무 말도 할 수가 없는데, 아무도 너의 존재에 기뻐하지 않고 걱정만 하고 없앨 생각만 하고 있으니 얼마나 외롭고 비참했겠니. 그래서 네가 그렇게 내게 집착한 거구나. 엄마인 나한테 버려질까 봐 살려달라고, 사랑해달라고 계속 소리치고 있었구나. 그래, 네가 나구나. 한평생 버렸던 내 마음을 보여주려고, 네가 내 딸로 태어나줬구나.

끊임없이 올라오는 기억에 휘청대기도 했지만, N 님은 그 모든 시간 속에서 기꺼이 받아들여졌어야 했던 마음들을 전부 수용해 나갔어요. 엄마에 대한 그리움과 원망, 사랑받고 싶은 마음, 버려진 아픔, 딸에 대한 죄책감, 미안함을요. 이렇게 마음을 수용하면 할수록 N 님에게는 선명한 앎이 찾아왔어요. 딸의 집착이 자신의 집착을 보여준다는 사실을요.

"저희 집에선 '엄마'란 단어가 금기어였어요. 그 누구도 입 밖으로 꺼내지 않았죠. 그래서 더 아닌 척하고 살았었던 것 같아요. 자기 수용을 해보니까 제가 얼마나 엄마를 애타게 그리워했는지, 얼마나 찾았는지, 그리워했는지 알겠어요. 엄마를 사랑하고 엄마한테 사랑받고 싶은 마음을 너무 억누르니까 집착이 심해졌는데, 그 집착도 안 보니까 딸로 창조됐다는 게 무슨 말인지 완벽하게 이해가 돼요."

몇 달 동안 자기 수용 작업을 하면서 N 님은 '이러다 죽는 거 아닌가?' 생각이 들 정도로 힘들었다고 해요. 쓴 한약을 먹을 때, 처음엔 삼키기 싫고 냄새만 맡아도 구역질이 날 수 있지만 몸에 좋은 거 알고 계속 삼키다 보면 나중에는 달달하게 느껴지기까지 하잖아요. 자기 수용도 마찬가지예요. 평생 저항해온 마음을 삼키는 과정이라 처음에는 죽을 것 같이 힘들지만, 나중에는 삼킬 수 있게 돼요.

며칠 후 N 님에게서 연락이 왔어요.

"딸의 집착이 완전히 저의 집착이라는 게 계속 보였어요. '그래, 네가 나구나' 하고 제 마음을 계속 지켜보고 받아들였어요. 그러다 보니 딸의 집착이 힘들게 느껴지지 않았고, 딸도 점점 저한테 집착하지 않는 게 보였어요. 저만의 생각인가 싶었는데, 가족들도 똑같이 느끼고 있더라고요."

그러다 몇 주 후 딸은, 자신만의 공간이 필요하다며 독립하겠다고 말했다고 해요. 그리고 전처럼 N 님을 졸졸 따라다니지도 않고요. 집착의 정도가 줄어들다가 시간이 지나니까 아예 집착을 안 하는 쪽으로 변화된 거예요.

그리고 딸에게 당시 몸이 너무 아파서 임신중절을 고려했던 적이 있다는 이야기를 해줬다고 해요. "너는 기억하지 못하지만 무의식으로는 다 기억하고 있대. 그때 네가 얼마나 두려웠을까…. 엄마가 미안해. 하지만 낳길 정말 잘했어. 넌 나의 천사고, 보물이야. 사랑해"라고도요. 마음공부를 전혀 하지 않는 딸은 왜 기억에도 없는 말을 하냐며 의아해했지만 그 대화 이후 외부 소음에 극도로 예민했던 딸이 점점 소음에 반응하지 않았다는 얘기도 함께 해주었어요.

태아 때 듣기 싫었던 소음을 들은 경우(어떤 식으로든 태아가 불안해할 만한 상황. 예를 들면 부부싸움, 친정엄마나 시어머니의 잔소리, 자신의 성별을 원하지 않는다는 말, 지우고 싶다는 말 등) 소음에 예민한 반응을 보이는 사례가 많아요. 이 소리는 '공격받는 두려움'으로 태아에게 저장되는데, 소음이 들릴 때마다 무의식에 저장된 두려움을 계속 건들기 때문이죠. 그런데 N 님이 딸의 그 두려움을 이해해주고 풀어주니, 딸의 표면의식은 기억하지 못하지만 무의식 속 두려움이 인정받은 거예요. 그러니 외부 소음을 '공격'이라 인지하지 않게 되어 점점 반응이 사라진 거예요.

그리고 현재 N 님은 가족들에게 일부러 엄마 얘기를 꺼내며 실컷 그리워한다고 해요. 그 마음을 수용해주니 희미하게 묻혀 있던 기억이 떠올랐어요. "우리 막내~" 하고 환하게 웃으며 안아주던 엄마의 미소가요. 짧은 시간이었지만 엄마의 사랑을 많이 받았었구나. 사실 엄마도 여건만 되면 날 키우고 싶었겠구나. 어린 자식들을 두고 죽음을 맞이한 엄마도 너무나 걱정되고 두려웠겠구나. 그 모든 마음이 사랑이구나. 나는 사랑받지 않은 게 아니구나 하고 저절로 알게 됐어요.

사랑받지 못한 아픔을 수용하면, 내가 얼마나 사랑받은 존재인지 저절로 알게 돼요. 사랑받지 못했다고 여겨지는 모든 기억에 묻혀 있던, 사랑받았던 기억들이 회복되는 것이죠. 내가 정한 사랑의 '형태'가 아닌, 사랑의 '마음'을 알게 되는 거예요. 도무지 이해되지 않더라도, 그에겐 최선의 사랑이었다는 게 그냥 이해가 돼요. 이렇게 '나'라는 존재 자체가 사랑이란 게 머리가 아닌 마음의 느낌으로, 앎으로 찾아온답니다.

자기 수용 이후 N 님의 소감

'모든 사람은 내 마음을 비춰준다. 현실은 무의식의 반영이다'라는 문장은 마음공부를 하며 수도 없이 봐온 문장이지만, 몇 년이 지난 이제야 와닿네요. 독립적인 큰딸만 저랑 비슷하다고 생각했는데, 큰딸에게는 제가 수용한 마음을 느끼기 때문에 편했던 거였어요. 막내딸에겐 제가 수용하지 않은 마음을 느끼기 때문에 탈모가 올 만큼 괴롭고 불편했던 거였고요. 막내딸이 제 구원

자였네요. 왜 날 괴롭히는 타인을 '스승'이라고 부르는지 알겠어요. 그리고 저 탈모 다 나았어요. 몸도 튼튼해졌답니다.

N 님의 자기 수용 팁

저는 제가 저항하고 있다는 사실조차도 모르고 있었기 때문에, 차라리 '난 절대 이런 모습이 없다. 난 절대 이런 마음이 없다'가 무엇인지 써보는 것, '만약에 있다면?' 하고 어린 시절 기억을 떠올려보는 방법이 효과가 좋았어요. 저의 경우, '난 절대 의존적이지 않다. 난 절대 집착하지 않는다. 난 절대 막내딸과 무의식이 똑같지 않다'라고 쓰고 '만약 내가 의존적이라면? 집착하고 있다면? 내 딸과 무의식이 같다면?' 하고 가능성을 열어두고 과거 기억을 떠올려보니 마음이 건드려지더라고요. 다른 분들에게도 도움이 되었으면 좋겠습니다.

미니 미션

딸이 지나치게 의존적이라면

(사례에 공감하는 분들을 위한 미션입니다.)

1. 내게 지나치게 의존하는 딸을 보며 올라오는 생각/감정을 솔직하게 써보세요.

2. 이대로 딸이 계속 내게 의존한다면 어떤 일이 일어날까 봐 두려운가요?

3. 나는 '의존하고 싶은 나'를 스스로 어떻게 바라보고 있나요?

4. 내가 타인에게 의존하고 싶어하면 어떤 일이 일어날까 봐 두려운가요?

5. 너무나 의존하고 싶은 자신을 인정해주는 글을 써보세요.

7 엄마를 거부하고 버리는 딸

Z 님의 딸은 2년 전, 갑자기 "딸 없다고 생각하고 살아"라는 말을 남기고 연락을 끊었어요. 어렵게 다시 연락된 딸은 몇 번 집에 와보고는 엄마는 달라진 게 하나도 없다며 몇 달째 찾아오지 않았어요. Z 님은 딸과 예전처럼 팔짱 끼고 데이트를 하며 친하게 지내고 싶은데 도통 무엇이 문제인지 모르겠다고 했어요. 딸은 싹싹하고, 어버이날이나 Z 님 생일이면 그 누구보다 나서서 챙길 만큼 착한 딸이었어요. 그렇게 알뜰살뜰 자신을 챙기던 딸이 어느 순간부터 마치 무언가에 씐 게 아닌가 싶을 정도로 변해버렸다며 속상해했지요.

우선, 딸에 대한 지금 마음이 어떤지 물어봤어요.

"예전처럼 착한 딸로 돌아왔으면 좋겠어요. 사춘기 애도 아니고, 갑자기 왜 저러는지 모르겠어요. 이유를 설명해주지도 않으니 너무 답답해요. 딸에게 버려진 것 같아요."

Z 님은 자신이 딸에게 버려졌다고 생각하고 있었어요. 갑자기

바뀐 것처럼 보여도 분명 전조 현상이 있었을 거예요. 그래서 저는 남편, 아들, 딸이 해왔던 말이나 어떤 사건 중에 힌트가 될 만한 게 없냐고 물어봤어요. 도저히 모르겠다던 Z 님은 어떤 기억 하나를 떠올렸어요.

"딸이 '엄마는 동생(아들)을 대할 땐 눈치 보고 조심스럽게 대하는데, 나한테는 바라는 것도 많고 요구하는 것만 많고, 언제나 차별을 한다'라는 말을 했었어요."

제가 무의식 코칭을 진행하며 마주한 불편한 진실 중 하나는, 사람은 자신이 받은 상처는 오래 기억하지만 자신이 상대에게 준 상처는 가볍게 여기거나 쉽게 잊는 경향이 있다는 거예요. 공격받는 자 모드에는 너무나 쉽게 몰입하지만, 그만큼 자신도 공격하는 자 모드일 때가 있다는 걸 잊고 살아요. 저 역시 마찬가지고요.

"그럼 이유가 명확한데, 왜 떠올리지 못한 것 같아요?"

"저는 그렇게까지 차별했다고 생각하지 않았으니까요."

차별은 의도적인 것보다 무의식적으로 이루어지는 경우가 많아요. 그래서 본인 스스로도 인지하지 못하는 거죠. 그래서 많은 사람들이 자신이 공격하는 자 모드인 것을 무척 불편하게 여기거나 아예 수용하지 않으려고 해요. 그럴 땐 반대로 '공격받는 자 모드'로 방향을 돌려서 수용 작업을 진행하기도 합니다.

"우주는 텅 비어 있는 거울이고 반사판이고 부메랑이에요. 내가 받은 걸 주게 돼 있고, 내가 준 것을 받게 돼 있죠. Z 님이 인지하든 못 하든, 딸은 Z 님의 차별로 인해 상처를 받았어요. 하지만 지금은 억지로 받아들이지 않으셔도 돼요.

일단 딸에 대해서는 다시 다루기로 하고, 이것 먼저 살펴보죠. 차별한 적이 있는 사람은 차별받은 적이 있는 사람이에요. 자신이 받았든 엄마나 윗대 사람들이(외할머니, 친할머니) 차별당하며 느꼈던 서러움이 풀리지 않아서 대물림되었든 말이죠. 누군가를 공격하는 사람은 공격당한 적이 있는 사람, 무언가를 뺏는 사람은 빼앗긴 적이 있는 사람이에요. 그게 실제 현실에서 그렇든, 무의식 속에서 오래된 카르마로 굴러가는 마음이든 상관없어요. 무의식에선 둘 다 같은 거니까요. Z 님이 차별받았거나 외할머니나 친할머니가 차별받았던 일에 대해 들은 게 있나요?"

"저는 있죠. 그런데 저희 시대 때는 당연한 거라서 이상하게 느끼진 않았어요."

이건 어디까지나 표면의식의 입장이에요. 정말 차별에 대해서 무의식도 이상하게 여기지 않았더라면, '차별'에 대한 이슈가 창조되지 않아요. Z 님의 친할머니는 "아들을 낳지 못하는 며느리는 필요 없다. 이번에도 딸이면 다른 여자를 통해서라도 아들을 낳아 대를 이어야만 한다"고 말하는 사람이었다고 해요. 그러니 Z 님의 어머니는 딸을 낳을까 봐 두려움에 떨었겠죠. Z 님의 어머니에게 아들은 구세주, 딸은 자신을 눈치 보이게 만들고 힘들게 만드는 존재인 거예요. 그래서 Z 님은 당연하다는 듯이 남자 형제와 차별을 당했어요. 하지만 그때는(Z 님은 60년대생이에요) 남녀 차별이 흔했던 시대라 차별당하면서도 당연하다고 여기기 쉬웠어요. 그러나 무의식은 시대와 문화를 고려하지 않고 그냥 존재할 뿐이죠.

Z 님의 부모님은 돌아가셨는데, 모든 재산을 남동생들에게만 남겼다고 해요. 돌아가시기 직전까지 남동생들만 챙기고, 시킬 일이 있으면 Z 님과 Z 님의 언니들에게 시켰고요. 대접은 남동생들이 다 받았지만, 집안의 자잘한 행사 등 일 처리를 하는 건 Z 님과 Z 님의 언니들 몫이었던 거죠.

지금도 남동생들은 다 잘살고 있지만, 언니들은 경제적으로 어렵든, 몸이나 마음이 아프든 전부 힘들게 살고 있다고 해요. 여기서 하나 짚고 넘어가고 싶은 것은, 원하던 성별로 태어났기 때문에 현실이 잘 풀리는 케이스들도 있지만 그 반대도 있어요. 아들을 원하는 집에서 아들로 태어나서 딸들보다 대접받고 산 경우, 딸들 무의식에는 남자 형제를 죽이고 싶을 만큼 미움의 에너지가 생겨요. 그로 인해 아들에게는 '여자한테 죽임당할까 봐, 미움받을까봐 두려운 마음'이 저장되기도 하죠. 그래서 여자한테 사랑받고 싶어도 사랑받지 못하는 현실을 살아가거나, 몸이 아프거나, 여자한테 버려지는 이슈가 반복되는 일들이 창조되기도 해요.

"이미 돌아가셨는데 이제 와서 차별당한 서러움을 푼다고 뭐가 달라지겠어요."

부모님이 세상을 떠났다면, 당사자에게 표현할 수 없어서 억울할 수 있어요. 하지만 무의식에서는 생사가 없기 때문에 마음을 수용하는 것만으로도 풀리기 시작해요. 내 마음과 관련된 존재

330

의 생사 여부가 현실에 영향을 미치는 것이 아니라, 과거에 해소되지 못하고 그냥 넘어간 내 '마음'이 현재 반복해서 창조되고 있으니까요. 그 과정이 쉽지는 않지만 충분히 풀어낼 수 있어요. 내 마음은 지금 내게 있으니까요.

Z 님은 자신이 차별당했던 여러 가지 기억을 하나씩 기억을 떠올린 후, 자신의 솔직한 마음들을 마주했어요.

자기 수용 기록 中

아들들은 경제적으로 풍족하게 잘살고 있었고, 나랑 언니들은 경제적으로 엄청 힘들었던 거 뻔히 알면서 어떻게 우리한테는 한 푼도 안 주고 떠날 수가 있어요? 못살고 있는 자식들을 도와줘야지 어떻게 가시면서도 그렇게 차별할 수가 있는 거예요? 어떻게 가실 때까지 이렇게 우릴 비참하게 만들 수 있어요? 두 분 다!

한평생 동생들한테는 '우리 귀한 아들들, 내 자식'이라고 하고 나랑 언니들한테는 맨날 '무슨 년, 무슨 년'이라고 불렀잖아요. 똑같은 자식인데 어떻게 그러실 수가 있었어요? 남동생들은 항상 집에서 왕 대접받고, 우리(Z 님과 언니들)는 하녀처럼 대하고. 누가 낳아달랬어요?

사회 분위기는 다 핑계예요. 아무리 남존여비 문화가 심한 시대였다고 해도, 사랑받고 자란 딸들도 많아요! 우리도 사랑받고 싶었어요. 지금 저랑 언니들이 왜 이렇게 힘들게 사는 줄 알아요? 다 엄마 아빠 때문이에요. 이런 상처만 남기고 그냥 가버리면 그만이에요? 만약 다시 태어났을 때 당신들을 다시 만나게 되면 그냥 죽어버릴 거야.

아무 말도 안 했던 게 너무 억울하고 분하다. 둘째 언니가 조현병을 앓고 있는 것도 다 엄마 아빠 때문이다. 남동생들 찾아가서 재산 다 뺄어내라고 따지고 싶다. 엄마 아빠가 아무리 자기들만 챙겨줬어도 그렇지, 누나들 힘든 거 알면서 모른 척하는 남동생들이 너무 얄밉다. 그냥 죽여버리고 싶다. 죽어버렸으면 좋겠다.

Z 님은 이런 공격성을 몇 주간 풀면서 정말 누구 하나 죽일 수도 있겠다 싶었다고 해요. 자신의 무의식에 이 정도로 분노하는 에너지가 있을 줄은 몰랐다면서요. 몇십 년 동안 쌓인 감정을 갑자기 들여다보기 시작하면 초반에는 몸과 마음이 너덜너덜해지면서 정말 감당하기 힘들어요. 하지만 원망과 분노를 털어놓는 시기를 지나고 나면, 다른 마음들도 발견하게 돼요.

자기 수용 기록 中
너무 서럽다. 우리도 같은 자식인데. 엄마 아빠 사랑 나눠 받고 싶은 자식인데. 종처럼 시키는 대로 해야만 겨우 사랑받을 수 있는 이 인생이 너무 비참하다. 언니들이 없었으면 난 못 버티고 죽었을지도 몰라.

사랑해주세요. 저희도 동생들 바라보는 것처럼 따뜻하게 쳐다봐주세요. 사랑받고 싶어요.

딸로 태어난 내가 너무 보잘것없고 쓸모없는 존재 같아서 창피하다. 지난 기억을 다 잊고 싶을 만큼 괴롭다.

사랑받고 싶다. 사랑받지 못해서 아프다. 사랑받고 싶다. 차별받아서 서럽다.

Z 님은 이때 차별받았던 기억이 꿈으로 많이 나왔다고 해요. 울거나 욕하며 잠에서 깼다고 했죠. 우리가 살아가는 현실은 눈 뜨고 경험하는 현실이고, 잘 때 꾸는 꿈은 눈 감고 경험하는 현실이에요. 우리는 눈을 뜨고 있든 감고 있든 무의식의 장을 계속해서 경험해나가며 살고 있는 것이죠. 모두 감정을 거부하지 않고 받아들이면서 일어나는 무의식 정화 과정이에요.

"사랑받고 싶다. 사랑받지 못해서 아프다. 사랑받고 싶다. 차별받아서 서럽다'는 문장을 쓰고 소리 내서 읽다가 주체할 수 없을 만큼 눈물이 나왔어요. 그리고 갑자기 딸이 생각났어요. 제가 하는 말인 것 같기도 하고 딸이 하는 말인 것 같기도 했어요. 우리 딸이 이런 마음이었겠구나 싶었죠. 그리고 제가 딸을 차별했던 일들이 생각났어요."

Z 님은 아들은 늘 칭찬을 해줬지만 딸에게는 항상 지적을 했다고 해요. 아들이 실수하면 그냥 넘어갔지만 딸이 사소한 실수라도 하면 화를 냈죠. 아들에게 주는 돈은 하나도 아깝지 않았는데, 딸한테 주는 돈은 늘 아까웠대요. 그래서 딸이 돈이 필요하다고 하면 고민하다가 안 줄 때도 많았어요. 아들의 생일에는 용돈과 선물을 거하게 챙겨줬지만, 딸한테는 '내가 낳아줬으니 용돈 보내라'라고 말했대요. 어버이날에 바쁘다며 찾아오지 않는 아들한테는 괜찮다고 했지만, 늘 찾아오다가 한 번 깜빡한 딸한테는 '딸은 키워봤자 필요 없다'고 말했고요. 딸은 차별당해서 서운한 마음을 토로했지만, 그땐 그 말이 들리지 않았다고 해요. 당연해요. 차별당해 서러운 Z 님의 마음이 딸로 나타난 것인데, 그때 Z 님은 자신의 마음을 보지 않았으니까요.

연락을 끊었던 딸이 다시 집에 돌아왔다가 다시 나간 것도 이유가 있었어요. 그때 Z 님은 갈비찜을 맛보는 딸한테 많이 먹지 말라고 했대요. 저녁에 아들이 들어오면 먹어야 하니까요.

"제가 그렇게 차별당해놓고, 딸을 차별했네요. 제가 미쳤었네요. 딸이 뭐에 쓴 게 아니라 제가 쓴 채로 살았던 것 같아요. 우리 딸한테 미안해서 어쩌죠."

'공격하는 자 모드'의 행동들이 인지되자 Z 님은 몹시 괴로워했어요. 이때는 '그래도 여전히 아들이 최고야. 아들이 훨씬 더 좋아!'라는 마음이 올라올 때마다 스스로 역겨워서 구역질이 났다고 해요. Z 님 자신도 차별받아놓고 똑같이 아들과 딸을 차별하니, 부모를 원망할 자격도 없다는 생각이 들었죠.

Z 님은 계속해서 올라오는 자신의 마음을 반복해서 수용했어요. 그리고 마침내 알았어요. 딸이 자신의 무의식을 그대로 보여주기 위한 역할이란 것을요.

"너무 사랑받고 싶은데 차별만 당하고, 맨날 욕먹고 일만 시키고 툭하면 때리니까 집을 나가고 싶었던 적이 한두 번이 아니에요. 하지만 언니들도 참는데 제가 뭐라고 나가겠어요. 부모를 버리고 싶었어요. 그 정도로 원망스럽고 미워했어요. 남동생들도 죽이고 싶었고요. 그러고 보니 이런 기억도 떠오르네요. 제 딸이 한 번은, 동생을 죽여버리고 싶다고 일기장에 쓴 적이 있는데 제가 그걸 발견하고 딸 뺨을 때렸었어요. 그런데 딸이 바로 저였네요. 저도 항상 남동생들을 죽이고 싶었지만 참아왔는데…."

차별받았던 서러움이 풀리는 동시에 차별했던 것에 대한 죄책감을 느낀 Z 님은, 딸이 어떤 마음일지 완전히 이해가 됐어요. 딸이 돌아서기 전까지 왜 그렇게 애쓰면서 부모에게 잘해왔는지, 차별당하고도 참았는지를요. 자신의 과거가 딸에게 반복되고 있었다는 것이 너무나 마음이 아팠어요. 그래서 Z 님은 딸에게 진심으로 사과를 했다고 해요. 자신의 옛날이야기도 하고, 자기 수용 과정에서 알게 된 것들도 다 얘기했대요.

절대 변명하지 않을게. 이건 엄마가 잘못한 거야. 엄마도 차별 때문에 고통받았는데, 그 고통을 모른 척하고 평생을 살다 보니 딸의 고통도 모른 척하게 됐어. 엄마가 미쳤었나 봐. 정신을 차리고 보니 얼마나 너에게 큰 상처를 주며 살았는지…. 네가 힘들다고, 차별하지 말라고, 서운하다고 그렇게 말했는데 그땐 들리지 않았어. 엄마가 정말 미안해. 딸, 너무 속상했지? 엄마가 미안해. 너무 못나고 나쁜 엄마여서 미안해. 이제 우리 딸 마음 이해하게 됐는데, 엄마한테 한 번만 다시 기회를 주면 안 될까?

딸은 한동안 답장하지 않다가 "가증스러우니 연락하지 말라"는 말을 남겼다고 해요. 가증스러우니 연락하지 말라는 말 역시도, Z 님의 내면아이가 Z 님에게 하는 말이죠. 그로 인한 민망함, 수치심, 아픔도 받아들이고 계속해서 마음을 수용하며 사과를 했다고 해요.

그리고 몇 달 후, 딸이 갈비찜이 먹고 싶다고 연락을 했어요. Z 님은 아들은 하나도 안 주고 우리 딸만 줄 테니 어서 오라고 했고요. 이날 두 모녀는 울면서 함께 식사를 하고, 긴 대화를 하고 화해를 했어요.

이제 Z 님은 아들에게 더 주고 싶은 마음이 들지 않는다고 해요. 아들도 "나는 괜찮으니 누나를 더 챙겨줬으면 좋겠다. 많이 서러웠을 것 같다"고 말해서, 딸을 조금 더 챙기기도 하고요. 쉽지 않은 자기 수용 여정이었지만, 그 결과 Z 님의 마음과 더불어 딸의 마음도 덩달아 치유가 되기 시작했습니다.

자기 수용 이후 Z 님 소감
자기 수용은, 지옥처럼 보이는 진정한 천국입니다.

Z 님의 자기 수용 팁
자식을 키우는 엄마들은 자식이 불만이나 서운한 점을 말할 때, 내 마음이 내게 알아달라며 하는 말이라고 생각하고 과거를 떠올려보면 도움이 될 것 같습니다. 그리고 자식들의 말에 전혀 동의하지도 않고 그런 기억이 없다고 해도, '무엇 때문에 저런 말을 하는지'를 마음에 두고 대화해보면 자식의 입장이 더 잘 이해가 될 것 같아요. 특히나 차별에 대해서 언급한다면, 그건 차별한 입장보단 차별당한 입장의 기억이 더 선명한 것 같습니다. 자신의 아픔도, 자식들의 아픔도 모른 척하지 말아야겠단 생각이 듭니다.

미니 미션

딸과 관계가 소원하다면

(사례에 공감하는 분들을 위한 미션입니다.)

1. 나를 거부하는 딸을 보며 올라오는 생각/감정을 솔직하게 써보세요.

2. 나를 거부하는 딸은, 내 안의 거부당한 '나'를 보여줍니다. 어린 시절과 관련하여, 어떤 '나'가 버려졌나요? (혹은 버려질까 봐 두려웠나요?)

3. 2를 쓰면서 어떤 감정이 올라오나요? 그 감정을 있는 그대로 쓰고, 소리 내서 읽어보세요.

8 나르시시스트 같은 딸을 둔 엄마

G 님은 딸이 나르시시스트적 성향을 너무 많이 보여 힘들다고 했어요. 자신이 해낸 성취에 대해서 끊임없이 떠들고, 모든 공을 자신에게 돌려주길 원하면서도, 타인의 흠이 조금이라도 보이면 종일 욕을 하는 등 주변 사람들을 피곤하게 만든다고 했죠. 자신이 원하는 걸 해주지 않으면 "그것도 못 해줄 거면 왜 낳았어?", "엄마는 나 안 사랑하지?" 이런 말을 계속했다고 해요. 뿐만 아니라 가족들 욕을 대놓고 하고 자신의 편을 들지 않으면 난리를 피우는 탓에 딸만 등장하면 온 가족이 긴장할 정도였지요.

딸은 사회에서는 유능하다는 평가를 받는 사람이에요. 그래서 이런 말을 하면 본인(G 님)이 이상한 엄마 취급을 받을까 봐 어디 털어놓지도 못하고 끙끙 앓으며 살아왔어요. 조심스럽게 딸에게 심리상담을 권한 적이 있는데 딸은 2년 동안 연락을 끊고 살았다고 해요.

그러던 어느 날 딸이 사업을 명목으로 큰돈을 요구했어요. 그

정도 형편은 되지 않는다고 하자 딸에게 돌아온 답은 이런 말이었어요. "부모가 딸한테 그것도 못 해줘? 솔직히 말해. 아까워서 그렇지?"

"더는 참을 수가 없어요. 다른 사람들은 나르시시스트 부모 때문에 힘들어한다던데 저는 왜 딸이 이 모양일까요? 막내(딸)는 착하기만 한데, 얘만 이래요. 언니 기에 눌려서 늘 참고 살고 불쌍해 죽겠어요. 온 집안이 애 눈치 보느라 늘 힘들어요. 다른 집 장녀들은 책임감도 강하고 그렇게 착하다던데…, 우리 집 장녀는 도대체 왜 이럴까요? 정신과나 심리상담 같은 것들도 싹 다 거부하고. 제가 어떻게 해야 할지 모르겠어요."

"우선 딸에 대한 G 님의 마음을 먼저 풀어보고, 하나씩 들여다보기로 해요."

객관적 사실을 알려주는 것과 상대방 입장을 이해하는 것도 매우 중요하지만, 자신의 감정이 먼저 해소돼야 객관적 사실이든 상대방 입장이든 마음에 담을 여유가 생겨요. 해소되기 전에는 쌓여 있던 감정이 무의식을 지배하기 때문에, 쌓여 있는 감정의 눈으로 모든 걸 왜곡해서 바라봐요. 그래서 저는 일단 '현재 자신의 마음' 먼저 푸는 걸 우선시하고 있어요. 그리고 많이 억누르는 상태일수록 자신의 감정을 무서워하는 경향이 있기 때문에, 그 감정을 꺼낼 수 있도록 일부러 극단적인 표현을 최대한 활용해보라고 권해요.

끝도 없이 바라는 이기적인 딸 때문에 너무 힘들다. 어릴 때는 안 그랬는데 크면서 점점 심해진다. 다 커서 이제 각자 살 때도 되었는데 왜 이렇게까지 온 가족을 못살게 구는지 모르겠다.

너는 나를 너무 힘들게 해. 너는 나를 너무 지치게 만들어.

너를 낳은 게 너무나 후회돼. 어쩌다가 이런 몰상식하고 이기적인 애를 낳았을까? 너는 부모가 힘든 건 하나도 안 보이지? 네가 힘든 것만 눈에 들어오지? 너는 네가 제일 잘난 줄 알지? 모든 가족이 이렇게 순해 빠졌는데 왜 뜬금없이 너 같은 돌연변이가 있는 거야? 차라리 네가 우리 가족이 아니었으면 좋겠어. 내 딸이 아니었으면 좋겠어.

너 하는 꼬라지를 봐. 내가 너를 사랑하게 생겼니? 사랑은커녕 지긋지긋해. 그냥 너무 싫어. 너 같은 딸의 엄마라는 걸 사람들에게 들키면 내 인생은 실패했다고 손가락질당할 거야.

어쩔 땐 정말 그냥 죽어버렸으면 좋겠어. 사라졌으면 좋겠어. 너 같은 딸 필요 없으니까 없어졌으면 좋겠어!

감정을 오랫동안 억누르고 살았던 G 님은, 갑자기 감정을 꺼내기 시작하자 통증을 비롯한 몸 반응이 올라왔어요. 누군가에게 두들겨 맞은 듯 온몸이 아팠고, 몸살에 시달렸죠. 화가 머리끝까지 나서 이러다 정말 딸을 죽일 수도 있겠다는 생각도 들었어요. (어떤 마음이든 나쁜 마음은 없어요. 알아차리는 순간 분리가 되기 때문에 그 감정에 휩싸여 위험한 짓을 하진 않습니다. 알아차리지 못하는 게 가장 위험해요.)

"딸에 대한 분노가 이 정도로 쌓여 있는 줄 몰랐어요."

자신의 감정을 꺼내기 전에는 그것이 얼마나 쌓여 있는지 알 수 없어요. 대충 가늠할 뿐이죠. 그래서 많이 참고 살아왔을수록 감정 수용(해소) 과정에서 크게 충격을 받아요. 내 안에 이런 게 있었다는 것을 평생 모르고 살았으니까요. 그렇게 G 님은 자기 수용 과정을 반복해나갔어요.

자기 수용 기록 中

너 같은 건 그냥 죽어버려. 그냥 없어져버려!

"한 일주일 정도는 '너 같은 건 그냥 죽어버려. 그냥 없어져버려' 이 말만 했어요. 계속 글로 쓰기도 하고 속으로 중얼거리기도 하고, 소리치기도 했죠. 그런데 이상하게 눈물이 났어요. 너무 놀라서 멈췄어요."

왜 눈물이 났을까요? 억눌린 분노가 풀리면 그 안에 숨어 있던 '핵심적인 마음'이 고개를 들어요. 분노하는 아이 안에는 언제나 두려워하는 아이, 슬퍼하는 아이 같은 나약한 아이가 있답니다.

그 아이가 고개를 들자 G 님은 놀라서 멈춘 것이지요.

"감정이 올라오는 대로 계속 수용하면서 진행하는 게 중요해요. 계속 '너 같은 건 죽어버려, 없어져버려'라고 외쳐보세요."

저는 G 님이 혼자 연습했듯이 제 앞에서 외치도록 했어요. 해소하다 보면 알게 돼요. 모든 타인에게 하는 말은 곧 자기 자신에게 하는 말이라는 것을요. 엄마든 딸이든 전부 다 나의 내면아이를, 그러니까 '나'를 거울처럼 비추기 위해 지구에서 인연이 되었다는 걸요. 그리고 묻혀 있던 기억들이 떠오르고 마침내 이론적으로는 설명할 수 없는 절대적인 '앎'의 순간도 찾아와요.

그렇게 G 님은 계속 분노를 토해내셨어요. 어김없이 눈물이 흘러내렸죠.

"왜 눈물이 나는 것 같아요?"

"너무 슬퍼요."

"왜 슬프죠?"

"제가 입 밖으로 꺼내서 말만 안 했지, 큰아이를 거의 평생 이 마음으로 대한 거 같아요. 그리고 딸도 그걸 아는 것 같고요. 그리고 이 말을 계속하다가 알게 된 건, 제가 어릴 때 듣던 말이라는 거예요."

G 님은 어린 시절 모든 걸 꾹 참는 아이였어요. 겉으로 보기에는 아주 착하고 순한 딸이었죠. 가난하고 폭력적인 부모님 밑에서 자란 G 님은 맞지 않으려고 항상 부모님의 비위를 맞춰야만

했어요. 부모님 사이는 언제나 안 좋았고, 사랑으로 결혼한 게 아니라 그냥 나이가 차서 한 결혼이었어요. 게다가 두 분 다 가난으로 인해 너무나 힘들어했어요. 늘 술을 마시고 자식들에게 폭력을 행사했죠. "너 같은 게 왜 태어나서 내가 이 고생을 해야 해? 야, 나가서 네가 돈 벌어와. 구걸이라도 하든가. 벌레 같은 게. 그냥 없어져버려." G 님은 술 취한 부모님으로부터 이런 말을 듣고 자랐어요. 하지만 울 수도 화낼 수도 없었어요. 그래도 되는 줄도 몰랐고요. 그저 참고 살았죠.

그냥 이 글만 읽으면 '나르시시스트 같은 딸이 생긴 거랑 무슨 상관이지?'라는 의문이 들 수 있어요. 하지만 앞서 설명한 큰딸의 특징을 살펴보면, 부모가 어떻든 말든 상관없이 자신만을 생각해요. "부모가 딸한테 그것도 못 해줘? 솔직히 말해. 아까워서 그렇지?" 이 말만 봐도 알 수 있어요. 바로 G 님의 억눌린 내면아이가 딸로 물질화되어 나타난 거예요.

사랑받지 못하고 하찮은 존재 취급을 당한 수치심이 너무나 크면, 어떻게 해서든 타인을 통해서 자신의 존재를 확인받으려 해요. 우월감을 느끼면서요. 그렇기에 늘 비교하고 남을 깎아내려서 본인이 올라가야 하고, 자신의 영향력과 존재감을 확인받고 싶어하죠. 게다가 가난하고 폭력적인 부모였기에 원하는 걸 요구하지 못한 마음이 억눌린 G 님이 부모를 향해 느꼈던 마음, '부모가 딸한테 그것도 못 해줘?'라는 마음을 G 님의 딸이 보여주는 거예요.

G 님 딸의 입장에서 보자면, 큰딸은 엄마의 억눌린 무의식을 대물림받아서 태어난 아이예요. 물론 막내도 똑같지만, 같은 배에서 태어났어도 각자 물려받는 지배적인 무의식 테마는 조금씩 차이가 있어요. 작은딸은 G 님이 수용한 G 님의 모습을 보여줘요. 바로 착하고 참는 자신의 모습이죠. 그리고 큰딸은 G 님이 수용하지 않은 G 님을 보여줘요. 마음대로 하고 싶고, 다 표현하고 싶고, 이기적이고 싶고, 존재감을 확인받고 싶어서 절규하는 모습이죠.

G 님은 상담 내내 두 딸을 차별 없이 키웠다고 주장했지만, 그건 '행동'에 초점이 맞춰진 주장이었어요. 누군가 내게 웃어 보일 때 어떤 미소는 따뜻하지만 어떤 미소는 가식적이고 쎄함이 느껴지죠. 웃느냐 아니냐가 중요한 게 아니에요. 어떤 마음인지에 따라 상대방이 느끼는 건 달라져요. 우리 모두는 마음에 반응하니까요. G 님이 겉으로 아무리 똑같이 대했다고 해도, 큰딸은 그렇게 느끼지 않았을 거라고 설명드렸더니 G 님은 이렇게 말했어요.

"사실 막내는 생긴 것도 성격도 너무 저랑 똑같아서 애틋하고 더 소중히 여겼던 게 맞아요. 큰아이가 태어났을 때보다 막내가 태어났을 때 이상하게 마음이 더 가더라고요. 이게 모성애구나 싶고. 하지만 상처 주기 싫어서 저는 최대한 똑같이 대한다고 대했는데, 이게 영향이 있을 줄 몰랐어요."

저는 G 님에게 잘못을 돌리려는 게 아니에요. 단지 무의식의 작용에 대해 정확하게 이해시켜드리고 싶었던 것이죠. 큰딸 입장에서는, 엄마인 G 님이 자신과 동생을 똑같이 대하는 것 같아도 마음은 그게 아님을 알았던 거예요. 똑같은 딸인데 받은 사랑의 크기는 다른 느낌, 내 존재는 사랑받지 못하는 느낌이 들었던 거죠. 그렇기에 내 존재 가치를 내세워서 동생에게 빼앗긴 사랑을 받아야 할 것 같은 강박이 생겼고, 그로써 드러난 모습들이 흔히 말하는 '나르시시스트 같은 양상'으로 표현됐을 뿐이에요.

이후에도 G 님은 올라오는 감정을 해소해나갔어요. 처음 해소가 덜 됐을 때는 큰딸에게는 분명 사랑받지 못했다고 느끼거나 사랑받지 못할까 봐 불안한 마음이 있을 거라는 제 말에 "그럴 리 없다. 큰딸은 자신이 제일 잘난 줄 안다. 나는 딸을 똑같이 키웠다"라고 주장했어요. 하지만 감정이 해소가 되자 G 님은 딸을 이해할 수 있게 됐어요. 그래서 우선 자신의 마음을 풀어내는 게 가장 중요해요. 그래야 마음의 시야가 선명해지니까요.

딸에 대한 마음을 풀다 보니, 어린 시절 자신이 부모에게 가졌던 마음이 억눌려 해소되지 않았음을 딸이 보여줬다는 걸 알게 됐어요. 그래서 G 님은 부모에 대한 마음도 풀었어요. 처음에는 부모에 대한 아무런 감정도 없어서 안 하고 싶다고 했어요. 그럴 수는 없어요. 아무 감정도 없다고 착각할 뿐이죠. 두려워서 피하는 거예요. 우리가 느끼는 감정은 모두 부모님으로 인해 생긴 감정이 한평생 반복되는 것이기에 뿌리를 보려면 부모님을 봐야만 해요.

이 설명을 듣고 G 님은 부모님에 대한 마음을 하나씩 풀어나갔어요.

자기 수용 기록 中

부모 같지도 않은 부모가 너무 원망스럽고 싫다. 생각만 해도 괴롭다. 자식을 키워보니 더욱 이해가 되지 않는다.

날 왜 때려? 왜 때려, 왜? 난 아무 잘못도 없는데 왜 때려? 왜 나한테 화풀이해? 엄마도 아빠도 둘 다 나를 왜 이렇게 때려? 나는 그냥 맞아도 되는 사람이야? 엄마 아빠가 그냥 죽어서 집에 돌아오지 않는 게 더 낫다고 생각했어. 집에만 오면 술 냄새 풍기면서 때리니까. 난 어린 시절 행복했던 기억이 단 한 순간도 없어. 내가 왜 이렇게 살았어야 했어? 당신 같은 것들이 어떻게 부모야?

맨날 온몸에 멍들어서 학교에 가도 아무도 보호해주지 않고 주워 온 자식이라 맞은 거 아니냐고 놀림당했어. 도대체 내가 왜 이런 인생을 살았어야 했는데? 도대체 왜?

내 존재가 너무 수치스러워. 바퀴벌레보다도 먼지보다도 쓸모없고 하찮은 내 존재가 너무너무 수치스러워.

이렇게 G 님은 억누른 감정을 꺼내기 시작했어요. 저는 어릴 때 하지 못했던 말과 자신을 향한 공격성을 드러내는 감정 수용 멘트를 드리고 큰 소리로 따라 하도록 안내했어요.

- 죽어버리고 싶다. 부모 같지도 않은 부모 따위, 그냥 죽어버려!
- 맞을까 봐 너무 무섭다. 맞는 게 너무 아프다.
- 아무도 보호해주지 않아서 너무 비참하다. 슬프다. 아프다.
- 사랑받고 싶고 보호받고 싶은데 구걸해도 받을 수 없는 게 너무 서럽다. 수치스럽다.
- 아무 말도 하지 마. 그냥 참고 살아. 대들면 더 맞을지도 모르니까 제발 그냥 가만히 있어.
- 뭐 해달라고 하지 마. 받으려고도 하지 마. 그랬다가 쫓겨날지도 모르니까 그냥 비위나 맞추면서 살아.
- 너는 이 집의 소중한 딸이 아니라 민폐 덩어리로 태어난 거니까 눈에 띄지 말고 그냥 살아.

소리 내서 멘트를 외치던 G 님은 펑펑 울면서 말했어요. "왜 제 딸이 저라고 말하는지 완전히 이해가 돼요."

자기 수용 기록 中

외롭다. 사랑받고 싶다. 보호받고 싶다.

내가 잘나지 않으면 버려질까 봐 두렵다. 힘이 약하면 짓밟힐까 봐 두렵다. 내 존재감을 확인받지 않으면 사랑받지 못할까 봐 두렵다.

G 님의 무의식에는 '약하면 맞는다'라는 두려움이 있으니 반대로 강한 척을 해서 살아남으려는 자아가 억눌려 있어요. 약한 존재 자체를 보여주는 모습은 막내딸이고, 강하고 우월하고 잘난 척을 해서 살아남으려는 모습은 큰딸이 보여준 것이죠. 또, 부모에게 무언가를 달라고 요구해본 적이 없으니 다 받고 싶고 뺏고 싶은 마음이 억눌려 있어요. 그것을 큰딸이 보여준 것이죠. 끊임없이 자신의 영향력, 잘난 점을 떠들 수밖에 없는 이유는 그러지 않으면 무시당하고 버려질까 봐 무섭기 때문이에요. 사랑받지 못한 존재라는 수치심을 보상받고 싶기 때문에 끊임없이 타인의 에너지와 사랑을 빼앗으려고 해요. 자기밖에 모르게 되죠. 부모가 무서워서 찍소리도 못 했지만 사실 부모고 나발이고 쏘아붙이고 싶었던 자아가 억눌려 있고, 그걸 큰딸이 보여주는 거예요. 이 모든 걸 해소하면서 머리가 아니라 마음으로 이해할 수 있게 된 거죠.

그 후에도 G 님은 '그래도 그러면 안 되지!' 하는, 딸을 이해하기 싫은 자신의 마음이 올라올 때마다 그 마음을 수용했어요. 연결된 어린 시절 아픔으로 들어가 어린 자신의 마음을 수용했고, 또 딸이 이해될 때면 그 마음 역시도 수용했어요. 각각 다른 것처럼 보이지만 전부 다 G 님의 억눌린 감정일 뿐이었죠.

별다른 행동을 취하지 않고 감정을 해소만 했을 뿐인데도, 큰 딸이 달라졌어요. 눈에서 독기가 빠졌고 자신의 열등감을 감추기 위해 우월감의 가면으로 남을 찍어 누르거나 뭔가를 뺏으려고 하지 않기 시작했죠. 굳이 본인의 영향력과 존재감을 확인받고 싶어하지도 않게 됐고요.

큰딸은 G 님의 무의식에 억눌린 마음을 보여주는 역할이었어요. 하지만 G 님이 억눌린 마음을 수용하니 큰딸이 그런 현실을 계속 보여줄 이유가 없어졌어요. 사람마다 변화를 체험하는 건 억눌린 무의식에 따라 달라요. 물질세계가 현실을 창조하는 데 시간의 영향을 받는 것도 무시하지 못하고요. 그러니 타인과 현실이 얼마나 변하고 있는지 지켜보는 것에 초점을 맞추지 말고, 자신의 감정을 있는 그대로 수용하는 것에 초점을 맞춰서 행해보세요. 정신을 차려 보면 어느덧 모든 게 변해 있을 거예요.

나르시시스트 특징 파악, 나르시시스트 대처 방법과 같은 것들을 익히는 것도 물론 도움이 될 수 있지만, 근본적인 해결책은 아니에요. 본질은 마음이고, 내 안에 없는 것은 현실에서 나타날 수 없기 때문이죠. 만약 나르시시스트 때문에 괴로운 상황을 겪고 있다면, 나르시시스트의 특징을 살펴보며 그 특징은 어떤 나의 억눌린 무의식을 보여주고 있는지를 한번 체크해보세요. 그것이 괴로움에서 벗어날 수 있는 가장 빠른 지름길이에요.

자기 수용 후 G 님의 소감

모든 타인이 나를 비추는 거울이라는 말은 마음공부를 하면서 많이 들었지만, 이렇게까지 완벽한 거울일 줄은 몰랐어요. 경험해야만 아는 게 마음공부네요. 저와 180도 다른 딸이라서 버리고 싶고 돌연변이라고 믿었고 할 수 있다면 정신 병원에 강제 입원이라도 시키고 싶을 정도로 괴로웠는데, 절대 제가 아니라고 여겼던 제 큰딸이야말로 그냥 저였군요. 저를 닮은 게 아닌, 그냥 제 무의식 속에서 나오지 못하고 있는 그 마음 덩어리가 제 딸로 태어난 거였어요. 경험해보니 마음으로 닿습니다. 어안이 벙벙합니다.

G 님의 자기 수용 팁

나르시시스트 가족을 뒀거나 나르시시스트인 주변인으로 인해 괴롭다면, 경험자로서 너무나 공감합니다. 얼마나 거리 두고 싶고 괴로운지 아니까요. 특히나 그 사람이 내 내면을 보여주고 있다는 걸, 내가 절대 아니라고 생각하지만 사실 내 안에 있는 모습이란 걸 받아들이기는 더욱 쉬운 일이 아닐 거예요. 다 때가 있는 것 같습니다. 억지로 받아들일 필요도 없고요. 하지만 자신의 고통을 먼저 수용하다 보면 받아들일 수 있게 되더라고요. 그냥 알게 돼요. 사실은 애정결핍이라는 거, 너무 불안해서 과시할 수밖에 없고 타인의 에너지를 뺏을 수밖에 없고 괴롭힐 수밖에 없게 되는 것. 그게 나라는 걸 받아들이기까지 절대 쉽지 않을 거예요.

그를 미워하고 밀어내고 싶은 마음 먼저 수용해보세요. 응원합니다.

미니 미션

나르시시스트 성향이 짙은 딸을 두었다면

(해당 사연에 공감하는 분들을 위한 활동입니다)

1. 나르시시스트 같은 딸을 떠올리며 올라오는 생각/감정을 솔직하게 써보세요.

2. 현재 자신에게 필요한 것은 무엇인가요? 필요한 걸 충족해주기 위해 해야 할 것을 작성해보세요.

3. 딸과 거리를 두길 원하나요? 혹은 (딸이 성인이라면) 물리적 거리를 두고 있나요?

4. 이 질문은 자신의 솔직한 감정을 해소하는 시간을 충분히 가진 다음 진행해주세요. '나르시시스트'라는 단어를 벗어나서 딸을 바라보는 시간을 가져봅니다. 사실 이는 딸을 바라보는 게 아닌, 딸로 나타난 내 안의 두려움을 바라보는 것이므로 궁극적으로는 자신을 바라보는 시간입니다. 딸을 생존하지 못할까 봐, 사랑받지 못

할까 봐 벌벌 떠는 너덜너덜해진 자그마한 다섯 살짜리 아이로 바라보세요. 그 아이가 실제로 원하는 것과 내가 원하는 것은 같습니다. 그것은 무엇인 것 같나요?

지금껏 꺼내지 못했던 딸에 대한 나의 이야기

1. 현재 딸에 대한 솔직한 생각/감정은 무엇인가요? 글을 쓰고 소리 내어 읽어보세요.

2. 딸에 대한 불만이나 딸에게 바라는 점이 있나요?

3. 딸한테 가장 듣고 싶었던 말이나 받고 싶었던 마음/행동을 써보세요.

지금껏 알지 못했던 나의 이야기

1. 딸은 내가 버린 마음이 물질화되어 나타난 나의 내면아이기도 합니다. 내가 버린 내면아이는 어떤 아이인가요?

2. 딸을 딸로 보고 있나요? 아니면 나의 엄마, 남편, 친구 대신으로 생각하고 있나요?

3. 남들에게 말하지 못했지만 숨기고 있었던 나의 두려움은 무엇인가요?

4. 어린 시절로 돌아간다면, 어린 나에게 어떤 말을 해주고 싶나요?

5. 엄마와 풀지 못한 숙제를 딸과 반복하고 있다는 것이 자각되나요? 쓴 글을 있는 그대로 소리 내어 읽고, 엄마에게 쌓였던 감정을 해소하는 시간을 가져보세요.

6. 마지막으로 자기 자신과 딸에게 하고 싶은 말을 써보세요.

모든 것이 최선의 사랑이란 앎에 닿을 때까지

길을 걷다가 사는 게 너무 힘들어서 주저앉아 몇 시간을 울었던 적이 있습니다. 그때는 아침에 해가 뜨는 것도, 어둠에 삼켜진 밤을 견디는 것도 싫었습니다. 숨을 쉴 때면 살아 있는 저 자신이 자각되어 괴로웠지요. 그럴 때마다 제 손을 잡고 이야기를 들어주는 누군가가 있으면 좋겠다는 생각을 참 많이 했습니다(고립의 시간이 필요해 제가 저 자신을 가두었다는 걸 지금은 알지만요).

삶에서 마주한 많은 문제 앞에서, 딸 혹은 엄마와의 갈등과 미움으로 머리와 마음이 복잡해 주저앉아 있다면, 이 책이 그때 제가 바랐던 누군가이길 바랍니다. 어떤 마음이든 당연히 괜찮다고, 책에 나온 내담자들처럼 감정을 수용하는 법을 차근차근 따라 하다 보면 당신도 당신만의 방법을 찾게 될 거라고, 그러니 지금 이 순간 속에 있는 모든 것을 다 쏟아내도 괜찮다고 말해주는 누군가 말이죠.

인생은 파도와 같아요. 사랑이 찾아온 다음에 미움이 찾아오고, 미움이 흘러간 자리에 다시 사랑이 찾아옵니다. 행복이 찾아온 다음에 불행이 찾아오고, 불행이 흘러간 자리에 또 행복이 찾아와요. 어느 한 감정에 집착하거나 저항하지 않고 수용하기만 한다면 말이에요. 묵혀둔 감정이 해소가 된다 해도, 우리는 또다시 괴로움에 빠지는 순간을 만날 겁니다. 그럴 때마다 이 책이 당신의 손을 잡아주길 바랍니다. 사실 모든게 최선의 사랑이란 앎에 닿을 때까지, 여러분의 무의식을 향한 여정을 마음 깊이 응원합니다.

자기 수용 여정에서 우리는 알게 돼요. 나에게 상처가 된 엄마의 말과 행동이 날 싫어해서가 아니라, 엄마의 마음속에 살고 있는, 사랑받지 못한 아픔과 사랑받지 못할까 봐 두려운 마음에 질식된 한 아이의 절규였음을. 대대로 내려온 여자로서 사랑받지 못한 아픔, 사랑받지 못할까봐 두려운 마음이 출력해낸 현상이었음을. 그럼에도 엄마 입장에서는 최선을 다한 사랑이었음을.

부족해 보이고 답답한 딸은 사실 표현하지 못하고 억눌렀던 내 마음을 보여주기 위해 딸의 모습으로 나타난 나의 내면아이였음을. 딸도, 딸로 나타난 내면아이도 그 누구보다 날 사랑하기에 내게 사랑받고 싶을 뿐이었음을. 그리고 이 사실도 알게 될 거예요. 사실 우린 서로를 너무도 사랑하고 있다는 것을요.

'나'라는 사람이 지금 이 순간 살아 숨 쉬고 있다는 사실은, 내가 버려진 존재가 아니라 세상으로부터 사랑받고 보호받는 존재라는 강력한 증거입니다. 두려움의 안개가 걷힌 자리에 얼마나 큰 사랑이 자리 잡고 있는지를 몸소 경험하길 소망해요. 그 사랑을 알아차렸을 때, 저랑 하이파이브해요! 나의 다른 얼굴인 당신에게 사랑을 보냅니다.

저의 소중한 두 번째 책이 세상에 나올 수 있도록 응원해주시고 힘써 주신 분들이 많습니다. 먼저, 모녀 관계의 무의식 정화라는 주제로 책을 쓰자고 제안해주신 현율 편집팀장님. 제 문장들을 사랑으로 잘 다듬어 주셔서 쉽게 받아들이기 힘든 이야기가 한층 더 부드러운 목소리로 독자들께 다가갈 수 있을 것 같습니다. 현율 님, 감사하고 사랑합니다.

자신의 상담 사례를 공유할 수 있도록 허락해주신 내담자들께도 깊은 감사와 사랑을 전합니다. 또, 제 책을 기다려주시고 집필 과정을 응원해주신 수강생분들과 친구들에게도 감사와 사랑을 전합니다. 덕분에 글을 쓸 수 있는 에너지를 얻었습니다.

그리고 지난날의 연기 선생님들께도 감사의 마음을 전합니다. 연기 학원에서 배웠던, 감정을 다루고 표현하는 방법과 시나리오를 풀어내는 법이 제가 감정을 다루는 모든 순간에 정말 큰 도움이 됐음을 최근에 알았습니다. 또 한 사람, 어두운 동굴을 통과해야 했던 마음공부 여정에서 밝은 등불 역할을 해주신 김상운 선생님께도 마음 깊이 존경하고 감사하다는 말씀을 드리고 싶습니다.

언제나 따뜻하고 든든하게 곁을 지켜주는 저의 슈퍼맨이자 짝꿍인 준. 준을 만난 건 내 삶의 가장 큰 행운입니다. 그리고 이번 생에서 가족으로 만난 아빠와 동생에게도 사랑을 전합니다. 마지막으로 제 영혼의 거울인 엄마, 낳아주고 키워줘서 고마워. 사랑해.

자기 수용법 질문 모음

감정을 직면하는 게 너무 두렵고 싫을 때는 어떻게 하나요?

거부 반응(저항)은 자연스러운 현상인데, 그 원인도 결국 '두려움' 때문이에요. 부정적인 감정들은 두려움에서 파생하기 때문이죠. 일단 두려워서 감정을 보는 것에 대한 거부감이 생길 수밖에 없는 '나'부터 이해해주는 시간을 가져주세요. 감정을 대면하기 힘들어하는 마음을 이해하는 글쓰기를 해도 좋고, 명상을 해도 좋고, 내가 나의 보호자로서 나를 이해해주고 토닥여주는 말을 소리 내어 해줘도 좋습니다. 추가 팁을 드리자면, 현실 창조의 원리와 이원성을 정확히 이해할 수 있도록 반복해서 숙지해보세요. 양극의 마음 에너지가 결국 하나임을 받아들이면 감정을 직면할 수 있는 힘이 생겨요.

감정 수용을 하다 보니 엄마/딸이 너무 미워져서 만나고 싶지 않을 때는 어떻게 하나요?

감정 수용을 했다고 없던 미움이 생긴 것도, 작았던 미움이 커진 것도 아니에요. 억눌린 채 무의식에 저장되어 있던 미움이 표면 위로 드러난 것이지요. 이때는 엄마/딸을 보고 싶지 않을 정도로 미워하는 '나'를 수용해주세요. 실제로 엄마/딸을 만나든 만나지 않든 그 행위 자체는 크게 중요하지 않아요. 만나서 얼굴 보는 게 너무 힘들면 억지로 만나지 말고, 거리를 두면서 자신의 마음을 보면 돼요. 자유롭게 선택하세요. 이때 버려질까 봐, 멀어질까 봐 두려운 마음이 올라올 거예요. 그 마음 역시도 수용해줘야 해요. 결국 예전에는 몰랐던 미움이 계속 인식되니 불편해서 보기 싫은 것인데, 일부러 만나서 불편함(저항)을 느끼면서 수용하는 사람들도 있어요. 자기 자신에게 '어떻게 하고 싶어?'라고 물어보세요. 답을 알려줄 거예요.

엄마/딸을 제가 바라는 모습으로 바꾸고 싶은 마음이 계속 올라올 때는 어떻게 하나요?

이 마음은 '마음을 이용해서 현실을 바꾸고 싶어하는 마음'과 같은 거예요. '상대방을 바꾸고 싶다', '바꾸고 싶어하면 안 된다' 여기에서만 머물지 말고, 자신에게 다정하게 질문해보세요. '상대방을 바꾸고 싶을 만하지. 그런데 왜 바꾸고 싶어? 어떻게 바꾸고 싶어?' 이렇게 물어보고 나 자신과 대화를 하다 보면 현재 상대방을 향한 내 마음이 어떤지, 그리고 무엇을 원하는지 알 수 있을 거예요. 이렇게 자신과 계속 대화를 하다 보면 어느새 자기 수용을 하고 있는 자신을 발견하게 될 거예요. 좀 어렵게 느껴진다면, 아래 문장을 활용해보세요.

- 맞아! 당연히 엄마/딸을 바꾸고 싶지! 왜냐하면 _____하니까.
- 난 엄마/딸을 _____하게 바꾸고 싶어.
- 엄마/딸이 나한테 _____해줬으면 좋겠어.
  그렇게 해준다면 나는 _____할 거야.

아무리 감정을 수용해도 상대방에 대한 미움이나 서운함이 도저히 사라지지 않아요. 이럴 땐 어떻게 하나요?

질문 자체에 미움, 서운함에 대한 저항이 깔려 있어요. 상대를 미워하고 서운함을 느끼는 '나'를 없애고 싶어해요. 감정을 수용한다는 건, 모든 '나'를 수용하는 거예요. 상대방에게 사랑을 느끼고 고마울 때도 받아들이고, 상대가 밉고 서운함을 느낄 때도 받아들이는 것이죠. 사랑하는 만큼 미워하고, 기대하는 만큼 실망하고 서운함을 느낄 수밖에 없어요. 상대방을 미워하고 서운해하는 나에게 '그러면 안 된다'라고 하고 있지는 않은지 돌아보세요. '내가 지금 저 사람이 되게 밉구나. 너무 서운하구나!' 하고 수용해주고, 밉고 서운한 마음이 올라온다고 표현해보세요. 혼자 하고 싶은 말을 글로 쓰거나 소리를 지르며 해소해도 되고, 상대방에게 솔직하게 표현해도 좋아요. 상대에게 내 감정을 거부당할까 봐 두려워서 표현하지 않고 혼자 끙끙 앓기 때문에 괴로움이 커지는 거예요. 표현하지 않으면 아무도 몰라요. 하지만 이건 어디까지나 마음을 표현하기 위해서지 상대방을 공격하기 위해서가 아니에요. 이를 염두에 두고, 마음을 제대로 표현하는 게 중요해요. 절대 감정을 없애려고 하지 마세요. 결론적으로 감정은 수용하기 전에는 없어지지 않아요.

감정 수용을 하기 전에 체크해야 할 사항이 있나요?
에너지가 너무 부족한 상태에서는 감정을 버틸 힘이 없어서 도중에 포기해버릴 수 있어요. 감정 수용을 해나갈 수 있는지 자신의 체력과 컨디션을 체크해보세요. 최근에 잠을 충분히 잤는지, 규칙적인 식사를 하고 있는지, 운동을 하면서 몸을 움직였는지, 휴대폰을 보는 시간이 너무 과하진 않았는지, 적당한 쉼을 가졌는지 등. 기본적인 일상이 무너져 있다면, 일상을 회복한 후에 감정 수용을 시작하는 걸 추천해요.
단, 너무 많이 쌓인 감정으로 무기력증이 심하면 일상 회복에 초점을 맞추는 것조차도 힘들 수 있어요. 정말 손가락 하나 까딱할 힘도 남아 있지 않은 상태요. 그럴 때는 억지로 회복하려고 하지 말고, '힘들다. 하나도 안 괜찮다. 도움이 필요하다' 등 억누른 감정을 입 밖으로 하나씩 표현하는 것부터 시작해보세요. 감정 해소가 먼저냐, 컨디션 회복이 먼저냐에 답은 없어요. 현재 자신에게 무엇이 더 좋은 방법인지 스스로 판단해보세요.

분명히 내면에는 엄청난 감정들이 있는 것 같은데, 전혀 감지도 안 되고 어떤 말을 꺼내면서 수용해야 할지도 모르겠을 때는 어떻게 하나요?

우선 자기 자신에게 '지금까지 감정을 어떻게 수용하는지 배운 적이 없잖아? 그러니 어떻게 수용해야 할지 어렵고 잘 모르겠는 건 당연한 거야'라고 전달해주세요. 그리고 한 시간마다 핸드폰으로 알람을 맞춰서 마음이 어떤지 살펴보는 연습을 해보세요. 처음에는 '모르겠음' 이런 식으로 넘어갈 수 있지만, 계속 질문을 하다 보면 점점 '내 마음이 어떻지?'에 초점이 맞춰져요. 그러면 시간이 흐를수록 '모르겠음 → 불편함 → 뭔가 찝찝함 → 답답함 → 기분 나쁨 → 속상함 → 민망함 → 수치스러움 → 사랑받고 싶음' 이런 식으로 깊은 마음을 알아차릴 수 있어요. 느껴지는 불편함에 귀를 기울이기 시작하면, 점점 어떤 마음 때문에 불편한 건지, 내가 정말 원하는 게 무엇인지 등 나의 핵심적인 마음을 분명하게 알아차릴 수 있을 거예요.

그리고 단순히 '짜증 나, 싫어, 화가 나'가 아니라 '~해서 ~한 마음이 들어'라고 마음을 구체적으로 표현하는 연습을 해보세요. 이렇게 문장을 완성하다 보면 짜증 나는 감정이 사실은 지쳐서 그런 것일 수도 있어요. 싫은 게 아니라 낯설거나 두려운 것일 수도 있고, 화난 게 아니라 수치스럽거나 슬픈 것일 수도 있고요. 저는 여전히 "지금 마음이 어때?" 하고 저 자신에게 질문한답니다. 자신의 마음에게 계속 안부를 묻고, 어떤 상태인지 구체적으로 알아보려고 노력해주세요.

상대방을 너무 용서하고 싶고 이해하고 싶은데, 잘 되지 않아서 괴로울 땐 어떻게 하나요?

아직 용서하고 싶지 않고 이해하고 싶지도 않은 '나'부터 이해해주세요. 억지로 하려고 하니까 괴로운 거예요. 나 자신에게, 내 마음을 버리고 상대방을 이해하고 용서하라고 강요하지 마세요. 절대 용서하고 싶지 않을 정도로 상처받은 내 '마음', 절대 이해하고 싶지 않을 정도로 속상한 내 '마음'을 먼저 수용해줘야 마음이 풀린 자리에 상대가 들어올 수 있어요.

상대방을 실컷 미워하지도 못하고, 실컷 사랑하지도 못한 채로 오락가락할 때는 어떻게 하나요?

미워하는 마음과 사랑하는 마음 모두에 저항하고 있어서 그래요. 사랑과 미움은 똑같은 크기로 존재하고 있어요. 하지만 우리는 대부분 충돌하는 감정은 있을 수 없다, 하나여야 한다고 믿고 있어요. 두 마음이 다 나타나니 혼란스러워서 둘 다 받아들이지 못하는 거예요. '미워하는 나도 나고, 사랑하는 나도 나다. 둘 다 나다' 하고 받아들이면 돼요. 그러면 상대에 대한 사랑이 올라오든 미움이 올라오든 다 수용할 수 있어요.

세상에는 마음공부에 대한 여러 방편이 나와 있고, 어떤 것들은 상반되게 느껴지는데 뭐가 맞는 걸까요?

모든 방편은 저마다 일리가 있어요. 현재 자신의 에너지에 맞는 방법은 자신이 가장 받아들이기 쉬운 방법일 거예요. 다 자신의 의식과 비슷한 만남을 겪기 마련이니까요. 그러니 그것 먼저 경험해보세요. 그러다 에너지가 달라지면 또 다른 방편을 배우게 될 수 있고요. 정답은 없어요. 가장 중요한 건 스스로에게 틀릴 자유, 헤맬 자유를 허락해주는 거예요. '틀려도 되고, 헤매도 된다' 하며 끌리는 방편들을 하나씩 경험하다 보면, 그동안의 경험들을 통해 쌓인 노하우들이 삶을 지탱하고 있음을 발견하게 될 거예요.

감정 수용을 한 후에, 상대방에게 진심을 전하고 싶지만(사랑받고 싶다고 말하고 싶거나 사과하고 싶지만) **상대방이 거절할까 봐 두려워요.**

감정 수용의 결과로 두려움이 완전히 사라지는 일은 없어요. 두려워도 그 두려움을 감내할 수 있는 힘이 생기는 거죠. 두려워도 행동한 뒤에, 그때 올라오는 버려진 아픔을 그대로 수용해보세요. 너무나 불안하고, 두렵고, 비참할 거예요. 그 아픈 '나'와 함께해주세요. 아이러니지만, 그 수용의 시간 동안 '버려진 아픔'이 많이 해소될 거예요. 그리고 상대의 반응에 대한 내 마음을, 나의 정화 단계를 확인하는 척도로 삼아보세요. 그러면 현실이 정말 '거울'처럼 느껴질 거예요.

가족 간의 무의식이 대물림된다는 게 너무 억울해요. 제가 왜 엄마가 못 푼 무의식을 물려받아서 겪어야 하나요?

육체의 차원에서는 엄마가 먼저 태어난 후에 내가 태어난 것이기 때문에 무의식이 대물림되는 것이 맞아요. 그런데 무의식 차원에서 보면 다르게 이해할 수 있어요. 무의식의 세계에선 '나'밖에 없어요. 나 외에 다른 사람들과 상황들은 모두 내 마음을 보여줄 거울들이에요. 우리는 모두 태어나기 전부터 내가 풀어야 할 내면의 이슈를 푸는 것을 도와줄 가족을 선택해서 사람으로 태어나요. 서로의 무의식을 풀기 위해 맡은 한정된(인간의 생은 유한하니까요) 역할인 셈이죠. 사실 이 부분은 머리로 이해하기보다 스스로 수용과 정화를 통해 찾아오는 앎으로 경험하는 것이 가장 좋아요. 우리는 모두 알고 있어요. 수용하면서 잊었던 기억을 회복하는 것뿐이에요. 그러니 실컷 억울해하고 탓하는 마음도 수용해보세요. 수용하다 보면 모든 앎은 찾아오게 되어 있으니 서두를 필요가 없어요. 괜찮아요.

감정이 너무 많이 올라와서 어디서부터 어디까지 손대야 할지 모르겠어요. 어떤 순서대로 감정을 수용해줘야 하나요?

자기 수용 초반에 흔하게 겪는 현상이에요. 내 안에 이렇게 많은 내면아이가 있는지 몰랐는데 셀 수 없이 나오니 감당이 안 되고 너무 버거운 거예요. 가장 먼저 인식되는 감정부터 수용해줘도 되고, 당장 올라오는 모든 감정들에 하나씩 머물러줘도 돼요. 예를 들어서, 갑자기 100명의 사람이 내게 한 번에 말을 건다고 해볼게요. 가장 먼저 눈에 들어온 사람에게 대답을 해줘도 되지만, 굳이 그럴 것 없이 말 거는 사람들을 가만히 지켜봐도 되는 거죠.

가장 빠르게 정리할 수 있는 방법은 기록하는 거예요. 예쁜 말을 쓸 필요가 없어요. 감정이 쏟아질 때마다 그냥 막 써보는 거예요. 쓰는 일이 어색하거나 잘 맞지 않다면 녹음을 해도 괜찮아요. 그러면 나와 하나가 된 감정과 잠시 분리가 돼요. 그저 감정을 감지할 때는 감정과 하나가 되는 경우가 많지만, 글로 쓰면 육안으로 보이기 때문에 점점 분리가 되죠. 떨어져서 감정을 볼 수 있게 되는 거예요.

감정을 꼭 소리 내서 해소해야 할까요?

꼭 소리를 내지 않아도 괜찮아요. 하지만 많이 억눌린 감정은 소리를 내면 해소가 더 잘 된답니다.

자기 수용을 통해 모녀 관계에서 무의식이 정화됐다는 건 어떻게 알 수 있나요?

딸의 입장에서는 엄마의 마음이 완전히 이해될 때, 엄마의 입장에서는 딸의 마음이 완전히 이해될 때, 즉 모든 마음을 수용했을 때예요. 공격받는 자 모드 혹은 공격하는 자 모드만 붙잡고 있을 때는 반만 정화된 상태예요. 공격하는 자와 공격받는 자 모두가 나라는 게 받아들여져서 마음의 결림 없이 다 수용이 될 때라야 비로소 무의식이 정화됐다고 볼 수 있어요.

상대방을 이해할 수 없어도 억지로 이해해야 할까요?

억지로 이해하는 건 또 하나의 억눌림이에요. 우선 자신의 상황에서 올라오는 감정을 먼저 수용하는 게 중요해요.

상대방(엄마 또는 딸)에 대한 마음을 수용하다 보니 다른 가족들에 대한 마음도 같이 올라와요. 이럴 땐 어떻게 해야 하나요?

이 책이 모녀 관계 무의식 정화 책이라 모녀 관계에 집중했을 뿐, 다른 가족과의 관계도 똑같아요. 모든 관계에 대한 모든 마음을 있는 그대로 수용해주면 됩니다.

상대방에게 자꾸 줘야 할 것 같은 마음이 올라오는데, 막상 주면 뺏긴 마음이 들어서 억울할 때는 어떻게 하나요?

버림받지 않기 위해서 줘야 할 것 같은 마음과 받고 싶은(뺏고 싶은) 마음을 억누르고 준 결과입니다. 받고 싶은 마음을 수용하고, 표현하세요. 그리고 줘야 할 것 같은 마음이 올라올 때는 자기 자신에게 '돌아오는 게 없어도 괜찮을 만큼 사랑해서 그냥 주는 것인지, 버림받지 않기 위한 결핍으로 주는 것인지' 물어보세요. 처음에는 애매하고 헷갈려도 점점 선명해질 거예요. 그러다 보면 자유롭게 받고 싶은 거 잘 받고 주고 싶은 거 잘 주게 됩니다. 억지로 주거나 억지로 받지 않지요.

모녀 관계에 얽힌 무의식이 정화되면 서로를 미워하거나 싸우는 일이 없어지나요?

서로 무의식에 쌓인 게 남아 있으면, 갈등 상황은 또 생겨요. 쌓인 걸 풀어내야 하니까요. 그리고 사랑과 미움은 하나이기 때문에, 사랑하는 마음도 미워하는 마음도 파도처럼 계속 왔다 갔다 해요. 하지만 두 마음을 모두 받아들일 수 있다면 무의식이 정화되기 전보다 심각하게 여기거나 고통스러운 정도가 점점 줄어들어요.

서로 가진 앎과 의견이 너무 달라서 생기는 갈등과 답답함은 어떻게 푸나요?
그 답답함을 먼저 수용하고, '나만 옳다'라고 고집하고 있음을 알아차리면 돼요. '저 사람 생각은 저렇고, 내 생각은 이렇다'라고 받아들이면 되는데, 각자 자신만 옳다고 고집을 부리니 똑같이 고집부리는 상대를 창조해 갈등이 생기는 거니까요. 아래 그림을 가만히 바라보세요. 각자의 세계에서는 각자의 진실과 진리, 앎이 있어요. 다른 것 같고 틀린 것 같아도 모두에겐 그 나름의 진실이 존재한다는 다양성의 존중이 자유를 가져다준답니다.